本书出版得到了国家社科基金一般项目：中东欧国家的“中国观”构建研究（项目号：18BGJ087）的资助。

欧洲视野下中东欧地区形势研究

Research on the Situation of Central and Eastern Europe from the European Perspective · 2021

（2021）

鞠维伟　主编

中国社会科学出版社

图书在版编目（CIP）数据

欧洲视野下中东欧地区形势研究．2021／鞠维伟主编．—北京：中国社会科学出版社，2023.5

ISBN 978－7－5227－0154－7

Ⅰ.①欧…　Ⅱ.①鞠…　Ⅲ.①国际形势—研究—中欧②国际形势—研究—东欧　Ⅳ.①D751

中国国家版本馆CIP数据核字(2023)第093572号

出 版 人　赵剑英
责任编辑　范晨星
责任校对　夏慧萍
责任印制　王　超

出　　版　中国社会科学出版社
社　　址　北京鼓楼西大街甲158号
邮　　编　100720
网　　址　http://www.csspw.cn
发 行 部　010－84083685
门 市 部　010－84029450
经　　销　新华书店及其他书店

印刷装订　三河市华骏印务包装有限公司
版　　次　2023年5月第1版
印　　次　2023年5月第1次印刷

开　　本　710×1000　1/16
印　　张　24
插　　页　2
字　　数　260千字
定　　价　119.00元

序

2021 年是中国共产党建党百年华诞，中国完成了第一个百年奋斗目标，同时开启了全面建设社会主义现代化国家新征程并向第二个百年奋斗目标进军。站在“两个一百年”奋斗目标的历史交汇点上，我们看到中国对外交往合作事业面临更加复杂的国际形势和担负更加繁重的任务，需要我们从历史中汲取经验，准确把握中国所处的历史方位和世界发展大势，奋力推进新时代中国特色大国外交事业。其中，中国与欧洲的关系，特别是中国与中东欧国家合作无疑是重要内容之一。

进入 21 世纪以来，中欧关系不断发展，2012 年中国—中东欧国家合作机制的建立不仅成为中欧关系的重要组成部分和有力抓手，更切实推进中国与中东欧国家各领域合作的繁荣与深化，同时作为跨区域合作重要典范，该机制在推进“一带一路”建设以及中欧互联互通方面都发挥了巨大作用。2021 年 2 月 9 日，习近平主席在中国 – 中东欧国家领导人峰会发表主旨讲话时指出，中国—中东欧国家合作机制的建立，开启了中国同中东欧国家关系发展新阶段，提出了“直面疫情挑战，坚定共克时艰的合作信心；聚焦互联互通，畅通联动发展的合作动脉；坚持务实导向，扩大互惠互利的合作成果；着眼绿色发展，打造面向未来的合作动能”四方面合作建议和具体举措，在直面各种复杂不利因素情况下，蕴含着可持续发展的眼光，符合各方关切，同时又具有很强的可操作性。

在当前地缘政治格局动荡激变的情况下，中欧关系及中国—中东欧国家合作面临的机遇和挑战、利益与风险也不断交织呈现。特别是2022年2月24日，俄乌冲突爆发，欧洲面临着冷战结束以来最严重的政治安全危机，中东欧地区更是成为地缘政治焦点，各方势力斗争博弈更加激烈。在这种情况下，我们更需要冷静看待和思考中欧关系及中国—中东欧国家合作未来发展方向和路径，而本书的出版恰逢其时，可以让学界、智库界的同仁对近期欧洲（欧盟）战略走向、中欧关系、中东欧地区形势以及中国—中东欧国家合作历程、现状有更加全面和清晰的了解，有助于读者们理解当下欧洲地区总体形势和中欧关系的发展脉络。

本书所选取的文章来自“中国—中东欧国家智库交流与合作网络”2021年发布的“中东欧地区形势跟踪系列报告”，并经过作者的进一步补充润色。本书按照主题内容分为：欧洲重大战略政策追踪、中欧关系发展动态、中东欧地区与国家形势分析和中国—中东欧国家合作形势与进展四个部分。论文集汇集了国内外众多欧洲、中东欧研究新锐力量的成果，每篇文章虽然篇幅不长，但主题明确、内容丰富、可读性强，期待能为读者提供新的思考角度和有益的启示。

最后，感谢国内外的学术同仁对本书的支持，他们不仅为论文集的出版贡献了高质量的学术成果，也长期以来大力支持“中国—中东欧国家智库交流与合作网络”的活动和工作，本书的出版也是对他们宝贵支持的回馈和感谢！

刘作奎
中国社会科学院欧洲研究所副所长
中国—中东欧国家智库交流与合作网络秘书长
2022 年 4 月

导言

2020年3月，新冠疫情在欧洲暴发后，中国—中东欧国家智库交流与合作网络对欧洲，特别是中东欧地区疫情发展情况进行了密切跟踪，撰写中东欧国家疫情报告并通过微信公众号对外发布。此后，该系列报告扩展为中东欧地区形势跟踪报告，持续对中东欧以及整个欧洲地区政治、经济、社会、外交等方面的形势动态进行跟踪研究。为此中国—中东欧国家智库交流与合作网络广泛向国内外专家学者征集相关主题的研究文章，通过微信公众号、网站定期发布，截至2021年11月，已发布中外专家研究文章近一千篇，内容以中东欧地区形势及中国—中东欧国家合作为主，同时也有对整个欧洲地区形势以及中欧关系的研究。为了进一步呈现相关研究成果，特选取了2021年发布的优秀文章，集结成书，以飨读者。

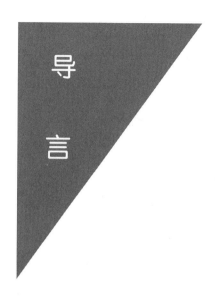

2021年，在国际政治经济形势激荡变化的背景下，欧洲面临抗击新冠疫情、推动经济复苏、应对气候变化、维护地

区和平稳定等多方面的艰巨任务。在欧洲，无论是欧盟还是各个国家，都出台了相应的战略规划和政策，而关注欧洲在重要领域的战略政策对于把握整个中欧关系走向以及今后深化中国—中东欧国家合作都有着重要的现实意义。

基于当前复杂多变的国际关系格局，中欧双方都主张通过多边主义来应对各种全球性问题，但以美国为代表的部分国家仍然寻求通过单边主义来维护自身的霸权利益。与此同时，在纷繁复杂的国际形势下，中欧关系发展也遇到了一些困难，不少欧盟国家对中国的发展抱有偏见，人为扩大了中欧之间的分歧面，突出中国作为欧洲“制度性竞争对手”的定位，将中国捍卫自身利益之举视为“用权力的语言说话”，这是欧盟对中国发展的重大误解。上述中欧关系的变化一方面源于各自实力和影响力的变化，而另一方面源于中美关系的变化给欧盟带来的压力，欧盟在一些与美国有共同利益的领域，如数字技术、信息安全、印太战略以及所谓的“人权问题”等有动力和美国共同向中国施压。2021 年 10 月 15 日，中国国家主席习近平在同欧盟理事会主席米歇尔通电话时强调：“中欧历史文化、社会制度、发展阶段不同，有一些竞争、分歧、差异并不奇怪”，并指出“中国和欧盟是两大独立自主力量，也是全面战略伙伴，双方有必要加强战略沟通，共同推动中欧关系健康稳定发展，这符合中欧共同利益”。[①]

作为中欧整体合作的重要组成部分，中国—中东欧国家合作为中欧人民之间对话、交流、合作搭建了平台，对于促

① 《习近平同欧洲理事会主席米歇尔通电话》，《人民日报》2021 年 10 月 16 日。

进欧洲整体的均衡发展，深化中欧全面战略伙伴关系发挥着积极作用。2021 年 2 月 9 日，习近平主席在中国—中东欧国家领导人视频峰会上指出，中国—中东欧国家合作有利于双方各自的发展，也有利于推动中欧关系全面均衡发展，他科学、准确地总结了合作原则指出：一是有事大家商量着办；二是让合作方都有收获；三是在开放包容中共同发展；四是通过创新不断成长。①

追求和平与发展是包括中东欧国家在内的中欧双方共同心愿。中欧都主张维护多边主义，都支持贸易和投资自由化便利化，都认为中欧共同利益远大于矛盾分歧。面对日益增多的全球性问题和不断上升的不稳定性、不确定性，中欧作为全球两大重要力量，有责任加强合作，团结应对。中国与中东欧国家应该从更广阔维度看待中欧关系，客观全面地相互认知，理性平和、建设性地处理差异分歧，共同致力于解决和平与发展的世界难题。

中国同中东欧国家传统友谊深厚，而作为当今跨区域合作的典范，成立 10 年来中国—中东欧国家合作本着相互尊重、平等相待的原则，秉持开放包容的精神，遵循包括世贸组织规则在内的国际通行规则和欧盟标准，为各方搭建起了全方位、多层次、宽领域的立体合作架构，也为建立互利互惠的开放型世界经济提供了新思路。

但同时中东欧国家众多、国情复杂、合作意愿多样，不同国家获益也有差别，加之亚欧大陆地缘政治复杂多变，中

① 《凝心聚力，继往开来　携手共谱合作新篇章》，《人民日报》2021 年 2 月 10 日。

东欧国家又处于地缘政治敏感地带，因此中国—中东欧国家合作一直在阻力中前行。中美战略博弈下，美国试图干扰中东欧国家对华政策选择；欧盟对华疑虑尚未消除，给中国—中东欧国家合作贴上了“分裂欧盟”“违反规则”“债务陷阱”等负面标签；中东欧国家各自利益诉求差异性较大，从而给中国协调同中东欧国家的合作关系带来了困难。这些传统问题和新的风险挑战，给合作的持续深化带来了不利影响。

综上所述，当前中欧关系以及中国—中东欧国家合作的发展牵动着学界和政策界关注目光，2021 年也是中欧关系的“多事之秋”，关注这一年欧洲地区以及中欧关系的战略形势以及发展动态，这对于思考和分析中东欧地区形势以及对中国—中东欧国家未来合作发展和深化无疑有着重要意义。这也是本书编写的重要初衷。

本论文集收录了 2021 年国内外三十余位专家学者关于欧洲地区，特别是中东欧地区形势，以及中欧关系、中国—中东欧国家合作的研究论文。本书收录的论文作者以中青年学者为主，特别是那些近年来在欧洲研究、中东欧区域研究领域出现的新锐学者。

本书分为四个部分，分别为：第一部分，欧洲重大战略政策追踪。该部分是对欧洲，主要是欧盟重大战略政策的考察，包括欧盟数字立法、金融主权、跨大西洋伙伴关系、印太战略、能源安全、难民政策、气候政策等。

第二部分：中欧关系发展动态。该部分主要包括对中欧关系现状、前景及重大事件的评估研究，涉及的主题有中欧经贸、政治、防务，以及中欧班列、中美欧关系等。

第三部分，中东欧地区与国家形势分析。该部分主要是对中东欧地区及相关国家内政、社会、外交的研究，主要涉及维谢格拉德集团、中东欧民粹主义、中东欧数字经济以及波兰、匈牙利、塞尔维亚等中东欧国家外交政策等。

第四部分，中国—中东欧国家合作形势与进展。该部分主要是对中国与中东欧国家各领域合作以及与部分国家双边关系最新进展研究，包括中国与中东欧国家在政策对接、医疗卫生、农业、能源、人文交流、地方合作等领域合作情况，以及东南欧和部分中东欧国家对华关系现状。

本书收录的文章都是完成于 2021 年 11 月之前，后经校对、补充、修改，于 12 月截稿并提交出版社。本论文集的内容都是学界、政策界 2021 年度对欧洲以及中东欧地区较为关注议题，其对中东欧地区形势以及中国—中东欧国家关系历程、现状以及问题挑战进行了多方面、多角度的研究。同时将欧洲战略政策以及中欧关系作为本书重要研究主题，希望读者以此对欧洲战略政策以及中欧关系的主要情况有所了解，通过欧洲与中东欧不同层面的研究，来对中欧关系以及中国—中东欧国家合作有更加深入的思考。

目录

第一部分

欧洲重大战略政策追踪

欧盟数字经济发展策略分析

邱　强[①]　陆俊峰[②]

内容摘要：随着基于数字平台的分享经济的迅速发展，全球范围内掀起了一场数字经济浪潮。数字经济以其开放性、适应性、便利性的特点，在满足人们追求高效便捷的社会生活之外，极大推动社会生产效率与激发消费需求，成为促进社会经济发展的强大动力，因此也得到越来越多国家的重视。美国凭借先进的技术手段，在数字经济浪潮中拔得头筹，中国后来居上，中美两国成为引领数字经济浪潮的前沿国家。欧洲主要国家虽然早在2015年就提出数字经济发展规划，并且颁布一系列数字战略，但是数字经济发展相较于中、美仍有差距。同时，越来越严峻的数字安全挑战迫使欧盟必须从根本上认清数字经济发展的现状，从数字立法、数字税收和对数字垄断企业的监管等方面来构建数字经济发展的内

① 邱强，上海对外经贸大学教授，电子商务系主任，国际商务研究所所长。
② 陆俊峰，上海对外经贸大学国际贸易学硕士，江苏银行上海分行职员。

外部环境。最后，欧盟通过培育数字分享企业，提高公民数字素养来培育本土的数字竞争优势，从而在全球数字战略竞争中获得一席地位。

关键词： 数字立法；数字税；数字监管；数字素养

分享经济指个人、组织或者企业，通过社会化平台分享闲置实物资源或认知盈余，以低于专业性组织者的边际成本提供服务并获得收入的经济现象，其本质是以租代买，资源的支配权与使用权分离[①]。分享经济以分享使用权为特征，通过互联网平台实现供给和需求之间有效快速低廉的匹配，从而大大提高了社会资源利用效率，刺激了潜在消费需求，创造了新的庞大市场。分享经济顺应时代发展潮流和技术进步而成长壮大。在经济社会全球化推助下，大众文化的开放性、适应性、认同感增强，共存、共处、共享的生活理念和追求自由灵活的个性化生活方式逐渐流行并成为时尚，为分享经济发展提供了内生土壤和外生环境。基于数字技术的同行评级、口碑评估等社会信用体系逐渐建立，公开透明的自我监管机制加速形成，人与人之间信任关系不断增强，人们对参与分享活动的意愿和兴趣日渐浓厚并成为习惯，并衍生成为数字经济新趋势。

据欧盟委员会分享经济报告显示，早在 2015 年“零工经济”（分享经济的别称）项目就为欧盟带来了 317 亿美元的收入，潜在经济价值高达 6440 亿美元。2016 年普华永道发布了

① 程维、柳青、张晓峰：《滴滴：分享经济改变中国》：人民邮电出版社 2016 年版，第 11 页。

欧洲分享经济规模测算报告，报告基于共享住宿、共享交通、家庭服务、专业服务和协作金融 5 个关键部门，测算了 2015 年欧洲 9 个国家（法国、比利时、德国、英国、波兰、西班牙、意大利、瑞典和荷兰）分享经济发展规模。调查测算结果显示，2015 年，欧洲分享经济 5 个关键部门的平台收入 36 亿欧元，交易总额为 280 亿欧元，分别比 2013 年增长了 2.6 倍和 1.8 倍，几乎每年翻番[①]。当前欧洲分享经济发展正处于历史最好阶段，经济发展规模不断扩大，参与国家和参与人数不断扩大。荷兰 ING 银行 2015 年的调查报告显示，1/3 的欧洲消费者已经参与过分享经济，并且这一数字还将增加。与此同时，1/3 的欧洲国家已经开展分享经济，其中土耳其、西班牙和英国三国的消费者参与程度最高。在过去 15 年中，信息通信技术的进步和对这一领域投资的增加，使欧洲生产力提高了 50%。目前，数字产业产值已占欧盟国内生产总值的 8%，接近 1 万亿欧元，其中，欧洲数字企业占世界数字企业总市值约为 5%，数字企业规模正不断扩大，行业从业人数约占欧盟劳动力的 6%，对生产力增长的贡献值超过 1/4。从欧洲内单个国家看，2019 年德国数字经济位列全球第三，数字规模超 2 万亿美元，英法紧随其后，位列世界第五、第六位，数字规模均超 1 万亿美元。以欧洲主要经济体为代表的欧盟正迸发出数字经济的无限活力，成为全球第三大数字市场。当前，欧洲分享经济朝着提高精细化、专业化、定制化的方向发展。在促进社会资源优化配置的前提下，激发社会需求，

---

① 张孝荣、孙怡、司晓：《2016 分享经济海外发展报告》，腾讯研究院，2016 年，第 3 页。

提高消费福利等策略越来越为欧洲主要国家所重视。以德国为首的欧盟国家正享受着分享经济的红利。

当前，以数字融媒体为平台的数字分享经济正在全球蓬勃发展，据中国信息通信研究院发布的《全球数字经济新图景（2020 年）》显示，2019 年全球数字经济逆市上扬，市场规模达到 31.8 万亿美元，全球数字经济占 GDP 比重高达 41.5%[①]。欧盟是全球最大的数字经济市场之一，拥有庞大的用户和消费基础。但全球数字财富高度集中于美国和中国的商业平台，美国和中国的数字区块链相关技术占全球 75%，全球主要 70 家数字公司中，中国和美国就占据了 90%。并且，在全球市值最大的 20 家数字企业中，中国和美国的平台企业数量就高达 40%。七大“超级平台”——微软、苹果、亚马逊、谷歌、脸书、腾讯和阿里巴巴，占有前 70 大平台总市值的 2/3。这些数字平台不断成长，并主导了关键的细分市场。相比之下，英国、德国等国家不论数字规模还是数字技术，和中美相比都存在一定的差距。德国 2019 年数字规模只有 2.5 万亿美元[②]。在全球数字竞争中欧洲已经明显落后于中美两国。在全球主要企业数量上，欧洲企业数量已经从 1999 年占 50%，下降为 2016 年的占 16%。当前，欧洲缺乏知名的规模级别大的本土数字平台，本土数字企业面临国外数字巨头的威胁。

由于欧洲数字经济制度不完善，存在系统性财税漏洞，

---

① 创泽、《全球数字经济新图景（2020 年）——大变革下的可持续发展新动能》，中国信息通信研究院，2020 年 10 月 14 日。

② 王振：《全球数字经济竞争力发展报告（2017）》，社会科学文献出版社 2017 年版，第 346 页。

容易引发数字企业不公平竞争，进而导致社会发展不均。想大力发展欧洲数字经济，必须从法律制度上设立规范，对外来“数字巨头”定下数字规则，从而保护本土数字企业发展。必要时要在数字经济规则制定上成为主导者，维持欧盟在全球数字经济版图中的“话语权”。

一　通过数字经济立法，扫除数字发展的国内外障碍

在2013年9月，欧盟经济和社会委员会（EESC）就欧盟当前商业发展模式发表了《协作消费，21世纪可持续性商业模式》，并成立了分享经济的行业组织——欧洲分享经济联盟。该联盟的设立目的在于整合力量，统一发声，推动欧盟层面和成员国层面分享经济政策的开展。2015年，欧盟加大分享经济相关立法的准备工作。2015年9月，欧盟委员会启动一项将分享经济包括在内的公众咨询，希望在保护创新、公平竞争和保护消费者三者之间达成平衡。同年12月，欧盟层面关于分享经济的立法争议终于尘埃落定，提出大力发展分享经济。2016年欧洲议会发布分享经济数字市场战略性文件——《分享经济指南》。该文件综合考虑不同国家的分享经济发展现状，依照国别发展现状，分别指导各国分享经济相关立法，主要从破除进入壁垒，行业资金扶持、行业经验交流，以及特殊情况处理，对欧盟当前的分享经济发展进行标准化规范，统一欧盟分享经济举措，逐步消除欧盟内部法律政策层面的障碍。

2018 年通过的《通用数据保护条例》（GDPR）旨在推动强制执行隐私条例，规定企业对于用户数据收集、存储和使用的相关标准，给予用户更多的数据处理权，同时也成了欧盟制定相关数字立法所必须尊崇的总体原则和指南。在后续的《非个人数据自由流动条例》和《数据治理法》中，欧盟委员会均强调不能违背 GDPR 中对个人数据保护的要求。《非个人数据自由流动条例》明确提出促进非个人数据在欧盟内的自由流动，发挥好数据的赋能作用，禁止成员国在非特殊情况下为数据本地化设置障碍，2020 年 11 月，欧委会发布《数据治理法》，界定了企业数字服务的相关范围，从内容、商品和服务维度上对企业义务和责任明确加以界定，旨在平等保护欧盟所有用户，使用户免受非法商品、内容或服务的侵害。《数据治理法》通过鼓励和规范的方式更进一步明确了促进欧盟境内数据共享的多个举措。在数据类型上，《数据治理法》鼓励对个人数据、商业秘密等敏感数据进行共享；在具体方式上，《数据治理法》创设以提供数据共享服务为主的中介机构，促进数据利他主义的发展，为个人和企业主动提供数据创造条件。《数据治理法》主要秉持 GDPR 精神，围绕保护个人基本权利与注重境内企业和产业发展为宗旨，服务境内数字企业发展。

二 加强对国外数字垄断企业的监管，创造公平竞争的外部数字环境

为应对中美互联网巨头的市场主导地位挑战，2020 年 12

月 15 日，欧盟委员会公布了两项法案，即《数字服务法案》和《数字市场法案》，其宗旨在于限制大型在线平台作为“守门人”的市场力量。同时，加强对于“守门人”的规则管制，防止科技巨头差异化对待企业和消费者，造成市场不公平。《数字服务法案》要求大型在线数字平台维护用户的合法权利，删除一切与商品、服务实际不符的内容，并针对数字在线平台建立专门的监督和问责机制，防范系统性风险。[①]《数字市场法案》则从相关企业的业务规模、用户数量、预期地位和市场调查四大方面认定为“守门人”企业，被认定的企业义务包括：“允许用户在守门人平台之外推广其服务，并与客户签订合同”“用户可以访问守门人平台活动所生成的数据权限”等规定性义务，以及“不得阻止用户卸载任何预装软件或应用程序”“不得限制用户获得守门人平台之外的服务”等限制性义务，强制限制相关企业的垄断力量。上述法案对于欧盟境内的所有数字企业都适用。对于那些 5 年内被罚款 3 次，依然系统性违反相关法律的数字企业，在没有其他补救办法可用时，欧盟有权迫使其卖掉旗下部分业务，通过拆分、实施资产剥离的手段结束不正当竞争。

“不对称监管”是欧盟两项法案的共同监管思路。欧盟监管部门认为，大型数字巨头需要承担与其平台规模相当的义务，法案的最终目的不是罚款，而是补救措施，改变现状，建立符合欧洲利益的标准。此外，欧洲内部相关国家，例如脱欧前的英国在欧委会提交立法同一天也酝酿《在线安全立

---

① 《欧盟立法强化数字监管》，《人民日报》2021 年 1 月 5 日。

法》计划，要求大型科技企业加强对于非法内容的监控。同时，建立对于数字高科技企业的严格立法程序，违者将被处罚数十亿英镑。法国、意大利、西班牙等也纷纷效仿制定合乎国情的数字法案。通过严厉监管和高额处罚来扼制互联网巨头的垄断利益，通过规则确保欧洲本地数字企业能够和这些巨头“公平”竞争，从而获得发展机会。

三 制定数字税法，创造欧盟内公平的数字竞争市场环境

数字经济的快速发展带来了公司间不公平竞争：传统公司往往比数字公司承担更大的税务负担，而传统税收规则则为数字商业模式提供了不当优势。据测算，拥有数字商业模式的公司承担的税率不到传统商业模式企业税率的一半，有效平均税率仅为 9.5%，而传统商业公司的税率为 23.2%。由于现行税务规则的漏洞，加上数字业务的移动和“虚拟”性质，数字公司的税负可能比预期还低。越来越多的数字活动，迫使欧盟必须出台相应措施，以填补税收漏洞。2018 年 3 月 21 日，欧盟委员会发布了《关于制定对显著数字存在征收企业所得税的相关规则的欧洲理事会指令的建议》和《关于建立对提供特定数字服务所获收入征收数字服务税的共同规则的欧洲理事会指令的建议》，提出建立长期和临时性两套解决方案对数字企业征收数字服务税。这两份提案构成欧盟成员国进行数字服务税改革的基础性文件，成为成员国参照的蓝本。

第一套改革方案旨在保障欧盟能够对在其领土内产生利润的数字公司征税，即使数字公司在欧盟没有实体存在。该方案确保数字企业和传统实体企业拥有相同地位。并且根据数字企业的数字经济活动指标设立应税的“显著数字存在”（SDP），即：（1）在成员国年收入超过 700 万欧元的门槛；（2）在每一纳税年度内，在一个成员国拥有超过 10 万名用户；（3）在每一纳税年度内，数字公司和企业用户之间签订超过 3000 份数字服务的商业合同。当数字企业达到这一标准内的任一条款指标时就应纳税。

第二套改革方案旨在对数字活动的某些收入征收临时税。这种间接税将适用于完全逃避现行税收框架的某些数字活动所产生的收入，该措施是临时性的，直至全面改革方案实施后才停止。该方案解决了当前存在的最难纳税部分的问题。主要包括：（1）通过销售在线广告空间而获得；（2）通过数字中介活动而获得；（3）通过销售由用户提供的信息生成的数据而获得。税收将由用户所在的成员国收取，并且仅适用于全球年收入总额超过 7.5 亿欧元，并且在欧盟内年收入超过 5000 万欧元的公司，税率设定为 3% 的单一税率。

数字税已成为欧盟主要国家应对数字挑战的主要手段之一。数字税的实行是欧盟实现高水平数字治理的基础。通过数字税建立一套单一市场的、统一的数字税收标准和体系，统一监管互联网相关行业的企业收入、业务分部、人员构成、市场数据等经济活动，实现数字市场的调控。

四 划定欧盟数字底线，采用指南形式增加政策的弹性

欧洲数字经济虽然取得了一定的成果，但还远没有达到预期的发展目标，对于数字经济的发展规划是有必要的，但是不能操之过急，一方面，数字经济正蓬勃发展，远未到成熟定型的时候，这意味着数字经济仍处于不断快速变化发展之中；另一方面，数字经济的崛起已经对传统经济形态产生一定影响。因此，如果采用条例和指令的方式，虽然法律效力层级更高，但过于刚性，缺乏调整和回旋的空间，既难以满足数字经济不断变动的需求，容易造成“一刀切”，也容易引发传统经济业态的反弹。采用指南形式的好处在于，在划定底线的同时，给予各国自由发展数字经济的弹性。比如在2015 年 9 月，欧盟启动关于数字经济的公共咨询之时，欧盟委员会就明确表示，在该公共咨询结果公布前，排除出台法规来规范如 Airbnb 和 Uber 等分享经济企业的可能性。欧盟对于数字经济的发展政策思路是：在划定分享经济“黑名单”的情况下，支持各国发展数字经济。鼓励各国试点先行，交流经验。在此背景下，2015 年，英国已经在利兹市和曼彻斯特市开展数字经济城市的试点，2016 年 2 月 2 日，荷兰阿姆斯特丹也加入数字城市的行列。创业公司、社区中心、公立图书馆等多方主体参与，开展从知识、资产到技能的数字活动。

五 加强数字经济观念的培育，提升消费者数字参与意识

提高数字分享经济中行为人的“分享”消费习惯主要依靠两个方面：一是依靠教育，通过逐步在初级、中级、高等、成人以及职业教育中植入分享经济的概念和原理，让更多的消费者了解分享经济的益处，从而接受和主动参与分享经济。二是通过信息系统建立可靠的、可追溯的数据闭环，借助跨行业信息数据流通，构建起强大的信用征信体系。前一个过程是自觉的过程，是需要后一个过程的措施来保障实施的。只有两个措施相互协调、相互配合才能从根本上建立对分享经济发展的信任、信心，更好地提高分享经济意识，接受分享经济带来的好处，发展分享经济。

2020 年欧盟委员会发布了主题为“重置数字时代的教育和培训”的《数字教育行动计划 2021—2027》。这是继欧盟 2018 年 1 月发布《数字教育行动计划 2018》之后的第二个欧盟数字教育行动计划[①]。该计划重点将放在数字教育和培训上，通过义务教育、职业教育以及高等教育，更好地利用数字技术进行数字教学，发展数字能力以及通过数字分析与数字预测更好地提升公民的数字参与感与获得感。

同时，《数字教育行动计划 2021—2027》肩负欧洲数字教育和培训的变革重任，提出了数字教育的长期愿景。新计划

---

① 任友群、随晓筱、刘新阳：《现代远程教育研究》，2014 年，第 37 页。

涵盖了正规教育（初等、中等、高等教育和成人教育）、非正规和非正式教育（青年工作、社区组织、图书馆、文化和创意空间等），旨在推进终身学习。作为欧盟应对新冠疫情的一项举措，新计划确定了需要采取行动的特定领域，支持教育和培训的恢复，确保欧洲教育实现数字化转型。

欧盟通过一系列数字经济的发展规划以及立法措施，清除了外部的数字经济发展障碍，建立起公平竞争的市场环境。这将有利于欧盟的数字经济发展，相信在不久的将来，欧盟也将成为世界数字经济发展的重要的一极。

欧盟《数字服务法》《数字市场法》的内容、影响及建议

徐　超[①]　于品显[②]

内容摘要：近年来，国际数字服务贸易的快速发展。数据跨境问题日益凸显，数据资源争夺的日益激烈，数字治理日益成为国家竞争的重要工具。欧盟委员会于2020年12月15日公布《数字服务法》和《数字市场法》（下文简称“两法”）提案，一方面加强打击平台非法内容和保护公民权利的责任，强化数字经济的反垄断问题，维护欧盟；另一方面希望通过两部法律统一数字规则，建立数字单一市场，进一步影响全球数字经济的“游戏规则”，捍卫技术主权和数字主权。对此，欧盟关于数字经济立法的部分经验，对中国有一定启示。

关键词：数字贸易；跨境数据流动；布鲁塞尔效应

---

① 徐超，中国社会科学院信息情报研究院副研究员。
② 于品显，河北大学法学院副教授。

随着数字服务格局的快速发展、数据资源争夺的日益激烈，数字治理日益成为国家竞争的工具。欧盟委员会于2020年12月15日公布《数字服务法》和《数字市场法》提案，加强平台打击非法内容和保护公民权利的责任，加强数字经济的反垄断。欧盟委员会希望通过两部法律统一数字规则，建立数字单一市场，进一步影响全球数字经济的“游戏规则”，捍卫技术主权和数字主权。[①]

一 两部法律的立法目的

出台“两法”是欧洲数字十年计划的核心，是“适应数字时代的欧洲”计划的支持性立法。两法均剑指大型企业，意在与《通用数据保护条例》（GDPR）等欧盟现有立法形成补充，进一步约束科技巨头。

（一）数字服务市场的不平衡发展

美欧科技企业存在不平衡发展，欧洲在全球前70个最大数字平台市值的份额不足4%，美国从网络社交平台到数字基础设施都占据主导地位。[②] 欧盟认为，这与大型科技企业利用数据和技术损害市场的公平性和竞争性密切相关。欧盟希望通过两法为欧洲的数字经济腾出发展空间，使本土科技企业能够与科技巨头展开竞争，实现传统产业的数字化转型。

---

① W. Gregory Voss, “Cross-Border Data Flows, the GDPR, and Data Governance”, 29 *Washington Law Review* 485, 2020.

② Cui, W., “The digital services tax: conceptual defense”, *Tax Law Review*, 73 (1), 2019, pp. 69 – 112.

（二）疫情加剧欧盟对本土市场的担忧

欧洲缺乏统一的数字市场，疫情防控期间民众在线需求激增，使两者的矛盾更加凸显。以电子商务为例，根据联合国贸易与发展会议发布的一份报告，由于新冠疫情引发的封锁，电子商务的急剧增长使在线零售在所有零售中的份额从2020年的16%增加到19%。[①] 2020年欧洲电子商务销售额增至7200亿欧元[②]，而亚马逊反而成为最大的受益者，欧盟认为这与亚马逊的市场优势地位及其竞争性技术手段存在关联。

（三）科技巨头的“数字权力”为欧盟敲响警钟

特朗普社交账号被推特等平台封禁事件引起欧盟警觉，其背后是对于网络时代如何管控超级数字企业权力的关切。信息技术的发展已经超出国家监管力量的范围和规则更新的速度，需要通过立法确保数字企业处于法律的监管之下。

二 两部法律的主要内容

（一）《数字服务法》的主要内容

《数字服务法》以2000年欧盟《电子商务指令》为基础，适用于中介服务提供者，旨在建立数字服务单一市场，保护

---

① United Nations Conference on Trade and Development，“Estimates of Global E-commerce 2019 and Preliminary Assessment of COVID－19 Impact on Online Retail2020”，https：//unctad. org/system/files/official-document/tn_unctad_ict4d18_en. pdf.

② 赵觉理：《电商经济成为疫情中的亮点——“双11”被多国效仿 新习惯推动快速发展》，2020年11月12日，搜狐网，https：//www. sohu. com/a/431259071_162522。

欧洲用户的网络基本权利，创造安全、透明、可信的网络空间，主要包括主体义务、整顿网络空间和监管执法三个方面。①

第一，不同主体承担不同义务。该法将中介服务提供商分为横向和纵向两个维度。横向以业务为区分，包括纯通道服务、缓存服务以及托管服务，所有中介服务提供商承担一般性义务，包括遵守欧盟和相关国家司法或行政机关发布的命令，建立联络点或者指定代表人配合监管，发布透明性报告等。纵向进行“托管服务—在线平台—超大型在线平台”的划分，在线平台还需要承担包括建立内部投诉处理系统，并配合庭外争端解决以保护网络消费者的合法权益；与“可信标记者”展开合作以打击网上非法内容；确保商家的可追溯性以打击假冒伪劣商品；提高在线广告的透明度等义务。其中，超大型在线平台（在欧盟的月均活跃用户数达到4500万，占总人口的10%）因存在社会风险需承担额外义务，包括开展重大系统性风险评估，采取风险缓解措施，提供数据访问入口以供审查，任命一个或多个合规官专责监督等。这些对中国企业在欧业务提出了较高的合规要求，该法的最终目的仍然是为中小企业减少规则不统一所带来的合规负担，激励欧盟本土数字市场的创新。

第二，整顿网络空间。该法通过畅通用户对非法内容的反馈渠道，利用“通知—行动”机制促使在线平台对标记的

① European Commission, “Proposal for a regulation of the european parliament and of the council on a Single Market For Digital Services (Digital Services Act) and amending Directive2000/31/EC”, https://eur-lex.europa.eu/legal-content/en/TXT/? uri=COM%3A2020%3A825%3AFIN.

非法内容迅速采取行动；要求超大型在线平台采取风险管理措施，防止系统用于非法内容、非法活动的传播和故意的操纵。这在一定程度上来源于新冠疫情期间，欧洲网络空间在基本权利保护、公共利益、公共卫生和公共安全等方面遭受的冲击。

第三，加强监管执法。各国指定数字服务协调机构作为主管部门，欧盟委员会和数字服务协调机构享有广泛的调查和执法权力。对于超大型在线平台，欧洲数字服务委员会可以对违法企业处以高达上一财政年度总营业额6%的罚款，还可处上一财政年度平均每日营业额5%的定期罚款。这将帮助欧盟对有在欧业务的数字企业实现普遍性的监管。

（二）《数字市场法》的主要内容

《数字市场法》适用于被认定为“守门人”（gatekeeper）的大型数字企业，旨在确保数字市场的公平性和竞争性，主要包括主体认定、特定义务和监管执法三个方面的内容。①

第一，守门人企业的认定。考虑到核心平台服务（例如在线中介、搜索引擎、社交网络、视频分享平台、无须号码的人际通信服务、操作系统、云服务、广告服务等）具有极强的规模经济性、网络效应、锁定效应，《数字市场法》为提供核心平台服务的守门人企业设计了“事前认定”和“逐案认定”两种认定方式。事前认定包括三项基本认定标准：一

---

① European Commission，“Proposal for a Regulation of the European Parliament and of the Council on contestable and fair markets in the digital sector（Digital Markets Act）”，https：//eur-lex. europa. eu/legal-content/EN/TXT/PDF/？uri = CELEX：52020PC0842&rid = 8.

是对内部市场有重大影响；二是经营核心平台服务，并作为企业用户接触终端用户的重要通道；三是在业务中享有或有望享有稳固和持久的地位。对此，该法分别设定了量化门槛，达到门槛的企业需要向委员会主动披露并提供相关信息。同时，欧盟委员会也有权对特定企业通过市场调查和评估进行逐案认定。由于欧盟本土科技企业未及规定的规模，该法案的适用在短期内可能集中于谷歌、亚马逊、苹果、脸书等美国科技巨头。

第二，特定的竞争义务。守门人企业的义务主要围绕营造公平和可竞争的市场，例如“允许企业用户通过第三方网上中介服务，以不同于守门人的价格或条件向终端用户提供相同的产品或服务”；“允许企业用户向通过核心平台服务获得的终端用户推广要约并签订合同，无论是否以此为目的使用平台核心服务”；“不得要求企业用户在使用守门人提供服务的过程中，必须使用守门人的身份认证服务、向其提供数据或与之互通”；“以公平和非歧视性的一般条件向企业用户开放软件应用商店”；承担特别的经营者集中申报义务；等等。从义务设定的实际效果来看，该法的重点仍然在于解决核心平台服务市场的竞争问题。

第三，加强监管执法。欧盟委员有权采取索取资料、现场检查、采取临时措施等方式，有权在整个欧盟范围内要求企业或企业协会提供包括文件、数据、数据库、算法等必要信息。欧盟委员会可以根据具体情况，对守门人处以高达上一财政年度总营业额10%的罚款，还可处以上一财政年度日均营业额5%的定期罚款；对于系统性违法行为，可以采取包括结构性措施在内的严厉处罚。欧盟委员会将拥有强大的调查和执法权力，可能在跨境数据传输、数据安全甚至国家安全等方面与他国形成交锋。

三　两部法律的影响预估

（一）加剧全球数字治理的制度竞争

从现阶段而言，数字治理的制度竞争仍然处于良性探索阶段。欧盟虽然动作频频，但整体仍在法治框架中。未来全球数字经济的竞争，将会从要素竞争进入长期的以法治为核心的制度竞争。这在短期内会激发制度的创新效应，但是如果缺乏统一的国际法共识和有效的沟通对话机制，也可能走向恶性竞争，使国际规则成为制度领导国的权力工具。

（二）加剧“布鲁塞尔效应”

“布鲁塞尔效应”是指欧盟凭借市场力量单方面地规范全球市场的能力。[①] 一方面，欧盟市场的独特性是客观基础。欧盟拥有比美国更庞大又比中国更富裕的消费市场，在现阶段具有不可替代性，通过跨国公司输出欧盟规则，使其变成全球规则，形成“外溢”。另一方面，欧盟的政治雄心是促进因素。从 GDPR 开始，欧盟运用规则制定权管控市场、谋求政治布局的意图已经显现，许多国家借鉴或移植了欧盟的数据保护制度。两法本质上是欧盟在数字经济领域寻求“布鲁塞

---

① Anu Bradford, “*The Brussels effect*: *How the European Union Rules the World*, Oxford University Press, 5 Oct. 2021, p. 56.

尔效应”，重塑全球规则制定权和制度竞争力的新举动。

（三）加剧美欧对于数字主权的争夺

数字转型是“下一代欧盟”复兴计划的重要部分，为牵制科技巨头，部分欧盟国家已开始重启数字服务税征收计划，欧洲成为美欧争夺数字主权的重要战场。两法出台后将进一步约束美国大型科技企业，但也为中国科技企业参与欧洲数字市场竞争提供了机遇和窗口期。

（四）短期影响仍然集中于美国科技巨头

两法一旦正式生效，美国大型科技企业将遭受更加严格的监管，甚至面临巨额罚款、业务拆分等处罚。但是目前两法中诸如“非法内容”等基本概念尚不明晰，欧盟对于守门人、大型在线平台以及潜在性判定等方面有较大的决定权，在最终规则确立之前，讨论和游说仍然可能使提案有所改变。

（五）影响中国科技企业在欧业务

两法广泛适用于在欧数字业务，受到疫情和经济下行的双重影响，欧盟地区保护主义、单边主义有所抬头，欧盟市场的数据、信息和技术流动将面临更加严格的管控；而中国现行立法与欧盟立法仍然存在较大分歧，在跨境数据流动、电子商务等基础业务方面，可能使中国科技企业的在欧业务面临合规挑战。

四　对策与建议

（一）处理好发展与稳定的关系

中国正处于跨越中等收入陷阱的重要关口，数字经济健康发展是关键因素。不同于传统经济学的“大而不能倒”，数字经济体现出“连接多而不能倒”“快速而不能倒”的特点。数字服务具有交往性和互动性，社会网络具有高依赖、多节点和高密度的特点，因此每个个体都是风险的传递站，每个平台都是风险的汇集站，连接越多、速度越快，风险就越大，需要关注超大型平台对经济社会资源配置和权力架构的影响以及系统性风险。

（二）完善法律制度体系

在过去二十年中，中国监管机构对数字经济保持审慎包容、鼓励创新的态度，现阶段数字经济已进入成熟发展阶段，科技监管成为全球趋势。中央明确提出“强化反垄断和防止资本无序扩张”，为下一阶段数字经济领域的立法指明方向。一是创新治理理念，积极应对欧盟数字立法。围绕贯彻新发展理念、构建新发展格局、推动高质量发展，统筹发展和安全，推进国家治理体系和治理能力现代化，特别是在法治体系建设中融入互联网思维，更好地制定适应数字经济发展规律和技术特点的立法。二是依法加强对平台经济的监管。在行业监管的基础上加强反垄断执法部门与其他监管部门的协同合作，针对存在系统性风险的平台企业实现功能监管，推动监管机制常态化、法制化、科学化，避免流于选择性监管、运动式监管，抓好信用监管和智慧监管的工具手段，以促进行业创新、助力产业发展作为最终目标。三是夯实平台责任，营造清朗网络空间。借鉴《数字服务法》，推动平台承担起必要的管理职责和审查义务；探索形成多元善治的一揽子治理"工具箱"，划清底线以令行禁止，标明高线以倡导新风，提高协同治理效应，凝聚监管合力，综合运用包括约谈、合作监管、平台自律、用户自我管理、行业自治、社会共治、技术治理等多种方式，推动平台治理向法治化、体系化、制度化发展。

（三）运用法治方式应对欧盟"布鲁塞尔效应"和美国"长臂管辖"的压力

要用好法治工具，维护公平竞争市场秩序，增强市场主体国际竞争力，激发市场活力。一是紧跟数字治理的国际趋势，积极谋求国际规则制定权。中国与欧盟在平台垄断、数据不正当竞争、算法滥用等方面存在同样的问题，建议《数据安全法》在结合本国国情的基础上，跟进和吸收欧盟两法中的有益部分，通过国内法参与到国际网络空间的治理之中，积极谋求数字立法的规则制定权。二是密切关注美国的应对措施，及早布局，防范美国"长臂管辖"。数据跨境流动是关系世界贸易和各国利益的核心议题，不仅欧洲谋求扩大法案的适用范围，美国也通过《澄清域外合法使用数据法案》等立法和执法活动，加强数字领域的"长臂管辖"能力。事实上，中国已在《个人信息保护法》中尝试规定域外效力，在

《数据安全法》中对境外执法机关调取存储于中国境内的数据进行规范。为了进一步应对美欧的数字立法和域外执法，建议完善对他国长臂管辖的阻断立法，在《个人信息保护法》《数据安全法》中细化和明确阻断规则、企业的审批程序以及相应的损害赔偿责任。同时，为企业遵守阻断规则提供保障措施和援助渠道，做细、做强、做深反制工程。

欧盟构建“金融主权”的构想与实践

董一凡[①]

内容摘要：在欧洲面对百年未有之大变局，谋求“欧洲主权”的背景下，建设以增强金融体系能力和拓展欧元国际化空间为主的“金融主权”，既是欧盟在疫情冲击下巩固金融稳定根基的举措，也反映了欧盟长期以来谋求欧元更高国际地位，以在美元霸权面前更好维护自身经济独立性和利益的需要。事实上，欧盟的“金融主权”有望依托“下一代欧盟”经济复苏和投资计划以及绿色金融投资增长而取得可见的进展。然而，欧盟在欧元国际结算等方面提升和发展将受到较大限制，同时欧盟在疫情背景下经济发展前景也有较大不确定性，都将使得其“金融主权”进程受到掣肘。

关键词：欧洲主权；欧元国际化；绿色金融

---

① 董一凡，中国现代国际关系研究院欧洲研究所助理研究员。

2020 年 1 月 19 日，经过多方面预热和铺垫，欧盟委员会发布了通讯文件《欧洲经济和金融体系：促进开放、实力和韧性》（The European economic and financial system：fostering openness，strength and resilience），为未来强化欧盟以欧元为核心的金融货币体系提出了 15 条行动规划，成了欧盟在经济金融领域延伸“战略自主”的重要政策设计。这一政策框架反映了欧盟在疫情、绿色转型、大国关系嬗变等种种变局之下增强自身经济权力和国际货币金融影响力的认知和路径规划。①

一 全面增强欧盟金融治理

欧盟委员会提出了欧盟深化经济金融体系的三大重点，分别是完善欧盟财政金融治理架构、推动欧元国际化进程的扩大以及改革和有效执行欧盟的制裁体系。首先，欧盟财政金融治理架构的完善是其提振金融货币实力的根基，以构建对内经济恢复的“韧性”和对外“战略自主权”，成为建设“更强大欧盟”的基础。一方面，欧盟将延续和深化欧债危机以来建设经济与货币联盟的努力，增强“银行业联盟”对欧元区监管和危机管理的能力，持续推进“资本市场联盟”以促进欧盟内部资金的获取与流动，改革和增强“欧洲稳定机制”（ESM）应对欧元区成员国危机的能力，未来欧盟应推动建立欧洲存款保险计划、简化中小型企业进入股票市场、促

① European Commission，“The European economic and financial system：fostering openness，strength and resilience”，COM（2021）32 final，Brussels，January 19 2021.

进欧盟统一破产框架以及构建“单一救助基金”（Single Resolution Fund）等方面进程。另一方面，面对新冠疫情对欧洲经济社会的严峻冲击，欧盟必须推进“下一代欧盟”（Next Generation EU）大规模经济提振计划，促进资金助力于各国经济社会韧性以及公共投资，同时推进欧盟抓住绿色和数字转型的机遇，并落实资本市场联盟、欧盟零售支付战略、数字金融战略、可持续金融战略等金融现代化规划。[①]

其次，在欧元国际化方面，欧盟应当进一步提升欧元在外汇市场、能源部门、原材料市场、农业和粮食商品贸易以及运输部门的作用，以实现获得铸币税收入、提升货币自主权、降低交易成本和外汇风险等收益。在上述领域，欧盟通过各种渠道增加欧元的使用比重。商品方面，欧盟促进天然气等能源领域欧元的使用，以更新《科托努协定》，增强与非加太国家欧元交易比重。在金融产品领域，欧盟将“下一代欧盟”发行债券作为增加欧元计价的安全主权资产的机会，构建欧元在绿色债券和主权债券中的作用，促进绿色债券作为实现《欧洲绿色协议》的投资和项目融资工具，努力实现绿色债券形式占下一代欧盟债券总额30%的目标。欧盟还将能源转型和欧元在商品和金融市场结合，提出加强欧元在碳交易、可再生氢能等能源气候领域的使用，构建相应规则以及计价和结算体系，并创立相关金融衍生品、金融指数和交易所。在金融市场方面，欧盟将积极应对英国脱欧给欧元计划金融产品及外汇交易市场带来的影响，减少相应不确定性

① European Commission, “The European economic and financial system: fostering openness, strength and resilience”, COM (2021) 32 final, Brussels, January 19 2021.

同时，进一步吸纳英国转移的资金和交易资源。对于外汇交易领域，欧盟将评估外汇市场过于依赖美元交易的脆弱性，并提出应对之道。此外，欧元增加国际影响力还包括开发数字欧元，在对第三国投资和援助中增加欧元使用等主张。

最后，加强欧盟制裁领域的影响力。一方面，欧盟应保证促进欧盟和伊朗间贸易支付正常的“支持贸易交易工具”（INSTEX）继续顺利运转，以及欧盟与第三国交易不受他国制裁或威胁影响。另一方面，欧盟应基于实现共同外交和安全政策的目标而去梳理自身制裁施加机制，整合欧盟各成员国、各个企业落实制裁的政策协调性，以使得欧盟制裁工具充分发挥效用，服务于外交安全目标。为此，欧委会主张建立欧盟的制裁信息交流库，促进成员国和欧盟交流制裁执行情况的信息，就制裁相关跨境合作建立联络机制。[①]

二　“欧洲主权”在货币金融领域延伸

欧盟就建设“金融主权”的一揽子政策倡议，是就货币领域构建“欧洲主权”的思考和政策，也是试图将欧盟自身经济实力转化为地缘政治影响力的尝试。正如欧委会主席冯德莱恩在上任之初提出，欧盟建设“地缘政治委员会”，打造自身地缘政治角色的设想一样，“欧洲主权”是近年来欧盟面对内外变局的背景下，其战略界提及最多的一个概念。欧洲议会相关报告将其定位为，欧盟能够自主行动，在关键领域

① European Commission, “The European economic and financial system: fostering openness, strength and resilience”, COM (2021) 32 final, Brussels, January 19 2021.

依靠自身资源并在必要时与伙伴合作的能力。[①] 当前，在地缘政治博弈日趋激烈的世界中，欧洲政治家普遍认为，欧盟应当在防务、科技、经贸等领域减少受其他大国影响甚至胁迫，要增强自身在重要领域中的能力和实力，甚至主动发挥这些方面的实力以实现自身战略与安全目标，保证繁荣、和平、价值观乃至对基于规则的多边主义的维护，其中货币和金融领域亦是欧盟建设“欧洲主权”的重要一环，增强欧元在国际使用程度支撑“战略自主”已经成为欧元区各国的共识。[②]

事实上，在近年来的一些重大国际事件中，欧盟已近深感货币和交易管道上被“卡脖子”的不适性，比如美国重启对伊朗制裁“长臂管辖”的“寒蝉效应”令欧盟企业不得不放弃伊朗市场，美国对“北溪二号”天然气管道项目的种种制裁措施一度使其工期大幅延期并面临种种不确定性，事实上让欧盟和俄罗斯之间的双边能源合作被美国的干涉所左右。这些事例令欧盟深知，在大国竞争日趋激烈，美欧利益出现明显差异的时代，继续将自身经济利益寄托于美元主导的金融、货币、结算体系上，将面临巨大的经济以及制裁和霸凌风险，维护自身经济、外交、安全利益并作出基于利益的政策主张将面临巨大挑战。欧盟委员会直接指出，美国借助货币权力进行的国际制裁严重影响欧盟追求其外交目标，并且

① 贺之杲：《争论中的“欧洲主权”》，《世界知识》2021 年第 12 期。

② “The international role of the euro”, *Economist*, June 24 2021, https: //www. economist. com/finance – and – economics/2021/06/24/the – international – role – of – the – euro, last accessed on 22 August 2021.

限制欧盟合法的贸易与投资活动。[①] 而通过提升欧元在全球交易和金融资产等领域的地位，将有助于自身降低对美元体系的依赖。同时，欧盟扩大欧元的国际影响，还有助于降低欧盟的国际融资成本和国际贸易交易成本，回避汇率波动给贸易和经济带来的风险。

从欧盟发布此份政策文件的内容和时间节点来看，其面向美国争取金融自主权的意向十分坚定，欧盟在政策文件内容中强调应对第三国制裁、扩大欧元国际交易使用等内容，直接反映了欧盟主动化解美元霸权负面影响。此外，欧盟还选择在美国新总统就职之日（1 月 20 日）前一天发表政策文件，显示了推进金融主权和战略主权将是欧盟中长期的既定战略议程和追求的目标，相关政策措施将不因美国对欧政策的暂时性调整而转变，战略自主则将成为欧盟应对美国的不确定性的必由之路。[②]

三　欧盟建设“金融主权”的前景和局限

欧盟在当前背景下促进欧元国际化具有一定新思路和新机遇。首先，欧盟将其在绿色债券、碳交易市场等方面的规模优势加以利用，拓展出一条增加国际货币使用的新路，随着全球气候变化应对和能源转型进程加速，绿色金融和可持

---

① Viktoria Dendrinou, “EU Eyes Dollar's Global Dominance in Bid to Bolster the Euro”, Bloomberg, 19 January 2021, https://www.bloomberg.com/news/articles/2021-01-19/eu-eyes-dollar-s-global-dominance-in-a-bid-to-bolster-the-euro, last accessed on 22 August 2021.

② 孙成昊、董一凡：《拜登任内美欧同盟关系走向及其战略影响》，《美国问题研究》2021 年第 1 期。

续投资等蓝海市场有望为国际金融市场扩张的新领域，欧盟提早规划并抢抓先发优势将使其在相应竞争中占据先机。当前，欧盟在这一领域已经处于第一集团，欧盟2020年绿色债券发行量占全球发行量的51%，全球发行的绿色债券49%以欧元计价，欧盟是毫无疑问的引领者。[①] 在此基础上，欧盟不断增强对绿色金融市场的规则塑造。2021年4月21日，欧盟委员会发布可持续金融一揽子框架，包括可持续金融分类法、企业可持续信息披露指令等，抢抓国际绿色金融规则制定先机。7月6日，欧盟委员会正式提出了《欧盟可持续融资战略》和《欧洲绿色债券标准》两项绿色金融政策，《欧盟可持续融资战略》包括了绿色投资标准、企业气候风险标准以及欧盟相关绿色投资工具的使用标准等；[②]《欧洲绿色债券标准》将在项目要求、信息披露、外部审查等方面对绿色债券制定系统的标准，相关监管审查将由欧洲证券及市场管理局（ESMA）进行，显示出欧盟将绿色金融打造为欧盟金融实力和欧元国际化外部投射重要抓手意图。[③]

其次，“下一代欧盟”经济提振计划不仅反映了欧盟救助自身经济的强大魄力和迅速的反应，同时以欧委会为名义发行主权债务意味着欧盟在财政和债务政策上发挥更大作用，这在政治上也是加强互助和团结的举措，成为欧盟财政一体

① Axel Fougner, “Sustainable finance”, European Commission, https: //ec. europa. eu/newsroom/fisma/items/718251/en, last accessed on 22 August 2021.

② European Commission, “Strategy for Financing the Transition to a Sustainable Economy”, COM (2021) 390 final, Brussels, 6 July 2021.

③ European Commission , “Proposal for a Regulation of the European Parliament and of the Council on European green bonds”, COM (2021) 391 final, Brussels, 6 July 2021.

化的重要突破，甚至部分舆论将“下一代欧盟”的提出比作“欧洲的汉密尔顿时刻”。这一举措不仅增加欧盟“安全资产”的市场供应，同时也显示欧元在危机面前的韧性以及“危机倒逼生机”的动力，市场和舆论对于欧元的国际地位和信用将更具信心。“下一代欧盟”事实上从危机救助以及投资未来绿色和数字经济增长点两个路径巩固欧盟特别是欧元区的经济金融状况，增强相关国家的经济韧性和财政债务稳固程度。根据“下一代欧盟”基金执行机制，各成员国首先向欧盟委员会提交本国使用资金的计划，欧委会审核批准再投入相关资金，截至 2021 年 8 月 19 日，欧盟大多数国家均已提出本国计划并得以通过，欧盟委员会也已向法国、意大利、西班牙、立陶宛、卢森堡、希腊、比利时、葡萄牙等国提供复苏资金，总计 462 亿欧元。同时，欧盟以欧盟委员会名义在金融市场成功发行三轮主权债券融资，每一轮都得到市场超额认购，共计筹资 450 亿欧元，欧盟以外的亚洲和美洲投资者也参与认购。这也显示欧盟扩大欧元计价高信用资产供应和借助欧盟共同信用发挥融资影响力的政策目标成功，为欧元固本培元，并有助于夯实国际化进程的市场基础。摩根士丹利银行分析师表示，迄今为止，“下一代欧盟”债券发行“有助于使欧元成为美元的更好替代品”。①

然而，欧盟建设“金融主权”的道路仍然任重道远。首先，欧元提升全球地位将面临诸多障碍。欧盟及全球国际贸

① “The international role of the euro”, *Economist*, June 24 2021, https://www.economist.com/finance-and-economics/2021/06/24/the-international-role-of-the-euro, last accessed on 22 August 2021.

易结算特别是石油、黄金、粮食等大宗商品均依附于美元计价的主导地位，欧盟自身欧元结算水平亦有限，比如美国90%的出口是以美元计价的，但欧元区目前只有50%的进口和60%的出口是以欧元计价的。[①] 再比如，扩大债券市场规模与转化成市场影响力之间存在一定差距，欧元加以弥补仍任重道远，2019年欧元在全球外汇交易中比重仅20%，甚至比十年前的23%有所降低。“布鲁盖尔”研究所副主任玛利亚·德梅齐斯指出，欧元计价安全资产增加并不能直接使欧元成为美元的竞争者，投资者仍然怀疑欧元自身治理架构的不完整性。欧盟近年来在欧元国际化最孱弱的方面，如能源结算、国际贸易结算、国际投资输出以及对抗金融制裁等领域进展并不明显，意味着欧盟“金融自主”中长期进展的局限性。同时，美国是国际货币权力的守成国，对于他国扩展货币权力极为警惕和敌视，美国对欧元国际化的防范，也将成为欧元国际化的掣肘因素。[②] 英国《金融时报》评论员阿兰·贝蒂指出，未来十年内欧元都难以对美元构成严重的挑战。

最后，欧盟能否拥有支撑“金融主权”的“经济机体”仍然存在不确定性。货币金融权力的最关键基础之一仍然是一国的综合经济实力、国际经济地位以及经济金融稳定性，然而欧盟在这三方面均面临较大挑战。从短期的经济增长前景而言，欧盟虽然在2021年上半年实现环比1.8%的正增长，但其复苏势头远远不及中国、美国，同时欧盟疫苗接种率不

---

① Sylvie GOULARD, “Europe, Power and Finance”, *Politique étrangère*, Vol. 86, No. 2, Summer 2021, IFRI.

② 董一凡：《当前欧元国际化的挑战、应对及前景》，《现代国际关系》2020年第2期。

断提升的情况下仍然面临新冠病毒新变种的严峻挑战，其经济复苏前景主要取决于抗疫的前景以及相应的经济活动与经济信心。而从长期来看，欧盟经济体量在全球版图中的下行趋势似乎难以逆转，2020 年中国 GDP 总量超过欧盟 27 国总和即是标志性时间。有预测认为，到 2050 年，欧盟在世界 GDP 中的份额可能会降至 10% 以下，[①] 意味着欧盟受到国际经济格局“东升西降”趋势的冲击也将比美国更大，这是对于欧盟扩张金融货币影响力的巨大制约因素。同时，欧盟在疫情冲击和大规模财政扩张进程中，重要经济金融指标向更有风险的方向发展，其中 2021 年 7 月欧元区通胀率已经达 2.2%，2021 年一季度欧元区赤字率和负债率高达 7.4% 和 100.5%，[②] 均达到近年来的新高，这些数字显示欧元区将重新面临高通胀和高政府财政负担的挑战，无论是收紧还是继续放松货币政策都意味着较大的风险，全球投资者对于欧元及其资产的安全性和保值性也恐怕将重新打上问号。

---

① Joshua Ball，“Emerging Economies Will Hold Increasing Amounts Of Global Economic Power By 2050”, Global Security Review, June 10 2019, https://globalsecurityreview.com/will-global-economic-order-2050-look-like/, last accessed on 22 August 2021.

② “Annual inflation up to 2.2% in the euro area”, Eurostat, 18 August 2021, https://ec.europa.eu/eurostat/documents/2995521/11563239/2-18082021-AP-EN.pdf/4488fc81-7b31-d682-2087-b7e597c07416, last accessed on 22 August 2021.

2021 年欧洲理事会峰会：跨大西洋伙伴共识在欧盟内部的政策化

利雨樵[①]

内容提要：2021 年的欧洲理事会峰会上，欧盟高层和欧盟成员国在 G7 峰会、北约峰会、欧美峰会和美俄会晤后，确定了未来欧盟的内政外交政策。不同于此前国际会议上美欧对中国咄咄逼人的架势，此次欧盟内部峰会反而着重讨论内部政策和周边外交政策。从国家角色概念框架来看，欧盟在确定新的国家角色过程中，已经接受了美国的外部角色期望，下一步在内部成员国之间协调内部角色冲突后，就能在中美竞争中，构建欧盟新的国家角色，并据此制定新的对华政策。

关键词：欧盟；跨大西洋伙伴；国家角色概念

2021 年 6 月 24—25 日，欧盟成员国以欧洲理事会峰会（Summit of European Council）为契机，结束了 6 月内密集的国

---

① 利雨樵，德国鲁尔波鸿大学东亚学院东亚政治经济系博士研究生，研究方向为欧盟在中国对外政策中扮演的外部角色。本文获中国国家留学基金委（No. 202008080202）资助。

际外交会议。G7 峰会、北约峰会、欧美峰会和美俄会晤后，虽然欧美就如何应对中国的崛起仍然存在分歧，但在疫苗、振兴经济、气候问题、价值观等领域上重新达成原则性共识，跨大西洋伙伴关系得到切实修复。然而这次欧盟内部会议在外交政策上并没有涉及与中国相关的议题，这与之前欧美对中国的激烈讨论形成鲜明对比。本文旨在通过国家角色观念的对外政策分析框架，以欧盟内部政策为依据，分析欧盟短期内前后政策偏好产生变化的原因，为未来欧盟对华政策可能出现的变化做好心理预期。

一　国家角色概念：内外部角色期望共同作用

国家角色概念（national role conception）源于 1970 年，加拿大政治学家霍尔斯蒂（Kalevi Jaakko Holsti）将社会学中的角色理论引入了对外政策分析，成为一种国际关系中的中层框架。[①] 该理论核心观点认为，国家角色概念由一个国家的决策制定者[②]定义，而该国具体的对外政策受到这种国家角色的影响。同时，对外政策也反映了一个国家的国家角色。霍尔斯蒂认为，决策者在制定国家角色时，正如社会中的一个个体对其自身角色进行感知的那样，并不是孤立地进行感知。除了决策者本身的偏好外，也需要同时考虑国家内部和外部

---

① 徐博、威廉·瑞辛格：《国际关系角色理论视角下俄罗斯对中国能源外交决策探析》，《东北亚论坛》2019 年第 4 期。

② 这里的决策制定者是一个抽象概念，泛指能够制定国家对外政策的个人和机构。可以指特定的国家元首、政府首脑、部委部长，比如国家主席、总统、总理、首相、外交部长。也可以指制定国家政策的机构，比如议会、国务院、外交部等。

成员的期望。[①]

从国家内部来看，在决策者之外，会有很多团体、个人对决策者表达自己的偏好，对国家角色提出不同的期望。不同的角色期望之间会产生冲突，内部成员因此会互相争执、表达各自偏好。这种现象称之为国内角色争论（domestic contestations），而这些争论的内容，为决策进程提供了丰富的决断基础。同时，外部成员也会提出对他国的角色期望（expectation）。然而，不是所有外部成员在一个国家决策进程，重要外部成员（significant others）的期望比普通外部成员的期望，对对外政策的制定过程有更大、更具决定性的影响。[②] 一个理性的决策者，会平衡自身政策偏好与国内成员、外部重要成员的期望，从而确定该国的国家角色，并以该角色为指导，制定具体的对外政策。因此，一个准确的国家角色是在某一个议题上，通过国内角色争论，达到决策者的偏好、国内成员的国家角色期望和外部重要国家的角色期望，三者的平衡和统一。

国家角色概念的主体是国家，而欧盟的出现，让超国家政府组织成了一种特殊的国家组织形式。由于欧盟成员国向组织让渡了部分国家主权，让欧盟具有了一定的国家属性，也让其适用部分分析国家行为的理论框架。亚格斯坦（Lisbeth Aggestam）认为，国家角色概念本质上为决策者和政府结

① Kalevi Jaakko Holsti, "National role conceptions in the study of foreign policy", *International studies quarterly*, Vol. 14, No. 3, 1970, pp. 233 – 309.

② Sebastian Harnisch, "Role Theory: operationalization of key concepts", in Sebastian Harnisch, Cornelia Frank and Hanns W. Maull, eds., *Role Theory in International Relations: Approaches and analyses*, Routledge, 2011, pp. 7 – 15.

构之间提供了一个纽带和框架，让决策者制定对外政策时，在国内同时受到自身偏好和国内体制的塑造。[①] 那么作为一个超国家政府组织，欧盟有齐全的类似于一个国家的国家机构，其对外政策在内部受到欧盟领导层自身偏好和成员国各自偏好的影响，对外也针对不同国家有相应的外交政策，符合一个国家制定外交政策的基本逻辑。因此欧盟和单独的国家一样，同样适用于国家角色概念的分析框架。只不过这个框架下，单个欧盟成员国将被抽象化为一个“欧盟内部的个体”[②]，成员国对欧盟的角色偏好将被划归为一种“国内成员”的角色期望。

据此，在运用国家角色概念框架分析欧盟的对华政策构建时，需要同时考虑对欧盟决策层产生决定性影响的内外部条件。2021 年的 G7 峰会联合公报[③]和北约峰会联合公报[④]均一致呼吁在美欧为基础的跨大西洋伙伴关系框架下，协调行动，联合应对中国。美国作为欧盟重要的外部伙伴，已经通过两次峰会，让欧盟认可了美国重回世界多边体系的事实。

---

① Lisbeth Aggestam, “Role theory and European foreign policy: a framework of analysis”, in Ole Elgström and Michael Smith, eds., *The European Union's Roles in International Politics: Concepts and analysis*, Routledge, 2006, pp. 11 – 29.

② 欧盟与其他跨地区国际联盟的区别在于，只有欧盟实现了组织内部的国家主权极大让渡，并且实现了成员国之间高度的一体化进程。因此即使目前学术界一致认可欧盟的对外政策能较好地切合国家角色概念理论的分析框架，也不代表其他地区一体化组织，比如东盟、非盟、阿盟等，也适用该分析框架。

③ G7 Summit, “Carbis Bay G7 Summit Communique: Our Shared Agenda for Global Action to Build Back Better”, G7 United Kingdom 2021, pp19 – 20, https://www.g7uk.org/wp-content/uploads/2021/06/Carbis-Bay-G7-Summit-Communique-PDF-430KB-25-pages-1-2.pdf, last accessed on 31 August 2021.

④ the North Atlantic Council, “Brussels Summit Communiqué”, NATO, 14 June 2021, https://www.nato.int/cps/ic/natohq/news_185000.htm?selectedLocale=en, last accessed on 30 August 2021.

可以认为，以拜登政府为首的美国已经完成了中美竞争中对欧盟国家角色的外部期望构建，并且欧盟也认可了这种期望。

因此，本文假设：本次欧洲理事会峰会目的，是欧盟在制定新的对华政策前，在内部统一各成员国观点，形成统一的角色认识，即欧盟在中美竞争中，应优先和美国配合，扮演美国坚定可靠的跨大西洋伙伴，并将这一角色在内部完成具象化和政策化。所以，从峰会本身看，议题并不涉及中国，但是在美欧跨大西洋伙伴关系的背景下，本次峰会实际是把中国看作一个竞争对象。

二 配合美国："统一"的欧盟成员国政策偏好

强调"意见统一、执行统一"，是本次欧洲理事会峰会成果的最大特点。除了2020年新冠疫情暴发以来，欧盟内部意见达成的振兴经济共识，在新的欧盟内部人员流动政策、对外政策和移民政策上，本次峰会也达成了新的统一意见。

第一，在抗击新冠疫情方面，此次峰会在两项重要议题上迅速达成一致。一是落实欧盟新冠电子证书，恢复欧盟内部的人员自由流动；二是欧盟准备在2021年11月举办的世界卫生组织特别大会上，讨论如何防范流行病和制定相应公约。[①] 欧盟峰会结束后一周的2021年7月1日，欧盟正式实施新冠电子证书，凭此电子证书，欧盟公民的内部流动将"原

---

① European Council, "European Council, 24 – 25 June 2021", European Council, https://www.consilium.europa.eu/en/meetings/european-council/2021/06/24 – 25/, last accessed on 30 August 2021.

则上免于受到限制”。[①]而被新冠电子证书认可的疫苗中，欧盟刻意排除了世界卫生组织认可的中国科兴、国药新冠疫苗，不承认接种中国疫苗的人员在欧盟内，享有和其他欧美疫苗接种者同样的自由行动权利，构成“疫苗歧视”。[②] 根据新的人员流动规定，欧盟成员国在7 月和8 月迅速实现了会议中承诺的，在“承认部分新冠疫苗效用”下，欧盟内部恢复“人员自由流动”。

第二，在欧洲理事会峰会的国际关系议题中，欧盟观点统一，贯彻优先周边外交的思路。没有将“系统性对手”中国列为主要国际关系问题对象，而是围绕欧盟周边国际关系展开讨论，包括俄罗斯、土耳其、白俄罗斯、利比亚、叙利亚和非洲问题。欧盟尤其关注俄罗斯和土耳其问题。这次会议中，凭借经济上俄罗斯对欧盟单方面的依赖[③]，欧盟在会议中以很严厉的命令式口吻要求俄罗斯在俄欧关系原则、俄国内人权和国内政治方面，按欧盟要求做出多项修正，并强调俄欧关系中欧盟的主导地位；而对于土耳其，虽然欧盟依然坚持对土耳其的价值观进行干涉，但由于欧盟仍然指望土耳

① European Commission, “EU Digital COVID Certificate”, European Commission, https：//ec. europa. eu/info/live – work – travel – eu/coronavirus – response/safe – covid – 19 – vaccines – europeans/eu – digital – covid – certificate_en, last accessed on 30 August 2021.

② European Commission, “Safe COVID – 19 vaccines for Europeans”, European Commission, https：//ec. europa. eu/info/live – work – travel – eu/coronavirus – response/safe – covid – 19 – vaccines – europeans_en, last accessed on 31 August 2021.

③ Ursula von der Leyen, “ Opening remarks by President von der Leyen at the joint press conference with President Michel and Prime Minister Costa following the meeting of the European Council of 25 June 2021”, European Commission, 25 June 2021, https：//ec. europa. eu/commission/presscorner/detail/en/STATEMENT_21_3201, last accessed on 30 August 2021.

其阻拦来自中东的难民，对土耳其的语气比俄罗斯缓和很多。[①]

第三，再次明确欧盟在恢复经济和关注气候变化两项共识。欧盟领导人们重申了“下一代欧盟”（Next Generation）投资计划对成员国恢复经济的重要性，以及气候项目和数字化在振兴经济中的优先地位。截至2021年7月底，已有16个成员国接收到了欧盟的振兴经济援助资金。[②] 而欧盟也在这次峰会中，开始尝试将美欧新的气候共识加入其外交工具。欧盟委员会主席冯德莱恩在开幕式中发言：“……当俄罗斯打算损害我们利益的时候，（欧盟）会制裁俄罗斯……俄罗斯只占欧盟进口的5%……但是我们是俄罗斯最大贸易伙伴，俄罗斯37%的进口来自欧盟。油气出口占俄罗斯经济的25%，然而世界趋势是去化石能源化。”[③] 这句话再次证明，欧盟内部同意将自身气候政策控制范围向欧盟周边国家外延，使之成为欧盟外交中的重要工具和筹码。

第四，优化移民政策，统一意识形态价值观。欧盟统一加强对外来移民路线的管理，减少非法移民，和移民原籍国合作，减少欧盟边境压力。意识形态上，这次会议着重强调了对平等的性别观念的统一意见，和对“LGBT+”相关议题

---

① European Council, “European Council conclusions, 24 –25 June 2021”, 25 June 2021, pp. 4 –7, https: //www. consilium. europa. eu/media/50763/2425 –06 –21 –euco –conclusions –en. pdf, last accessed on 28 August 2021.

② European Council, “A recovery plan for Europe”, European Council, https: //www. consilium. europa. eu/en/policies/eu –recovery –plan/, last accessed on 31. August.

③ Ursula von der Leyen, “Opening remarks by President von der Leyen at the joint press conference with President Michel and Prime Minister Costa following the meeting of the European Council of 25 June 2021”.

的积极姿态。

三 防微杜渐：理解欧盟新政策，警惕欧盟倒向美国

纵观欧盟在本次欧洲理事会峰会中的议题和决定，虽然微观上没有特意针对中国，但是在美欧跨大西洋伙伴关系恢复的背景下，欧盟的新政策均对中国的国家战略、国家安全形成直接挑战和间接影响，体现出欧盟高层和主要成员国试图对外展示一个团结的欧盟姿态，以便配合美国，制定未来新的对华政策。

第一，中国作为最早稳定疫情和研发出疫苗的国家之一，必须抵制欧盟在国际社会搞“疫苗歧视”，杜绝欧盟推动“欧盟疫苗标准”代替世卫组织疫苗标准。鉴于欧盟是世界上国际人员流动最频繁的地区之一，同时结合欧美在 G7 峰会中，承诺开展的全球疫苗捐助计划，以及欧盟和非洲、中东紧密的人员往来关系，“欧盟疫苗标准”削弱了和中国同样关系密切的非洲国家以及接种了中国疫苗的塞尔维亚和匈牙利等国进一步接收中国疫苗的意愿。此外，新一轮 COVID－19 病毒变种“德尔塔”型已经造成欧洲防疫失控，形成了新一轮的疫情冲击。例如，2021 年 6 月，英国 90% 的新感染者被诊断为“德尔塔”型新冠病毒感染者；① 德国的新冠确诊病例从 6

① Ursula von der Leyen，“Opening remarks by President von der Leyen at the joint press conference with President Michel and Prime Minister Costa following the meeting of the European Council of 25 June 2021.”

月的日均不足1000例，8月重新增至日均1000例以上，并一度突破单日确诊一万例；[①] 8月以来，即使疫苗接种率不断上升，欧盟多个成员国也因为“德尔塔”型新冠病毒引爆的第四轮疫情，被德国罗伯特科赫机构列为高风险地区。[②] 可见，排挤中国疫苗并未实现欧盟居民安全地内部自由流动，松散的防疫政策反而导致了新一轮的感染高峰。

因此，欧盟的人员内部流动新政策，表面是讨论欧盟内部如何恢复自由的人员流动，实质是配合G7峰会中和美国达成的共识，通过系统性的歧视，否认中国抗击疫情的成果，胁迫无法自行研发疫苗的国家接受欧美标准，剥夺中国在国际体系中的话语权。中国目前已经通过接种疫苗和严格防控双管齐下，基本控制了“德尔塔”型新冠病毒的传播。[③] 因此，在2021年11月的世卫组织特别大会上，中国需谨防欧盟将其内部防疫标准转化为国际标准。相反，中国需要抓住这次大会的时机，发挥全球影响力，推动中国方案成为国际防疫方案的一部分。

第二，欧盟已经开始将G7峰会中的气候标准实践于其对外政策中。如果欧盟成功利用新能源政策和碳排放政策，逼迫俄罗斯在内政和人权问题上让步，进一步挤压俄罗斯在欧

---

① Robert Koch-Institut, “COVID – 19 – Fälle/Tag nach Erkrankungs –/Meldedatum (siehe Erläuterung),” Robert Koch – Institut, https: //experience. arcgis. com/experience/478220a4c454480e823b17327b2bf1d4, last accessed on 31 August 2021.

② Robert Koch-Institut, “ Informationen zur Ausweisung internationaler Risikogebiete,” Robert Koch-Institut, 27 August 2021, https: //www. rki. de/DE/Content/InfAZ/N/Neuartiges _ Coronavirus/Transport/Archiv_Risikogebiete/Risikogebiete_2021 – 08 – 27. pdf? __blob = publicationFile, last accessed on 31 August 2021.

③ 张樵苏：《截至8月29日24时新型冠状病毒肺炎疫情最新情况》，新华网，2021年8月30日，http: //www. news. cn/2021 –08/30/c_1127807768. htm，最后访问时间2021年8月31日。

洲的生存空间。那么下一步，欧盟极有可能同样使用能源与气候问题，尝试制裁或者打压中国部分相关产业，或者迫使伊朗重回《全面行动计划》的谈判。虽然中国也同样在积极推进低碳经济，力争在 2060 年前实现“碳中和”，但这不代表中国在维护能源安全中，放弃传统化石能源的战略储存。一旦欧盟成功利用自身气候政策打压俄罗斯和伊朗的能源产业，会迫使俄罗斯和伊朗更加依靠中国能源消费市场，依靠中国帮助维护两国国际能源市场中“可靠的供应者身份”。[①]届时，两国和中国战略伙伴关系将更加紧密。

第三，“下一代欧盟”投资振兴计划虽然是欧盟一项内部投资计划，但是其投资内容和投资对象和“一带一路”倡议重合度很高，包括基础设施建设、健康医疗、教育、数字化、绿色经济等。[②] 这种全面的内部投资计划，体现欧盟意在强化布鲁塞尔在欧盟一体化中的领导力，削弱中国和“一带一路”倡议在欧盟内部的影响力。随着 2021 年 7 月第一批资助资金就位，欧盟迅速地让成员国分享到了过去欧盟经济发展的红利。在欧盟第一批通过的振兴经济计划书中，意大利和希腊这两个共建“一带一路”重要伙伴也位列其中，而且这两个国家也是该振兴计划的重点投资对象。按照计划，意大利和

① 徐博、威廉·瑞辛格：《国际关系角色理论视角下俄罗斯对中国能源外交决策探析》，第 98—111 页。

② European Union, “The EU’s 2021 – 2027 long-term Budget and NextGenerationEU: Facts and figures”, European Commission, April 2021, pp. 26 – 51, https://op.europa.eu/en/publication-detail/-/publication/d3e77637-a963-11eb-9585-01aa75ed71a1/language-en, last accessed on 31 August 2021.

希腊分别分享了振兴经济基金最大财政拨款3380亿欧元[①]中的20.4%和5.2%，其中意大利的份额仅次于西班牙的20.6%的份额，位列第二，希腊则位列第六。[②] 这两个国家都是“一带一路”倡议或“中国—中东欧国家合作”机制中的重要合作伙伴，是中国投资欧盟和发展中欧贸易的重点国家。欧盟此举，意在充分发挥欧盟在两国外交中优先度天然高于中国的优势，利用丰厚的资金支持，削弱“一带一路”倡议在欧洲的影响力。

过去，欧盟财政拨款资金问题一直是东欧和西欧成员国的主要分歧之一。中东欧成员国指责西欧资金支持不足，打压中东欧国家民族产业；西欧成员国则用“胡萝卜加大棒”的形式，频频对中东欧国家在人权、政体、法制等意识形态问题上发难，以政治附加条件限制中东欧成员国获得欧盟资金援助。这次会议期间，甚至爆出领导人闭门会议时，有国家因为匈牙利的“LGBT+”法案背离欧盟价值观，而质疑匈牙利欧盟成员国的资格。[③] 这种附带政治条件的资金援助，也从侧面让中国不附带政治条件的“一带一路”倡议吸引了更多中东欧国家参与。现在，欧盟的经济振兴计划同样帮助成员国开展基础设施建设，而且相比过去，削弱价值观的权重，

---

① 3380亿欧元为按照“下一代欧盟”财政拨款文件颁发时的欧元价格计算得出。如按照2018年欧元价格计算，该数值为3125亿欧元。

② European Union, “The EU's 2021 – 2027 long – term Budget and NextGenerationEU: Facts and figures,” pp. 60 – 61.

③ Zeit Online, “EU will wegen Delta-Variante Außengrenzen vorsichtig öffnen,” 25 June 2021, https://www.zeit.de/news/2021 – 06/24/reichlich-zuendstoff-fuer-merkel-und-co-beim-eu-gipfel, last accessed on 31 August 2021; quoted from Deutschen Presse-Agentur, dpa-infocom, dpa: 210624 – 99 – 120412/12.

还附带更丰厚的资金支持，和“一带一路”倡议与“中国—中东欧国家合作”机制形成竞争关系，甚至可能阻碍“一带一路”倡议的持续开展。

为了防止未来欧盟通过“下一代欧盟”投资计划妨碍中国和包括匈牙利、希腊在内的中东欧国家的合作关系，恶意阻挠“一带一路”倡议和“中国—中东欧国家合作”机制在欧洲的可持续推进，我们除了不断优化“一带一路”倡议质量，推动投资合作项目符合更高的气候生态环境要求，也要帮助中东欧国家在国际社会发声，支持其维护主权的合法权利，稳定中国公平公正的国际形象。

这次欧洲理事会峰会只关注欧盟内部和周边事务，没有讨论中国，原因在于从外部看，欧盟肯定了美欧系列会议中，美国和欧洲达成的以疫苗、经济发展、气候问题为抓手，基于跨大西洋伙伴关系展开行动，全面对抗俄罗斯、系统性压制中国的共识。在内部，欧盟通过大方的财政支出、强行统一的价值观，强化了布鲁塞尔对欧盟一体化进程的领导，为未来顺利制定全新的对华政策打下基础。将来，欧盟与中国在欧洲市场的竞争将是全方位的，我们的对欧政策中，不仅需要优化自身投资合作项目，提高科技水平，还需要防范欧盟在国际规则框架下，与中国展开竞争时先手发难。

欧盟的印太战略与挑战

原　航[①]

内容摘要：本文认为欧盟在传统上并没有一个明确统一的印太地区概念。欧盟的印太概念形成有其深刻的背景，可从必要性和可能性两方面认识。指出欧盟2021年印太战略基本上是对现有机制和授权的协调、整合、优化和拓展，并提出新的目标、倡议和行动计划。本文提出该战略的性质可从四个层面来认识，并辨析了该战略的实施面临三点挑战。

关键词：欧盟；印太战略；战略自主

2021年4月19日，欧盟理事会27国外长通过了《欧盟理事会关于欧盟印太合作战略的决议》[②]。欧盟理事会表示，印太地区涵盖了从非洲东海岸到太平洋岛国，代表了世界经济和战略重心，对于贯彻“国际社会的全球日程”至关重要。

---

① 原航，四川大学国际关系学院副教授、四川大学—华沙大学国际关系研究中心副主任。

② EU Strategy for cooperation in the Indo-Pacific-Council conclusions (16 April 2021), 7914/21.

目前国内外学术文献对2021年4月欧盟印太战略文件发布前的情况有一些关注，对欧盟印太战略正式文本的系统分析和对最新情况的研判还比较缺乏。本文聚焦欧盟印太战略，考察其概念的形成和2021年文本主要内容，讨论了该战略的性质，指出其实施面临的若干挑战。

一 欧盟的印太概念

国内外学术界对2021年欧盟印太战略文件发布前的情况有一些关注。国际学界对欧洲国家对印太地区战略的研究比较早。广泛讨论了英法的相关战略[①]、欧洲对美国印太战略的态度[②]、在印太地区的美欧跨大西洋合作[③]、欧盟在印太的接触和存在[④]、欧洲的印太概念和战略[⑤]以及欧盟成员国的印太战略等主题。[⑥]相对而言，国内对欧盟印太战略的讨论是近年来兴起的[⑦]。

---

① Rogers, James, "European (British and French) geostrategy in the Indo-Pacific", *Journal of the Indian Ocean Region* 9.1 (2013), pp. 69 – 89.

② Kuo, Mercy A., "What the EU thinks of the US 'Indo-Pacific' Strategy", Image (2014).

③ Brattberg, Erik, and Philippe Le Corre, "The Case for Transatlantic Cooperation in the Indo-Pacific", Carnegie Endowment for International Peace, 2019.

④ Odgaard, Liselotte, "European Engagement in the Indo-Pacific: The Interplay between Institutional and State-Level Naval Diplomacy", *asia policy* 26.4 (2019), pp. 129 – 159. Oehler-Incai, I. M., "Increasing European union's presence in the indo-pacific", Euroinfo, 3, 2019. Cantalapiedra, D. G., "What Role for EU in the Indo-Pacific? EU Power Projection, Asian-European Security Cooperation and the Future of the Multilateral Liberal International Order", 2021.

⑤ Mohan, Garima, "A European Strategy for the Indo-Pacific", *The Washington Quarterly*, 43.4 (2020), pp. 171 – 185. Gillespie, Paul, "Europe and the Indo-Pacific concept", *Asia and Europe in the 21st Century*, Routledge, 2021, pp. 156 – 174.

⑥ Scott, David. "France's 'Indo-Pacific' Strategy: Regional Projection." Journal of Military and Strategic Studies 19.4 (2019).

⑦ 较早的中文文献关注了21世纪初欧盟对亚洲的战略，例如崔宏伟《21世纪初期欧盟对亚洲新战略与中国在其中的地位》，《世界经济研究》2003年第7期。

有的学者关注了2021年欧盟印太战略文件正式出台前，欧版印太战略观念初步形成过程，[①]欧盟及其成员国集体性转向印太的动态、原因和影响[②]。此外，还有一些研究集中于欧盟成员国的印太战略。[③] 这些讨论对于认识近年来欧盟及其成员国逐步重视印太地区的过程和趋势是有益的。

多年来，欧盟并没有一个明确统一的印太地区概念。在欧盟及其前身欧共体的外交视野中，非洲、亚洲、太平洋和印度洋是不同的区域，欧盟与这些地区发展独立的关系。这一点在欧盟目前的官方网站中体现得最明显，在网站上这几个地区是分别列出的地区，在它们之上没有一个统一的框架[④]。在最近两届欧盟委员会主席的《盟情咨文》中，都没有出现明确的印太这个关键词（见表1），可见直到2020年欧盟最高决策层没有明确清晰的印太概念框架。

表1　2015—2020年欧盟《盟情咨文》的关键词词频分析

	2015	2016	2017	2018	2020
A frica/A frican	6	7	5	19	1
A sin/A sian	1	0	0	0	1
Pacific	1	1	0	0	0
Indin/Indian	0	1	0	0	0
Indian 0 cean	0	0	0	0	0
Indo - pacific	0	0	0	0	0

资料来源：笔者收集整理。2019年无《盟情咨文》。

① 葛建华：《欧盟战略自主与欧版“印太战略”》，《亚太安全与海洋研究》2020年第2期。

② 邢瑞利：《欧盟的“印太转向”：动态与评估》，《印度洋经济体研究》2021年第1期；孙兴杰：《欧盟有“印太”战略吗?》，《中国经营报》2021年4月26日；胡欣：《“欧洲中心主义”隐喻下的“印太战略”》，《世界知识》2021年第7期。

③ 王晓文：《德国默克尔政府的“印太战略”及对中国的影响》，《印度洋经济体研究》2021年第4期。

④ 见欧盟官方网站“EU in the World”，https：//eeas. europa. eu/headquarters/headquarters-homepage/area/geo_en。

欧盟2021年印太战略文件的出台，有其深刻的背景，可以从必要性和可能性两个方面认识。首先是必要性，即欧盟出台这样的文件符合欧盟的发展逻辑。从长期视角看这是由欧洲一体化阶段和欧盟的扩张型外交政策的本质决定的。欧洲一体化向深化和扩大两个方面发展，必然要求欧盟加强其合法性，进而要求加强欧盟在世界上的存在。随着国际秩序变化，印太地区在全球的重要性不断上升，已经成为各大力量必争之地。从短期视角看，日本、美国等一些大国已经先后提出了各自的印太战略，并有相应动作[①]。随着美国相对衰落及其对外政策不确定性上升，中美战略竞争加剧，欧盟明确提出战略自主，强化欧盟自身立场，以赢得国际回旋空间。同时，欧盟也需要摆脱近年来面临各自问题和挑战的印象，塑造欧盟强大的形象。此外，近年来中欧关系受到负面干扰增多，欧盟对中国的快速发展呈现比较复杂的心态，强调务实和强硬的立场，企图减少对中国的依赖。

其次是可能性。在法国带头下，德国和荷兰先后提出自己的印太战略，大大推动了欧盟层面出台战略。这是由欧盟的性质决定的。欧盟是介于国家和超国家之间的行为体，而外交政策属于高政治，遵循政府间主义的逻辑，主要掌握在成员国手里，最终决策机构是欧洲理事会（the European Council），大多数外交和安全政策决策需要成员国全体一致。因此，欧盟外交和安全政策需要内部密切沟通的过程和时间。

---

① 薛力：《日本“印太战略”的几个维度》，《世界知识》2021年第1期；张耀之：《日本的印太战略理念与政策实践》，《日本问题研究》2018年第195（02）期；葛建华：《试析日本的“印太战略”》，《日本学刊》2018年第000（001）期。

2016 年后，在欧盟和成员国一些外交和对外关系的专门文件里，有零星地提到印太的相关词汇。例如，2016 年《欧盟全球战略》（the EU Global Strategy of 2016）首次提到“印太（Indo Pacific）”。[①] 2018 年法国总统马克龙提出了“巴黎—德里—堪培拉轴心”的印太战略，2019 年 5 月法国正式发布了《法国印太防务战略报告》[②]。2020 年德国和荷兰先后发布了各自的首份印太战略文件[③]。可以说，法德的努力为欧盟提供了近乎充分条件。

二　欧盟 2021 年印太战略

顾名思义，欧盟 2021 印太战略文件的主题是合作。首先，文件表示欧盟承认该地区的重要性，并承诺通过加强与该地区伙伴合作而强化欧盟的作用。文件指出该地区现在是世界关注的焦点，是欧盟利益的首要战略性重要地区，欧盟在该地区相关利益巨大。欧盟特别关心地区架构保持开放和基于规则，指出该地区日益紧张的地缘政治竞争、贸易和供应链上的压力增加、技术政治和安全领域的紧张状态、人权受到了挑战等都直接影响了欧盟的利益。

文件表示，欧盟决心加强其在印太地区的战略焦点、存在和行动。目标是基于所谓“捍卫民主、人权、法治和尊重

① 文件中的原文为：“Across the Indo Pacific and East Asian regions, the EU will promote human rights and support democratic transitions such as in Myanmar/Burma”。

② France's Defence Strategy in the Indo-Pacific（2019）.

③ 文件分别是“Policy guidelines for the Indo-Pacific”和“Indo-Pacific: Guidelines for strengthening Dutch and EU cooperation with partners in Asia”。

国际法，为该地区稳定、安全、繁荣和可持续发展作出贡献”。文件宣称欧盟将在该地区作为一个合作性伙伴（cooperative partner），其方式以“一个长期视角”为原则，合作对象是所有愿意与欧盟合作的伙伴，特别是那些已经宣布其印太方式的伙伴，欧盟将深化与他们的接触。

为此，文件详细阐述了六个方面，包含印太地区伙伴、国际社会的全球议程、经济议程和价值链、安全与防务领域、高质量互联互通，以及研究、创新和数字化领域等。关于伙伴，欧盟正式将亚洲、印度洋和太平洋等地区纳入印太这一概念之下。尽管合作对象有国家和国际组织，欧盟强调其目标是促进“有效的基于规则的多边主义（effective ruled-based multilateralism）”，因此特别凸显加强与东盟等地区组织和地区论坛的合作，推动地区治理和经济一体化。关于全球议程，文件提出了要推进人权、绿色、海洋治理、减灾和健康五大议题。关于经济议程，文件指出要促进欧盟的关键经济利益、原则和目标，强调供应链多元化和降低关键原材料的依赖，并通过各自经贸机制和协议加强欧盟在该地区的贸易地位。关于安全与防务，提出在欧盟的共同安全与防务政策框架下，加强与“志同道合的伙伴（likeminded partners）”和相关组织的衔接，应对从传统安全到非传统安全的一系列安全和防务挑战，加强欧盟相关海军行动的授权，拓展领域和地理范围，协调成员国海军应对该地区安全挑战的行动。文件特别提到，成员国承认欧洲海军在印太地区“有意义的（meaningful）”存在的重要性。关于互联互通，文件强调了在数字、能源等所有维度上与相关伙伴坚持可持续发展等方面的国际规范和最高标准。最后，在研究、创新和数字化方面，欧盟强调了在关键技术领域加强研发合作，通过更高全球标准和管理方法推动数字治理。

关于该文件，一是在时间维度，当前欧盟面临各种问题和挑战的情况下，希望通过一个新的外交主题凝聚内部分歧、展示共同立场。一定意义上，印太战略充当了这样一个话题，欧盟希望借此用一个声音说话，并希望在该地区展示存在、留下印迹。该文件基本上是对现有机制和授权的协调、整合、优化和拓展，并提出新的目标、倡议和行动计划。特别是文件提到了安全和防务，欧盟将加强与伙伴在反恐、网络安全、海上安全和危机管理上的合作，扩大安全和防务对话，通过加强印太伙伴的能力建设以"保护关键海洋通道"，组织印太地区海军和欧盟反海盗力量之间的联合军演等。这是欧盟对外关系中的一个不小变化。

二是欧盟对内部视角的艰难整合，寻求最大公约数。在立场上，欧盟的版本体现了中立、委婉与温和色彩，很多涉及针对性的词汇不容易出现（见表2）。在文中多次提到"志同道合的伙伴"和相关组织，却没有提及联合国、美国、北约、G7、俄罗斯等。一种解释是欧盟为了凸显其战略自主，故意淡化世界舞台中心的其他国际力量，显示了欧洲中心主义色彩。另一种解释是欧盟措辞委婉是为了显示客观、平衡的立场，避免突出针对性。而在法、德、荷等版本的印太战略英文版中，并无避讳"一带一路"等相关词汇。欧盟对外行动署称该战略是"深思熟虑的、务实的、有弹性的、多面的，欧盟与伙伴在具体领域的合作会找到基于共同的原则、价值和互惠的共同点”。[①]

表2　　法国、德国、荷兰与欧盟的印太战略文件关键词词频分析

	法国 2019	德国 2020	荷兰 2020	欧盟 2021
United Nations	8	19	1	0
United States	8	3	0	0
NATO	0	8	7	0
G7	1	1	0	0
G20	0	11	0	1
Russia/Russian	2	4	2	0
China/Chinese	32	70	26	1
Belt and Road Initiative	1	3	3	0
Japan	10	29	15	1
Korea	13	27	13	1
ASEAN	3	63	20	4
Vietnam	2	20	2	1
Philippines	1	8	1	0
Singapore	4	10	5	1
India/Indian	41	60	17	1
Pakistan	4	20	2	0
Australia	13	21	13	1

资料来源：笔者收集整理。

三是在参与印太事务上，欧盟希望表达自己的方式，以区别于美国。欧盟追求的目标和方式与美国是有差异的。美国谋求全面遏制中国，特朗普政府与拜登政府在这一根本点上没有根本区别，而欧盟似乎还没有明确表示要全面遏制中国。在领域和方式上，美国在高政治和低政治领域都下了决心，组建美日印澳“四方安全对话”机制，表现为军事力量直接介入、对中国技术封锁和经济脱钩的硬方式。欧盟则集中在低政治领域，强调软的和间接介入的方式，比较倾向务实，主要考虑的是经贸利益、互联互通、欧盟支持的规则、

① EEAS，“EU Strategy for Cooperation in the Indo－Pacific”，19/04/2021，https：//eeas. europa. eu/regions/asia/96741/eu-strategy-cooperation-indo-pacific_en.

规范和价值观扩展，以及推广欧盟形象等象征性的影响力。正如有学者指出德国版本并非对美国战略亦步亦趋[①]，欧盟版本也力图凸显自身特色。

四是尽管欧盟的版本避谈针对性，但亲疏有别，立场有倾向性。所谓“志同道合的”伙伴基本上是美国和西方盟友以及一些地区国家，而中国是防范的对象。2021 年上半年葡萄牙担任欧盟轮值主席国，其外长坚持“中国是一个经济伙伴而美国是盟友”。[②] 在印太问题上，欧美都希望用与印度的关系来平衡与中国的关系。

三 欧盟面临的挑战

在印太战略上，欧盟有战略自主的愿望，但面临内外一系列挑战。

首先，欧盟内部有不同视角和诉求。在成员国层面，协调各国差异不容易。荷兰等成员国主要是看重印太地区的经济机会，而德国侧重政治和少量军事方面，这对德国来说已经是不寻常了。但法国强调保卫其作为该地区“一个域内大国（a resident power）”的主权，显然野心更大。[③]共同的欧洲立场实施起来并非易事。此外，在超国家层面，欧盟委员会

---

① 崔洪建：《欧洲追随美国推“印太战略”?》，《环球时报》2020 年 9 月 8 日。

② José Sousa Dias, “China is an economic partner but US is an ally, Portuguese FM insists”, 2021 年 2 月 10 日，https://www.euractiv.com/section/eu-council-presidency/news/china-is-an-economic-partner-but-us-is-an-ally-portuguese-fm-insists/.

③ Lisa Louis, “The outlines of a European policy on the Indo-Pacific”, 26 Nov 2020, https://www.lowyinstitute.org/the-interpreter/outlines-european-policy-indo-pacific (accessed 23 August 2021).

和欧盟理事会每半年的轮值主席国也要协调。2021 年下半年斯洛文尼亚先后担任轮值主席国，但小国显然影响力有限，预计短期内印太战略难以出现重大突破。

其次，欧盟的能力—期望差距的问题由来已久。欧盟传统上的重心是其本土和周边。印太地区对欧盟来说仍处于比较外围的地带。目前欧盟的预算和各类资源主要是在本土、周边和非洲等地区。若要重新分配资源，势必有讨价还价的过程，非朝夕之间即可改变。此外，尽管欧盟官员声称“东盟是欧盟印太战略的中心”[①]，然而东盟作为一个国际组织其能力有限，而且也存在内部协调的问题。欧盟与东盟皆非主权国家，二者合作的凝聚力受多种因素限制。

最后，外部因素不一定完全配合欧盟。欧盟的主要工具是贸易、投资、国际法、国际规范和价值观等，缺乏独立的强大军事力量，主要靠在北约框架下协调法德意西等欧盟成员国的军队。因此，欧洲国家的军力部署和影响力由内到外呈现逐步递减状态。欧盟希望摆脱严重依赖美国的状态，而美国希望欧洲在美国主导的框架下行事。印度有不结盟传统和大国自主的雄心，不会主动配合欧盟。而日本、俄罗斯、东盟、澳大利亚等都有各自立场和策略。在印太地区，欧洲的经贸投资等近年来有明显增强，但军事实力常常鞭长莫及。尽管近年来欧盟成员国时有参与在太平洋和印度洋等地的各类联合军演，但主要是象征性和技术层面的，实质影响并不大。

---

① Josep Borrell，“The EU approach to the Indo-Pacific：Speech by High Representative/Vice-President Josep Borrell at the Centre for Strategic and International Studies（CSIS）”，EEAS，https：//eeas. europa. eu/headquarters/headquarters-homepage/99501/eu-approach-indo-pacific-speech-high-representativevice-president-josep-borrell-centre_en.

欧盟印太战略的转向

曾子洛[①]

内容提要： 2020 年 9 月，德国政府推出了一套全面与印太地区接触的政策指南，并宣布将与法国和荷兰一起推动欧盟的印太战略。这份长达 40 页的政策指南承认了印太地区的战略重要性，认为它是“塑造 21 世纪国际秩序的关键”。更重要的是，这份指南指出，由于欧洲和印太地区“通过全球供应链紧密相连”，该地区的安全动态将对欧洲的安全和繁荣产生直接影响。在这之前，除法德之外，欧盟大多数成员国都认为他们在遥远的印太地区并没有太多的实际利益，对印太战略抱持怀疑的态度。法德荷三国在印太问题上的转向引起了欧盟内部对于印太战略的讨论与重新思考，被夹在中美竞争之间的欧盟逐渐开始思考什么是“欧盟在印太地区的利益和价值”，以规划自己的前进道路。

关键词： 欧盟；印太战略；亚欧关系；美欧关系

---

① 曾子洛，外交学院博士，四川外国语大学博士后。

随着世界战略和经济重心向相互关联的印度洋和太平洋转移，印太地区的稳定对全球和平与安全、多边主义、维护全球公共产品、世界经济发展和贸易等问题都至关重要。在这一背景下，关于“印度—太平洋”的争论开始在欧洲得到重视，“印太战略”的概念也开始进入欧盟的视野。

2021 年 4 月 16 日，欧盟理事会通过了《欧盟印太合作战略报告》，并希望欧盟委员会和欧盟外交与安全政策高级代表博雷利能在 9 月之前提交一份关于欧盟在印太地区合作战略的联合公报。理事会指出欧盟应明确并加强其在印太地区的战略要点、战略地位以及战略方针，以便在促进民主、法治、人权和国际法的基础上，通过与印太地区各个国家在经济发展、非传统安全、贸易与投资供应链、国防与海事安全以及区域互联互通等多个维度进行多边合作，为该地区的稳定、安全、繁荣和可持续发展作出贡献。①

一　欧盟印太战略转向的动因

印太地区这一概念最早在奥巴马政府时期被提出，一直到 2019 年美国国防部发布《印太战略报告》，正式确定了这一概念，并将它定义为一个地缘政治空间，具体领域则是从

① General Secretariat of the Council, “ EU Strategy for cooperation in the Indo-Pacific”, the annex the Council conclusions on an EU Strategy for cooperation in the Indo-Pacific, 16 April 2021, p. 2, https: //data. consilium. europa. eu/doc/document/ST – 7914 – 2021 – INIT/en/pdf, last accessed on 1 September 2021.

“美国的西海岸到印度的西海岸”。[①]与美国不同的是，欧盟则将印太地区的范围确定为从非洲东海岸到太平洋岛国，基本遵循了法国在 2018 年提出的定义。同时，由于欧洲国家十分依赖从波斯湾到地中海的能源供应流，所以西印度洋的安全局势尤其是像曼德海峡和霍尔木兹海峡这样的咽喉地带，对欧盟的稳定和繁荣至关重要。[②]随着 2017 年美日印澳“四方安全对话”的重新启动以及中国“一带一路”倡议的逐步推进，印太地区的地缘政治格局也有所改变，这些变化推动了欧盟印太战略的深化与转向。

首先，在全球范围内，印度洋已经取代大西洋成为世界上最繁忙和最具战略意义的贸易走廊。目前，印太地区的人口占全球总人口的 76.9%，是世界上最大和最快速增长的经济体所在地，占全球贸易总额的 62%，全球 80% 的能源运输都要通过该地区，具有连接欧洲和亚洲、非洲门户的作用。欧盟每年向印太地区的贸易出口比例占据欧盟全部贸易出口额的 35%，而欧盟约 90% 以上的贸易出口需要途经印度洋和太平洋；同时，欧盟十大贸易伙伴中印太地区的国家就占了四个；这一区域还具有巨大的贸易和运输潜力，欧洲能源的 1/3 都来自中东，航道安全是欧洲能源供应链和海上航线安全

① US Department of Defense, “Indo-Pacific Strategy Report: preparedness, partnerships, and promoting a networked region”, US Department of Defense, 1 June 2019, p. 1, https://media.defense.gov/2019/Jul/01/2002152311/-1/-1/1/DEPARTMENT-OF-DEFENSE-INDO-PACIFIC-STRATEGY-REPORT-2019.PDF, last accessed on 1 September 2021.

② Samaan Jean-Loup, “What NATO contribution to the security architecture of the Indo-Pacific?” in NATO Defense College, eds., *NDC POLICY BRIEF*, NATO Defense College, 2019, p. 4.

的重要基石，对欧盟的发展至关重要。[①] 在安全与政治利益方面，印太地区复杂的地缘政治格局和安全局势也是欧盟关心的重点，欧盟与该地区的相关国家在恐怖主义、海洋安全、生态与环境保护、气候问题、难民问题等非传统安全议题上拥有相同的利益。此外，印太地区还是目前制定新型标准的关键地区，该地区的技术与市场标准也可以塑造欧洲公司独特的竞争力和治理规范。[②]

其次，自2007年日本前首相安倍晋三在美国国际战略研究中心的演讲中首次提出"印太地区"这一概念之后，2017年，美印澳等国也相继推出各自的"印太战略"，随后在2019年，东盟也提出了对印太地区的战略构想。新西兰、英国、加拿大等国也即将加入这一进程。

在欧盟内部，法国是第一个提出正式"印太战略"的国家。2019年5月24日，法国国防部发布《印太防务战略》报告，领先欧盟其他主要国家，率先建立了印太战略。该报告指出，法国在印太地区拥有七个海外省和海外领土，其中包括93%的法国专属经济区，总面积超过900万平方公里；在这一地区的法国公民人数达到160万，此外还有8000军方人员和15万侨民；印太地区的稳定会对法国的利益产生直接、切实的影响。同年6月1日，法国国防部长弗洛朗斯·帕利在

---

① Garima Mohan, "A European Approach to the Indo - Pacific?", The Global Public Policy Institute, August 20 2020, p. 7, https: //www. gppi. net/2020/08/20/a-european-approach-to-the-indo-pacific, last accessed on 2 September 2021.

② MAAIKE OKANO-HEIJMANS, "The Netherlands and the EU turn to the Indo-Pacific", Institute of South Asian Studies (ISAS), 14 July 2021, p. 3, https: //www. clingendael. org/publication/netherlands-and-eu-turn-indo – pacific, last accessed on 1 September 2021.

新加坡举行的香格里拉对话会上透露，法国愿意利用军事资产，通过区域合作和多边主义的形式，保护本国在印太地区的主权利益，确保地区稳定，抵御大国竞争。[①]

与法国印太战略强调军事安全的特点相比，德国与荷兰印太战略则主要强调地区的稳定与规则秩序。由于德国在印太地区缺乏军事实力，这意味着它在该地区的重点仍然将放在经济和政治方向，例如通过欧洲的多边方式开展工作，大力倡导自由贸易协定，其中包括与韩国、日本、越南以及新加坡等国已经完成或接近完成的协定。[②] 同样，荷兰《印太准则》也呼吁与拥有开放市场经济的“民主国家”进行更密切的合作，并指出“根据共同利益的程度和志同道合的程度，伙伴关系将在不同国家采取不同的形式。”[③]法德荷三国相继正式推出“印太战略”以及日澳在外交上关于“印太战略”对欧盟的动员，引起了欧盟内部对于印太地区的讨论与重新思考。

最后，随着中国的崛起，印太地区已逐渐成为大国竞争的主要场所。然而，虽然欧洲是印太地区的主要贸易和投资伙伴，但欧洲在这一地区的参与大多缺乏战略方向，这是由于欧洲长期以来都是通过中美竞争的视角来看待世界，这种

---

① Paola Fusaro, “France’s Delicate Balancing Act in the Indo-Pacific” The German Marshall Fund of the United States, p. 1, https://www.gmfus.org/news/frances-delicate-balancing-act-indo-pacific, last accessed on 2 September 2021.

② TORREY TAUSSIG, “GERMANY’S INCOMPLETE PIVOT TO THE INDO-PACIFIC”, in The German Marshall Fund of the United States, eds., *MIND THE GAP: NATIONAL VIEWS OF THE FREE AND OPEN INDO-PACIFIC*, German Marshall Fund of the United States, 2019, p. 22.

③ Government of Netherlands, “Indo-Pacific: Guidelines for strengthening Dutch and EU cooperation with partners in Asia” Government of Netherlands, November 13 2020, p. 1, https://www.government.nl/documents/publications/2020/11/13/indo-pacific-guidelines, last accessed on 3 September 2021.

试图在中美之间“走钢丝”的做法，使得欧盟在印太地区的回旋余地很小，也导致了欧盟对该地区其他伙伴关系的忽视。[①] 近年来，针对“特朗普冲击波”下美国对外政策的转变和中国“一带一路”建设的发展，欧盟提出了所谓的“战略自主”，并将其作为对抗中美竞争的一个主要方针。面对中美竞争的世界格局以及各国纷纷推出“印太战略”的国际趋势，明确欧盟在印太地区的主要利益、整合各个成员国的战略构想、提出有区别于中美战略博弈的“欧盟印太新方案”已经成为欧盟实现战略自主的一个重要环节。

二 欧盟印太战略转向的特点和趋势

欧盟理事会强调“欧版印太战略”要坚持务实、灵活、多面的原则，允许欧盟根据具体的政策领域来建立和调整合作内容与标准。[②] 基于这一原则，欧盟“印太战略”主要呈现出以下三个特点。

一是以多边合作为主要形式。欧盟将在目前已达成的合作基础上，通过双边或多边框架，与对印太地区有着相同关切的伙伴进行合作，例如加入日本与澳大利亚在印太地区的多边合作，并发挥协同作用；帮助东盟建设包容性多边合作安全框架，持续长久以来对区域一体化的关注与支持；最后，通过与中国进行有关“印太战略”的讨论，深化双方关于全

① Garima Mohan, “A European Strategy for the Indo-Pacific”, *The Washington Quarterly*, Vol. 43, No. 4, 1993, pp. 176 – 177.

② General Secretariat of the Council, “EU Strategy for cooperation in the Indo-Pacific”, the annex the Council conclusions on an EU Strategy for cooperation in the Indo-Pacific, p. 3.

球治理问题的对话。

二是在中美竞争中采取平衡策略。欧盟将奉行捍卫自身利益的战略，维护多边主义，强调合作的包容性，深入推进基于规则的多边秩序，填补中美竞争下的战略真空区域。由于近年来不断变化的国际局势，印太地区出现的一些新的挑战，如网络安全治理、信息技术安全等问题增加了欧盟外交的复杂性，制定一个弹性的战略标准是欧盟应对中美竞争、实现战略自主的初步思考结果。

三是为欧盟各国提供以规范和机制为特色的谈判场合。在与中国的关系中，欧盟各国的脆弱性和愿意承担的政治风险程度仍然抑制着他们对中国的共同立场的界定。[①] 欧盟并不要求全部的国家都加入到“印太战略”的启动中，但欧盟会在规范和机制的领域里为各成员国已存在或正在计划的合作提供一个连接的平台。

基于对《欧盟印太合作战略报告》的分析，目前欧盟“印太战略”转向的趋势则主要体现在以下三个优先领域上。

第一，为区域互联互通提供替代方案。

欧盟的基础设施项目将以欧亚连通性战略为基础，旨在为中国项目提供替代方案。特别是在数字连接、5G 和其他关键技术领域，欧洲将为印太地区提供更多选择，并与印度、日本、东盟领导的互联互通计划以及澳大利亚、日本和美国倡导的“蓝点网络”计划等基础设施发展项目进行更积极的

---

① Frédéric Grare, “Europe-India Cooperation on Indo-Pacific Security”, in India Trilateral Forum, eds., *Agenda* 2021: *U. S. -Europe-India Cooperation in the Indo-Pacific*, The German Marshall Fund of the United States, 2021, p. 4.

对话。欧盟之前提出的“欧亚互联互通战略”就试图通过提供另一种替代性基础设施融资方案来减弱“一带一路”的影响。目前，欧盟已承诺为世界各地的互联互通项目提供600亿欧元的资金，而在未来欧盟的新预算中，这一数字将有可能会上升到1200亿欧元。[①] 在广泛的印太地区推进具有包容性、透明性并基于国际规则的区域链接性倡议将是未来欧盟投资的重点方向。

第二，加强海上安全合作。

在这一点上，欧盟各国参与的程度各不相同。2021年2月18日，法国海军西北风级两栖攻击舰“雷电”号和拉菲特级导弹护卫舰“絮库夫”号导弹护卫舰组成“两栖戒备小组”从法国南部军港土伦出发，开赴印度洋—西太平洋区域完成2021年度的远东地区部署任务“2021圣女贞德任务”。英国则派出了“航母打击群”，在“伊丽莎白女王”号航空母舰的带领下于2021年5月23日从朴茨茅斯出发，开始了其在印太地区的首次航行，荷兰皇家海军的“埃弗森”号防空护卫舰也加入了此次航行；德国方面也将加强海军外交，将在8月部署“勃兰登堡”级护卫舰“拜仁”号到太平洋海域，计划停靠印度、日本和澳大利亚港口。[②]

英国脱欧后，法国成为欧盟国家中唯一一个在印太地区具有实际军事力量的国家。欧盟意识到其在印太地区的军事实力相较于中美来说十分有限，于是欧盟打算在此次印太战

---

① Garima Mohan, “A European Strategy for the Indo-Pacific”, p. 176.

② Veerle Nouwens and Garima Mohan, “Europe Eyes the Indo-Pacific, But Now It’s Time to Act” Texa National Security Review, 24 June 2021, p. 4, https://warontherocks.com/2021/06/europe-eyes-the-indo-pacific-but-now-its-time-to-act/, last accessed on 5 September 2021.

略从两个方面加强海上安全合作：一是加强与印太地区国家海上武装力量的合作，在这一点上，欧盟将重点放在了减少该地区沿海国家与中国各种海上力量（从海军和海岸警卫队到民兵和远程捕鱼船队）之间的权力不对称。但由于其能力有限和其他方面的限制，欧盟在这一领域包括限制中国海军力量、“航行自由”行动等内容中能发挥的作用实际上很小，对中国的实质影响也不大。所以目前来看，欧盟准备通过能力建设来提高海域意识并加强与印太地区的海军和海事执法机构的军事交流网络，从欧盟层面实现欧洲海军能力的提高。此外，欧盟将在印度—太平洋海军部队和欧盟反海盗海军部队“阿塔兰塔行动”之间组织更多的联合演习，计划更多的港口停靠；为了弥补欧盟海事力量在印太的不足，在印太地区建设一支有实力的欧洲海军将被列入未来欧盟的重要计划中。[1] 在欧洲海军能力提高之前，欧盟可以在其他关键领域发挥其作用，例如提高印度洋的海洋领域意识、建设印度洋的信息共享网络、参与亚丁湾联合海军演习、发展蓝色经济（提高可持续利用海洋资源促进经济增长的能力），以及处理气候变化、无管制捕捞等非传统安全挑战。[2]

第三，建立更具韧性的欧洲供应链。

欧盟认为，任何战略都应着重于建立更具韧性的欧洲供应链，以应对破坏和操纵。欧洲是大多数印度太平洋经济体

① European Union External Action Service, “EU Strategy for cooperation in the Indo-Pacific-Factsheets” EU Strategy for cooperation in the Indo-Pacific, 19 April 2021, p. 2, https://eeas. europa. eu/headquarters/headquarters-homepage/96740/eu-strategy-cooperation-indo-pacific_en , last accessed on 5 September 2021.

② Garima Mohan, “A European Strategy for the Indo-Pacific”, p. 181.

的最大贸易和投资伙伴，应与志趣相投的国家合作以减少其脆弱性并提高其杠杆作用。供应链的多样化有助于欧盟经济的复原，减少工业系统对关键原材料的战略依赖。

基于这一立场，欧盟将促进与印太地区各国的对话，制定合作战略。首先，欧盟对日本—印度—澳大利亚的倡议非常感兴趣，日本经济产业省（METI）目前是法国和德国政府设计政策框架的重要对话者，以加强法德部分脆弱领域的供应链，如医疗保健和ICT（信息和通信技术）等。其次，中国与欧盟之间的“供应链外交”也在持续发展。2020年年底中欧联合宣布通过了《中欧全面投资协定》，该协定涉及改善市场准入条件和劳工标准、保护投资环境、维护监管程序的公平与透明、支持可持续发展等内容，在一定程度上能够破除当前中欧双边投资中出现的障碍，为中欧企业的发展提供更良好的制度环境和更稳定的法律环境。《中欧全面投资协定》的通过也能为受新冠疫情影响的全球供应链注入新的活力，除了能够再次带动中欧货物服务贸易的双向流动之外，该协议也为全球其他地区提供了一个新的双边投资治理模版，中国与欧盟两个巨大经济体的合作也将可能带动全球供应链的逐步完善。此外，欧盟还将继续推进与其他国家贸易和投资协定的谈判。最后，欧盟将以维护自由贸易和以规则为基础的国际秩序为目标，探索与深化同印度的经济关系。

三　小结

2021年9月16日，欧盟委员会与高级代表联合发布了一份关于欧盟在印太地区合作战略的联合公报。从一开始谨慎对待“印太战略”这个极具地缘政治色彩的概念到最终推出这份公报，欧盟在印太政策上实现了迅速转变。这一转变是基于欧盟在评估印太地区对欧价值时，发现了该地区潜在的新合作空间，即“该地区的经济和政治影响使其成为塑造国际秩序的关键参与者”[①]。

这份新的印太战略联合公报将对未来印太地区的发展产生重要的影响，它的意义主要体现在以下三个方面。

第一，与美国不同的是，欧盟在该地区强调多元主义。公报里多次强调包容和合作的重要性，并提到未来将深化与长期合作伙伴日本、东盟以及新的合作伙伴韩国、澳大利亚、加拿大等的合作，以此应对影响地区稳定的新挑战。

第二，欧盟认为其对待中欧关系的态度是合作而不是对抗，强调要与中国进行多方面的接触，在共同关心的问题上进行合作，并支持中国在该地区发挥和平作用。但同时，欧盟在公报中也提到他们将根据与合作伙伴在共同原则、价值观、共同利益等具体领域中的相似与差异来调整合作内容，并强调人权仍会是欧盟印太战略的重要部分之一，在与人权有关的合作上欧盟将继续使用限制性措施来保护其基本利益并推广其价值观。

第三，该公报重点梳理了未来欧盟希望在印太地区实现合作的领域与内容，包括基础设施投资、建设弹性供应链、

---

① European Commission, “Questions and Answers: EU Strategy for Cooperation in the Indo-Pacific”, 16 September 2021, p. 1, https://ec.europa.eu/commission/presscorner/detail/en/QANDA_21_4709, last accessed on October 2021.

发展新兴技术、协调海上安全防卫机制、建立安全和国防对话等。这些内容明确了欧盟未来在这一地区合作的重点，为其他国家的选择提供了新的方案。

由于印太地区的动态将对欧洲的繁荣与安全产生直接影响，成为该地区事务的参与者对欧盟来说已是当务之急。虽然新公报里所规划的欧盟印太战略是否会产生重大影响还需要时间来观察，但它显然已经成为欧盟对印太地区相关问题的一份答卷。一方面，欧盟的印太政策相较于美国而言，将会更具有包容性，并以建立伙伴关系、维护地区规范、坚持多边主义为动力。当周边国家面临类似的困境时，欧盟政策制定者未来将审慎地拓宽他们的关注点，寻求新的伙伴关系，并与其他中等大国建立基于解决问题的联盟，以促进欧洲的利益。另一方面，印太战略也许能够帮助中欧关系实现新的转向，在某些重要领域开展新的经济对话与合作。面对中美竞争，与中间大国和印太地区的伙伴进行合作，也是欧盟正在寻找的解决方案。

“北溪二号”：管窥欧美俄博弈

雷建锋[①]

内容摘要：“北溪二号”天然气管道项目由俄罗斯经波罗的海海底到德国，可绕过乌克兰把俄罗斯天然气输送到德国。由于欧盟市场对天然气需求的不断增长和加强欧盟能源安全的需要，这一项目将扩大从俄罗斯到德国和其他欧盟国家的天然气供应，符合双方的经济利益。受经济及地缘政治因素影响，欧美俄等行为体间的博弈对欧盟—俄罗斯合作的影响不断扩大，“北溪二号”项目推进困难。但相较于与欧盟的其他替代性能源方案，“北溪二号”仍然具有决定性的经济优势，该项目的启动有助于提升欧盟的能源安全。此外由于需要确保天然气供应基础设施的稳定运行，“北溪二号”也将有利于缓解北约和俄罗斯在波罗的海地区的军事紧张局势，因而尽管欧美俄各方有着不同的利益考量，该项目仍具有较为良

① 雷建锋，外交学院教授。

好的前景。

关键词：“北溪二号”；能源安全；管道天然气；大国博弈

2015 年 6 月，俄罗斯天然气工业公司宣布将与法国 ENGIE 集团、奥地利 OMV 石油天然气集团、荷兰皇家壳牌、德国 Uniper 公司和德国 Wintershall 公司合作投资建设“北溪二号”天然气管道。“北溪二号”项目总造价 95 亿欧元，俄天然气工业公司出资 50%，其他五家欧洲公司各出资项目造价的 10%，即 9.5 亿元。该天然气管道全长 1224 公里，从波罗的海直通德国，然后由德国将俄罗斯天然气经干线发往其他国家。管道投入运营后，俄罗斯将向德国等欧洲国家每年增加输送 550 亿立方米天然气，满足欧洲 10% 的天然气需要。当地时间 2021 年 8 月 31 日，俄罗斯天然气公司宣布，俄罗斯“北溪二号”管道第一条支线调试工作已基本完成，俄天然气公司正在努力让该项目尽快投入实际运营，第二条支线的铺设工作也已经进入尾声。当地时间 2021 年 9 月 2 日，俄罗斯联邦能源部负责人在俄罗斯第六届东方经济论坛间隙表示，“北溪二号”天然气管道项目最早于 2021 年开始供应天然气。

一　一波三折的“北溪二号”

然而，“北溪二号”管线建设过程却一波三折，面临多方压力。“北溪二号”项目自 2011 年筹划至今已有 10 年，原计划 2019 年完工，但目前仍然还差“最后一公里”。

就美国方面而言，奥巴马与特朗普政府一直反对“北溪二号”管道建设。2017 年美国参议院提出要进一步制裁俄罗斯，包括要求叫停“北溪二号”工程。2019 年 1 月，美驻德大使向多家德国公司发出信件，暗示可能会对支持“北溪二号”建设项目的公司实施制裁。2019 年 12 月 5 日，美国驻德国临时代办罗宾·昆维尔称，这条管道是俄罗斯绕过乌克兰分裂欧洲的政治工具。12 月 20 日，特朗普总统签署 2020 财年国防授权法案，法案中表示要“对抗俄罗斯”、制裁“北溪二号”，将对参与“北溪二号”天然气管道项目的企业实施制裁，措施包括禁止相关企业人员去美国旅行，以及冻结他们在美国的财产等。在美国的压力下，2019 年 12 月 20 日，负责铺设“北溪二号”天然气管道的瑞士—荷兰 Allseas 公司发布消息称，该公司因美国制裁威胁已停止项目工作，同时希望美国就如何实施制裁作出解释。2021 年 1 月 19 日，美国国务院发表声明，宣布对一家俄罗斯企业及其铺管船“福尔图娜”号实施制裁，理由是其参与了“北溪二号”海底输气管道项目建设。2019 年年底，当“北溪二号”工程只剩下最后 160 公里管道的铺设工作时，特朗普政府要求停建这一工程，否则将制裁参与工程建设的公司，当时参与修建管道工程的瑞士和荷兰公司被迫停工。

相比之下，拜登政府上台后对该项目的态度发生了多次反复。上台后拜登没有立即对“北溪二号”项目表态，直到 2021 年 5 月才开始制裁该项目。2021 年 5 月 19 日美国国务卿布林肯表示，美方决定对参与“北溪二号”天然气管道建设的“北溪二号”股份公司（Nord Stream 2 AG）及其负责人

（首席执行官）马蒂亚斯·瓦尔尼希予以制裁豁免，并称这符合“美国的国家利益”。拜登随即也表示，“现在继续实施制裁，会对我们同欧洲的关系产生反作用”。到了7月，拜登政府又对该项目“松绑”。7月21日，美国与德国发布《美国和德国关于支持乌克兰、欧洲能源安全和气候目标的联合声明》，表示其不反对“北溪二号”项目的完工。美国此举大致有三重目的：缓和与德国等“老欧洲”国家的关系，恢复跨大西洋伙伴关系；拉拢俄罗斯，使其保持与新兴大国的距离，减少美国维护霸权的阻力；承诺防止该项目被俄用作政治武器，以安抚乌克兰和波兰等国①。然而，德国并没有如美国期望那样，追随美国，孤立中国；相反，默克尔在七国首脑会议上明确表示，虽然与中俄存在分歧，但G7仍然希望开展合作，特别是在应对气候变化和生物多样性等方面，“在这些领域如果撇开中国，我们将永远无法找到解决方案”。默克尔访美期间更是明确表示，德国不需要新冷战，也不会与中国为敌。俄美关系方面，拜普会后中俄关系更加密切。在以“胡萝卜”收买德俄无果的情况下，拜登很快又回到反对“北溪二号”的立场上来。2021年8月20日，美国国务卿布林肯表示，将与“北溪二号”项目有关的两位俄罗斯公民以及1艘俄罗斯船舶列入制裁名单。

就欧盟方面而言，2018年12月12日，433名欧洲议会议员中的绝大多数投票支持欧洲议会决议，谴责“北溪二号”，

---

① 程春华：《拜登为何“拜倒”在北溪二号项目之下?》，《能源》2021年第8期。

要求取消该项目[①]。2021 年 1 月 21 日，欧洲议会通过一项决议，要求欧盟立即同俄罗斯停止“有争议”的“北溪二号”天然气管道项目。

然而，德国一直是“北溪二号”的坚定支持者。2018 年 2 月德国总理默克尔在与波兰总理莫拉维茨基的联合新闻发布会上，宣布“北溪二号”项目是“一个不会对欧洲能源供应的多样性构成危险的项目”。2019 年 1 月，美国驻德大使称将对参与“北溪二号”管道项目的德国公司进行制裁时，德国外交部建议这些公司可以将美国的制裁视为“挑衅”，不予回复。默克尔在 2019 年 2 月 15 日在慕尼黑安全会议中表示，尽管有政治困难，但“北溪二号”管道符合德国和其他欧盟国家经济利益，项目的实施将大大有助于确保欧盟的能源安全和整个欧洲的安全。2021 年 5 月 G7 外长会议上，美国国务卿布林肯强烈要求德国退出“北溪二号”工程，但德国总理默克尔则表示无法接受美国对“北溪二号”工程的制裁。

由于参与管道建设的公司除了德、俄两国公司，还包括法国、奥地利和荷兰公司，因此这几家公司自然乐见管道建成。法国总统马克龙曾表示，如果欧盟目前的天然气消费水平保持不变或在未来有所增加，他将支持所有新天然气管道。当然针对管道建设的反对声音，不仅来自美国，还包括部分欧洲国家，主要包括：（1）因天然气无法过境运输而遭受损失的国家——乌克兰、波兰；（2）远离天然气供应管道的国家——匈牙利、摩尔多瓦和罗马尼亚，因为他们的过境费可

---

① Tom Schoen and Alex Krijger, “EU: Between an American Rock and a Russian hard place”, *Atlantisch Perspective*, 2019, Vol. 43, No. 1 (2019), p. 26.

能增加；（3）波罗的海国家——爱沙尼亚、拉脱维亚、立陶宛，这些国家总是站在恐俄、反俄的立场上发声。[①] 正是因为美国和欧洲部分国家的反对，“北溪二号”管道建设一波三折。

二 各利益攸关方行为的根源

就美国而言，反对“北溪二号”既有地缘政治的考量，又有经济因素。从政治角度看，首先，美国担心“北溪二号”项目破坏了欧洲的能源安全和稳定，使欧洲依赖俄罗斯的能源，并为俄罗斯提供了一个借助能源实现政治目的的工具，这将导致美国对欧洲的控制减弱，最终使其亚欧大陆“离岸平衡手”的角色不保。

其次，自克里米亚危机以来，美国一直希望欧洲与其保持对俄罗斯的经济制裁，如果俄欧天然气管道铺设成功，俄罗斯经济就会得到“补血”，无法达到以经济制裁使俄罗斯屈服的目的。另外，美国只有反对“北溪二号”，才能表示对乌克兰的支持，从而使乌克兰等东欧国家确信当它们与俄罗斯冲突时，美国会坚定地站在它们一边。因此，即使在拜登上台希望修复美欧关系，仍不忘对乌克兰的支持。2021 年 5 月，美国方面已经宣布放弃对“北溪二号”运营公司实施制裁，但同时要求德国政府做出承诺，管道投产后，乌克兰的天然气中转枢纽地位应得到维持。

---

① Zhiznin Stanislav Z. , and Timokhov Vladimir M. , “Economic and geopolitical aspectsof the Nord Stream 2 gas pipeline”, *Baltic Region*, Vol. 11, No. 3, (2019), p. 25.

最后，美国希望欧洲成为其天然气重要出口市场，但俄罗斯对欧洲管道的控制和给予欧盟的天然气低价可能阻碍美国未来对欧盟的液化天然气供应。2011 年后美国天然气生产每年均高于俄罗斯，近十年来俄罗斯占据欧洲天然气消费市场上 32% 的份额，这一时期欧洲年均消费天然气 5720 亿立方米，而 2017 年美国出口到欧洲的天然气仅有 26 亿立方米，美国液化天然气出口只占到欧洲市场的 0.4% 左右，且价格昂贵。以 2017—2018 年冬季为例，俄天然气价格每千立方米仅 190 美元，而美国的天然气价格达到 265—295 美元[①]。美国希望借助政治手段引导全球能源经济，将欧洲转变为其液化天然气的主要目标市场，然而，欧洲不可能拒绝俄罗斯的能源转而依赖美国替代性液化天然气的供应。从经济角度来看，这种基于地缘政治考虑的替代方案未免过于昂贵。此外，为了接收大量的液化天然气，欧洲需要建立全新的天然气传输基础设施，这将导致额外的成本。

就德国而言，经济因素是德国考虑的关键。作为俄罗斯天然气的主要出口国，自 2014 年以来，德国自俄罗斯进口管道天然气占其总进口量比重从 45% 上升到 51%，2020 年德国从俄罗斯进口天然气为 556 亿立方米。“北溪二号”号建成后，德国每年将从俄罗斯接收 1000 亿立方米天然气，这样不仅能保证德国天然气消费，还能让德国成为欧洲天然气枢纽国，从而提高德国在欧洲的影响力。德国采取这种立场的主要动机是其在俄罗斯项目中的经济利益，因为在波罗的海海

① 董志敏：《俄美欧博弈下的北溪 2 号项目》，《西伯利亚研究》2018 年第 5 期。

底建造天然气管道可以避免通过乌克兰和波兰领土进行天然气运输。此外，该项目使德国无须支付进口俄罗斯天然气的过境费用①。

在欧盟内部，德国和一些支持“北溪二号”项目的欧盟国家与以波兰为首的部分中东欧国家之间存在着严重的分歧，其中波兰最反对“北溪二号”。没有“北溪二号”，波兰可以收取俄罗斯天然气过境费，并且能将从俄罗斯获得的天然气转口给欧洲别的国家，赚取利润。由于波兰与乌克兰牢固而深厚的经济联系，波兰人认为对乌克兰领土完整的威胁和主权也是对波兰国家安全的挑战②。

从俄罗斯方面看，俄是欧洲的主要天然气出口国，并且打算扩大其市场份额。天然气运输路线只经过乌克兰和白俄罗斯，使得俄罗斯能源出口过于依赖过境国，这是俄罗斯一直试图避免的③。克里米亚事件进一步坚定了俄罗斯建设安全天然气输送管道的决心。“北溪二号”项目宣布投资时，俄罗斯已将克里米亚收入囊中一年有余，克里米亚问题令乌克兰对俄离心增强，俄有必要及时寻找替代方案，避免被过境问题束缚手脚。2016 年 1 月，乌克兰再将俄天然气过境费用提高 50%，达到了 4.5 美元/千立方米，与 2006 年的 1.09 美元

---

① Sydoruk, T., Stepanets, P., & Tymeichuk, I. (2019), “Nord Stream 2 as a Threat to National Interests of Poland and Ukraine”, *Studia Politica: Romanian Political Science Review*, 19 (3-4), p. 468.

② Sydoruk, T., Stepanets, P., & Tymeichuk, I. (2019), “Nord Stream 2 as a Threat to National Interests of Poland and Ukraine”, *Studia Politica: Romanian Political Science Review*, 19 (3-4), pp. 473-476.

③ Daniela Munteanu, Ciro Sarno, “South Stream and Nord Stream 2 - Implications foe the European energy Security”, in Análise Europeia: Revista da Associação Portuguesa de Estudos Europeus, Novembro 2016, Volume I, Número 2, p. 64, Disponível em: http://www.apeeuropeus.com/revista.

相比涨幅已接近313%[①]。

"北溪二号"建成并投入运营后，俄罗斯将减少交付给乌克兰、斯洛伐克、奥地利和捷克的"过境费"。另外，"北溪二号"建成后，不仅对稳定的俄欧关系意义重大，也将使得美欧对俄制裁压力大大缓解。

三 欧美俄博弈与管道建设前景

国有的俄气公司提供了欧盟三分之一的天然气消费量[②]。欧洲国家对俄罗斯天然气的依赖非常明显（参见图1）。

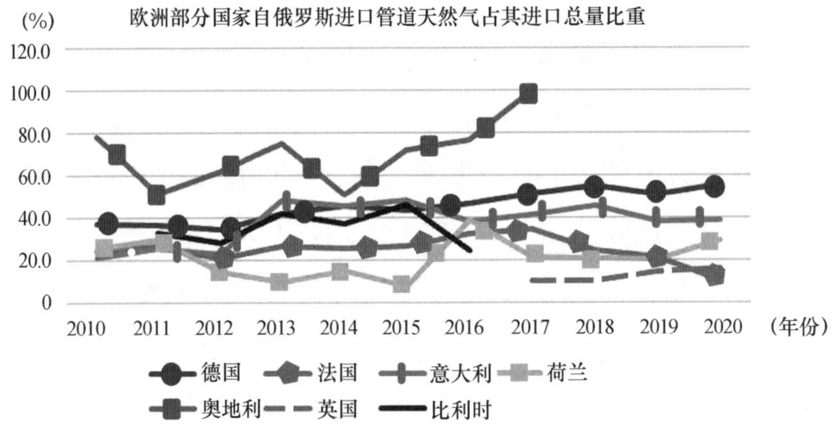

图1 2010—2020年欧洲国家自俄罗斯进口管道天然气情况

资料来源：《BP Statistical Review of World Energy》（2009—2021）。

① 董志敏：《俄美欧博弈下的北溪2号项目》，《西伯利亚研究》2018年第5期。

② 张永贺、刘乾：《欧盟对俄罗斯天然气政策：理想与现实的妥协》，《能源》2016年第12期。

欧盟主要国家中，德、法、荷、比、奥几国对俄罗斯天然气依赖很高，特别是奥地利和德国；英国近年来对俄天然气也呈上升趋势。从经济方面考虑，欧盟不可能放弃俄罗斯物美价廉的天然气，而不远万里进口美国价格昂贵的页岩气。就政治而言，从近几年来德国在美国压力下仍坚决建设“北溪二号”管道看，美国对欧洲盟友的控制正在减弱。从军事上看，美国无力也不敢以武力手段摧毁已经建成和即将建成的“北溪二号”管道。为了政权稳定和打破经济封锁，俄罗斯有坚定的决心和足够的实力应对美压力，继续完成管道建设。目前由于围绕乌克兰的地缘政治动荡极大影响了“北溪二号”项目的实施，因而很难说需要多长时间才能在俄罗斯和美国之间以及俄罗斯和欧盟之间实现地缘政治利益的平衡。

在评估俄罗斯能源出口管道建设项目的前景时，一个关键的问题在于：欧洲对俄罗斯天然气的需求是否会因地缘政治的消极变化而减少？从针对“北溪二号”管道建设推进过程中相关方的利益分析来看，欧洲对俄罗斯的天然气需求不会有明显变化。欧洲的能源替代只能在不稳定的波斯湾，或是同样昂贵的美国液化天然气之间做出选择。因此，欧洲可能会继续选择通过“北溪二号”天然气管道增加来自俄罗斯的天然气供应，而地缘政治的阻碍只会给所涉公司和相关国家带来大量的经济损失。“北溪二号”项目的实施对提升欧洲能源安全具有重大意义。此外由于需要保障天然气供应基础设施的正常运作，也可以在相当程度上缓解北约和俄罗斯在波罗的海地区军事紧张局势。

新冠疫情对欧盟难民问题的影响、应对与问题

李益斌[1]

内容摘要： 2020年伊始，新冠疫情在欧盟蔓延，其对欧盟的影响是方方面面的，其中难民接收和庇护体系也遭受了巨大打击。针对在难民接收和庇护方面的风险和挑战，欧盟及成员国提出了一系列紧急应对措施，包括一审程序、都柏林程序、难民接待、二审程序、国际保护受益者、遣返、拘留、重新安置等措施。虽然欧盟针对难民接收和庇护问题制定了紧急措施，但是这种临时性的补救措施并未完全达到预期效果，针对难民的防护等依然存在一些问题。第一，难民庇护申请停滞；第二，难民和庇护申请者的公共卫生问题依然严峻；第三，电子服务在难民议题上取得了积极的发展，但依然难以完全评估；第四，难民接种疫苗的相关问题。未来欧盟的难民和庇护政策走向何方，依然值得进一步观察。

关键词： 新冠疫情；欧盟；难民政策

---

① 李益斌，兰州大学中亚研究所、兰州大学政治与国际关系学院副教授。

2020 年伊始，新冠疫情在全球蔓延，并迅速席卷整个欧洲。对欧洲而言，疫情影响反复，欧洲各国防疫效果差异很大。2021 年欧洲卫生研究所 ECDC 发布了一份关于欧洲经济区 EEA 国家的疫情风险报告评估，在这份文件中对欧洲国家提出了警告，称欧洲大陆目前的疫情防控形势呈现“冰火两重天”的情况，因此计划放松疫情防控措施且疫苗接种率较低的国家并不安全，很可能会引发新一波的疫情。对欧洲而言，新冠疫情并未缓解，尤其是意大利疫情吃紧，而德法两大国的抗疫形势也不容乐观。随着土耳其开放边境，大批难民向欧洲边境靠近，希望借此机会进入欧洲。面对疫情和难民的双重压力，欧洲民众的焦虑情绪开始上升。如何应对疫情与难民的“双重危机”，考验着欧盟的智慧与能力。

一　新冠疫情对欧盟难民接收和庇护体系的影响

新冠疫情对欧盟的影响是方方面面的，其中难民接收和庇护体系也遭受了巨大打击。正如欧洲政策中心的移民政策分析师奥利维亚·桑德伯格·迪兹（Olivia Sundberg Diez）的观点，对布鲁塞尔而言，新冠疫情的大流行对欧盟的庇护产生了相当重大的负面影响。[①] 2021 年 8 月，阿富汗局势骤变，欧盟重新面临着大量难民涌入的危险，加之新冠疫情的影响，

① Sophie Stuber, “How COVID - 19 made it harder to find safety in the EU”, https://www.thenewhumanitarian.org/analysis/2020/01/07/EU-asylum-application-coronavirus.

欧盟的难民庇护体系面临着更多挑战。

根据欧盟在 2021 年 1 月的官方统计，在 2020 年前 10 个月，由于新冠疫情的影响，整个欧盟的庇护申请量同比下降了 33%，非法越境人数为 6 年来最低。但是，部分地区的难民接收压力不降反升，而且整体的难民申请人数在逐渐回升。尽管总体上有所减少，但与 2019 年同期相比，通过中地中海地区到达意大利和马耳他的非法入境人数增加了 154%。到 2020 年，此类入境人数超过了 34100，而 2019 年则接近 11500。与 2019 年相比，西班牙的入境人数在 2020 年增加了 46%。[①]

尽管申请数量相对较少，但由于社会隔离和封锁措施，大多数欧盟国家（尤其是在 2020 年 3 月至 6 月的第一波疫情期间）的庇护案件堆积如山。同时，疫情突出并加剧了整个欧盟庇护系统中的现有问题。尤其是难民的住房和公共卫生安全方面，新冠疫情给欧盟和难民都造成了极大的负面影响。

二 欧盟应对相关风险的举措

新冠疫情暴发之后，欧盟在 2020 年 6 月发布了《COVID－19 紧急情况下庇护和接待系统中的措施》，全面系统地阐述了欧盟及成员国应对新冠疫情风险的措施。[②] 根据报告显示，在新冠疫情大流行期间，大多数欧盟国家都采取了紧急和特

① European Commission，“Migration statistics update：the impact of COVID－19”，https：//ec. europa. eu/commission/presscorner/detail/en/IP_21_232.

② EASO，“COVID－19 emergency measures in asylum and reception systems”，https：//reliefweb. int/sites/reliefweb. int/files/resources/covid19－emergency-measures-asylum-reception-systems. pdf.

殊措施来保护公共卫生安全。根据宪法规定，欧盟成员国均宣布启动紧急和例外条款，允许当局执行一些紧急措施来应对疫情的挑战。针对在难民接收和庇护方面的风险和挑战，欧盟及成员国提出了一系列紧急应对措施，具体包括以下几方面。

第一，一审程序的措施。疫情对人们接触进行了限制，这导致庇护中的服务受到了影响。在许多国家，政府紧急宣布关闭相关设施，并限制公众进入。首次庇护申请的登记和个人面谈都受到了限制，为此，欧盟国家采取了远程办公或延长庇护申请的举措。新的技术得到应用，比如视频面试等。

第二，关于都柏林程序的措施。由于各国政府采取措施来保护工作人员的安全，都柏林程序受到严重影响，成员国实施边界管制和旅行限制，难民的申请和转让都被迫中止。

第三，难民接待方面的措施。新冠疫情使难民固有的接待和住宿问题更加凸显。因此，许多欧盟成员国采取了相应的措施。其一，疫情信息，作为第一步，通过各种语言的传单和海报，分享有关公共卫生和限制的信息和指示，包括社会隔离措施等。其二，卫生条件，根据国家公共卫生当局的建议和现有的一般规则，为保证公共卫生安全，欧盟及成员国针对难民发放防护设备（比如口罩），并对相关场所进行消毒。其三，新的寻求庇护者，对于新抵达的寻求庇护者，采取了针对性措施，如自我隔离、隔离、安置和健康检查等。其四，收容能力，建立了紧急收容所，以提高收容能力和降低收容率。其五，准入限制和服务重组，由于防疫需要，难民接待和住宿中心也受到限制，因此，非必要的访问和活动，包括难民的转移都被取消，以避免人群聚集。同时，对食物和现金的分配都直接点对点进行，集体活动（比如体育、文化等）都被暂停。其六，健康检查，针对难民进行健康检查，由流行病学专家参与，对相关人员和设施进行全面检测。在确定新冠病例的紧急情况下，进行收容隔离，以更好地控制病毒感染。

第四，二审程序的措施。由于紧急状态和监禁措施限制了司法程序，直接影响到庇护上诉程序。根据司法系统的结构，各项措施自动适用于所有司法系统，因此，各种工作安排、时限和听证等都受到影响，与庇护有关的上诉活动也直接受到影响。

第五，国际保护受益者的措施。由于疫情限制措施，有关居留许可、融合方案和家庭团聚程序等都被迫中断。关于证件的有效性，欧盟成员国自动延长了相关居留证。由于教育机构的普遍限制，融合和专业语言课程已经停止，欧盟正在努力恢复这些课程。

第六，关于遣返的措施。由于疫情影响，航班和其他交通工具大大减少，第三国为遏制新冠疫情的扩散而采取限制性入境措施，这扰乱了欧盟的自愿和强制遣返程序。尤其是由于土耳其的突然发难，欧盟对土耳其的难民遣返工作被迫暂停。为了应对所遇到的挑战，欧盟成员国不得不延长相关人员的离境期限。

第七，关于拘留的措施。防疫措施还影响到被拘留国际申请人的庇护程序。一些欧盟国家试图通过新技术来应对相关挑战，通过远程会议来进行个人访谈。由于申请程序被中断，导致部分人员的释放也被迫暂停。

第八，重新安置的措施。新冠疫情导致难民的重新安置方案被迫中断，然而，大多数欧盟成员国继续对相关档案进行准备和处理。欧洲联盟委员会鼓励各成员国尽可能采取紧急保健措施，在危机期间继续开展与重新安置有关的活动，并准备在安全的条件下重新安置所有有关人员。但是由于对病情传染的担忧，现有的重新安置活动基本停止。

三　欧盟相关措施存在的问题

由于新冠疫情的大流行，欧盟及成员国疲于应对，而针对疫情的防控效果一般，欧洲的疫情经历第二波高潮，可能面临着第三波的影响。难民问题作为一种特殊议题，也成为欧盟防疫的一个漏洞和短板。虽然，欧盟针对难民接收和庇护问题制定了紧急措施，但是这种临时性的补救措施并未完全达到预期效果，针对难民的防护等依然存在一些问题。

第一，难民庇护申请停滞。由于接待设施过于拥挤，从东南欧过境的人们被禁止入境，在这种情况下，庇护申请不予登记。而在土耳其与希腊的边境上，陆上和海上的难民相互推诿的情况较为严重。匈牙利的新规定限制难民和庇护申请者进入该国。尽管部分国家，比如西班牙和意大利等重新启动了申请程序，但是其等待期却长达6个月。大量新进入的难民事实上依然拥挤在主要的入境点上。虽然欧盟启动了相关措施，但是对于难民接待和申请来说还是杯水车薪。

第二，难民和庇护申请者的公共卫生问题依然严峻。大多数难民接待和安置中心并不能完全实施有效的卫生防疫方案。在部分难民安置点中，出现了新冠阳性病例。事实上，难民群体依然是新冠疫情流行的高危人群，除了公共卫生条件差之外，新到来的难民可能携带病毒，这让防疫人员防不胜防。欧盟目前针对核心区域的防疫依然困难重重，而作为社会弱势群体和边缘地带的难民安置点，更无法保证公共卫生安全。

第三，电子服务在难民议题上取得了积极的发展，但依然难以完全评估。为应对疫情造成的难民庇护申请的停滞，欧盟及成员国启用了线上办公的模式，对庇护申请和个人访谈都搬到线上进行，这不仅有效阻止了人员流动和聚集，在一定程度上也提高了相关申请的效率。但是，暂时依然无法判断这种模式对难民接收和申请的长远影响，无法确定其实际效果如何。尤其是难民个人信息的保护也存在一定风险。

第四，难民接种疫苗的相关问题。2020 年 12 月，欧洲疾病预防控制中心（ECDC）发布了详细报告概述欧盟的新冠疫苗接种策略和疫苗部署计划。尽管这份文件对欧盟疫苗接种很重要，但是其却并未提及移民、难民和寻求庇护者在新冠疫情下的风险，这导致具有移民背景的个人可能不完全被疫苗接种计划所接纳。以希腊为例，其对难民疫苗接种的歧视性做法让人担忧。

值得注意的是，2020 年 9 月 23 日，欧盟委员会颁布了《移民与庇护新公约》（New Pact on Migration and Asylum），提出了更公平的移民与庇护管理办法。它旨在制定一项全面可持续的政策，针对非法移民难题提供更人道的治理措施，发展合法的移民途径，更好地融合难民和其他新移民。但是，由于新冠疫情的影响，欧洲的民族主义和右翼民粹主义团体对难民更加排斥，而这种情绪正在席卷整个欧洲，未来欧盟的难民和庇护政策走向何方，依然值得进一步观察。

美欧应对气候变化最新举措及影响简析

刘　猛[①]

内容摘要：近年来，美欧提出各自实现碳中和时间表和路线图，积极出台应对气候变化举措，希望借此促进经济低碳转型，刺激国内经济复苏和就业增长，同时，力争气候领域国际规则制定权，将自身打造成为全球应对气候变化领导者和能源转型标准制定者，推动实现地缘政治经济目标。本文系统梳理美欧应对气候变化挑战的最新举措，研判相关举措影响和实施前景。

关键词：气候变化；能源；美欧

为应对气候变化挑战，近年来，美欧提出各自实现碳中和时间表和路线图，大力倡导和实施“绿色新政”，不断提高气候雄心，促进经济低碳转型，刺激经济复苏和就业增长，同时，力争气候领域国际规则制定权，将自身打造成为全球

---

① 刘猛，主要从事应对气候变化、国际能源、国际发展援助等领域研究。

应对气候变化的领导者和能源转型标准制定者，推动实现地缘政治经济目标。

一 拜登政府气候变化议程主要内容、前景及相关影响

（一）拜登政府从国内国际两个层面推动气候变化议程

1. 国内层面

制定2035年前实现电力行业无碳化以及2050年前实现经济净零排放目标，提出大力推动能源结构转型等举措。

一是严格监管化石能源开发。通过行政令扭转特朗普相关能源政策，包括撤销美加输油管道KeystoneXL建设许可，暂停在公共土地或近海水域开采石油和天然气的行政审批，并严格审查现有行政许可，永久保护北极国家野生动物保护区，自2022财年始，将联邦预算向清洁能源技术研发与商业化倾斜，在预算中彻底取消化石燃料补贴等。对新的和现有油气作业实施严格甲烷排放限制。二是支持清洁能源产业发展。加快推广电动汽车，支持在2030年前安装超过50万个新公共充电桩，恢复电动汽车税收抵免政策，支持联邦政府采购清洁能源技术相关产品，推动美国政府和邮政系统全部使用本土零排放车辆等。近期，拜登签署行政令，设定至2030年美国所有新车销售中一半为电动车的目标，着力推动美国排放最大行业交通运输业减排。[1] 三是设置专职机构，通过

① Myles McCormick，"Biden sets electric vehicle target in drive to cut emissions"，*Financial Times*，August 6，2021.

"全政府"方式实施气候变化议程。如新设"白宫国内气候政策办公室""国家气候特别工作组"等机构，协同政府部门推进国内气候变化议程。四是联合地方政府共同应对气候变化。在特朗普政府减排行动缺位背景下，美国地方政府积极制定目标，探索实施局部应对策略，通过州内行动和区域联盟合作，实施大规模项目应对气候变化。拜登政府将强化与地方的合作，协同实施相关气候政策，推动实现减排目标。

2. 国际层面

一是通过多边合作共同应对气候变化。重返《巴黎协定》，并制定《巴黎协定》下的国家自主贡献。已于2021年4月22日召开全球气候峰会，宣布至2030年将美国温室气体排放量较2005年减少50%—52%，并重启"能源和气候变化论坛"，推动世界主要温室气体排放经济体做出更多减排承诺。通过G7、G20、OECD等机制推动其他国家结束对高碳化石能源融资，逐步取消化石燃料补贴。引领制定气候变化问题国际通行规则，确立美国在世界应对气候变化谈判进程中的主导地位。二是将气候问题置于对外发展援助中心位置。通过美国在世行、IMF等国际机构中话语权和投票权，促进实施与《巴黎协定》目标一致的融资项目、经济刺激计划及减债倡议。禁止美国国际开发金融公司、进出口银行等金融机构为海外燃煤电厂提供任何融资。与国际金融机构合作，为实施绿色政策的相关发展中国家提供债务减免。发布"国际气候融资计划"，要求美国国际开发署在《联合国气候变化框架公约》第26届缔约方大会期间发布最新应对气候变化战略等。三是将气候政策与贸易政策有机结合。考虑以贸易制裁作为气候工具，对其他经济体的高碳产品征收“绿色关税”，确保各国兑现减排承诺。四是设立总统气候特使一职，并将其首次纳入国家安全委员会，与国家气候顾问等形成内政外交合力应对气候变化相关问题。

（二）拜登气候政策相关立法前景似不容乐观

从推动立法角度看，美国国会两党政治分歧和意见对立仍然严重，部分共和党议员面临2022年中期选举连任压力，或通过反对拜登清洁能源相关法案为其捞取选战资本。同时，参议院能源委员会主席乔·曼钦等少数民主党中间派议员代表能源州利益，支持传统能源行业发展，拜登相关法案可能遭遇民主党内部阻挠。在国会两党对立且民主党内部难以保持高度团结情况下，拜登政府大概率将采取更为温和的立场，在气候变化相关立法方面与中间派及共和党人妥协，全面气候变化议程或打折扣。[①] 值得注意的是，美国最新人口普查初步结果显示美政治权力重心正向共和党主导的州倾斜，民主党2022年中期选举面临挑战。[②] 若民主党国会中期选举失利，拜登“过渡政府”特征将更加明显，推进气候变化议程能力有限。

从行政力量角度看，在立法可能受挫情况下，拜登政府着力动员政府机构和部门启动应对气候变化工作，通过全政府形式推动其气候变化议程。同时，签署一系列行政命令，

① Jeff Tollefson, “Can Joe Biden make good on his revolutionary climate agenda?”, *Nature*, November 25, 2020.

② 谈可：《美国人口普查结果显示政治重心继续向“阳光地带”迁移》，2021年6月1日，https://mp.weixin.qq.com/s/X1rvcpNUgizkwb3fxx8J5A。

通过动用行政权力，绕过国会推行减排政策。① 但考虑到2016年奥巴马政府“清洁电力计划”曾遭最高法否决，在最高法保守派势力占主导背景下，拜登或面临奥巴马政府类似挑战。② 此外，美国未来政府亦可随时撤销行政令，制约拜登气候政策效果。

从资金保障角度看，拜登计划通过对富人和企业增税、打击大型跨国企业避税行为、结束化石能源补贴等方式为气候计划筹措资金，但美国税收等重大事项须经国会核准。③ 有分析认为，即便民主党占参议院微弱优势席位，由于党内中间派以及游说组织阻挠，结束化石能源补贴等相关法案通过国会审批可能性仍小。此外，美国会两党目前就碳税等碳定价机制尚存在分歧，美国联邦政府迄今为止尚未征收碳税。美国会关于碳关税的立法进程缓慢，短期内难以推行。拜登政府大规模气候变化议程资金来源难以保障，能否落地尚待观察。

（三）拜登气候政策对美国传统能源行业的有限影响

拜登政府为传统能源行业预留发展空间，相关政策对美传统能源行业影响有限。从供求角度看，拜登并未承诺禁止所有水力压裂活动，且美页岩油气开发活动主要在各州或私

---

① Derek Brower, “US energy: ‘the more ambitious Biden tries to be, the more likely he is to fail’”, *Financial Times*, December 21, 2020.

② Matt McGrath, “Joe Biden: How the president-elect plans to tackle climate change”, BBC, November 10, 2020, https://www.bbc.com/news/science-environment-54858638.

③ Heidi Vella, “Joe Biden is president-elect: what now for US oil and gas?”, Offshore Technology, December 7, 2020, https://www.offshore-technology.com/features/joe-biden-is-president-elect-what-now-for-us-oil-and-gas/.

人地产进行，仅约 22% 石油和 13% 天然气生产来自联邦土地。[①] 雷斯塔能源认为，中期看，禁令或促使钻探活动向州和私人土地转移，几乎不会对美全国油气产量产生任何影响。[②] 从历史角度看，保障能源安全和实现能源独立是美历届政府核心国家战略和施政纲领。[③] 第二次世界大战以来，民主党政府时期，美石油产量普遍以较高速度增长。即便奥巴马政府积极推行生态环保政策，美页岩油产量复合年增长率仍创 7.2% 的美国史上最高增长水平。[④] 拜登政府希望借发展清洁能源，摆脱对化石能源进口依赖及能源价格剧烈波动影响，推动美国实现真正意义上的能源独立。同时，将美国打造成世界清洁能源领导者和最大出口国，保障美国地缘政治经济利益。从现实利益看，美国油气生产上下游产业链实际就业接近 150 万人，占美总劳动人口约 1%，疫情已使美国传统能源行业就业损失逾 10%，二叠纪盆地等能源主产区经济损失程度和失业率高于全国平均水平。限制油气行业发展将对美经济和就业产生负面影响。同时，宾州、密歇根州等既是能源州又是关键摇摆州，对拜登 2020 年胜选起至关重要作用。考虑到拜登仅在宾州等地取得微弱优势，预计将在提高美国产业竞争力和促进经济增长的前提下，谨慎推进化石能源监

① Jillian Ambrose, "How tough will Joe Biden be on the US shale industry?", *The Guradian*, December 27, 2020.

② Artem Abramov, "US presidents and oil production: A deep dive into Obama and Trump records, Biden's proposed plan", Rystad Energy, August 25, 2020.

③ 赵腊平:《美国"能源独立"的真正意图》,《中国矿业报》2020 年 2 月 25 日。

④ Artem Abramov, "US presidents and oil production: A deep dive into Obama and Trump records, Biden's proposed plan", Rystad Energy, August 25, 2020.

管政策。[①]

气候变化议程或助长美国可再生能源行业增长势头，但能源消费结构难以发生根本改变。近几年，美国可再生能源行业发展迅速，即便疫情期间，太阳能、风能新增装机量仍快速增长。太阳能安装及风力涡轮机技工有望成为美就业增长最快职业。拜登政府的支持政策有利于该行业规模扩张及“绿色就业”目标实现。但传统能源仍为美国最重要能源，推动能源结构转型说易行难。1973 年石油危机以来，美能源消费结构始终以传统化石能源为主，油气煤占能源消费比重仅由 86.6% 略降至 80%，化石能源占美总发电量比重虽有所下降，但目前仍高达 62%，且以天然气发电为主。[②] 美天然气基础设施投资持续增长，在可预见的未来，美国天然气消费将继续保持增长势头，一次能源和可再生能源对比关系难以发生实质变化，实现碳中和和电力脱碳目标并非易事。

二 欧盟出台“欧洲绿色协议”等举措，积极应对气候变化挑战

（一）“欧洲绿色协议”等措施主要内容

欧盟一直是积极应对全球气候变化的倡导者、推动者和领导者。[③] 欧盟成员国芬兰 1990 年成为全球首个征收碳税的

---

① 宋秀杰、王绍堂、丁庭华、张漫：《美国的环保政策及对环保产业发展的影响》，《城市环境与城市生态》2000 年第 5 期。

② 陈小沁：《能源战争——国际能源合作与博弈》，新世界出版社 2015 年版，第 111—112 页。

③ 秦阿宁、孙玉玲、王燕鹏、滕飞：《碳中和背景下的国际绿色技术发展态势分析》，《世界科技研究与发展》2021 年第 4 期。

国家，欧盟2005年率先建立碳排放权交易体系，积极引领全球应对气候变化行动。为落实《巴黎协定》目标，欧委会2019年12月推出“欧洲绿色协议”，具体而言，欧盟域内层面，提出《欧洲气候法》，计划至2030年，相较于1990年水平，将温室气体减排比例由此前承诺的40%提高至至少55%，至2050年实现欧洲气候中性目标。目前欧洲议会已投票通过《欧洲气候法》。启动“欧洲气候协议”，鼓励欧洲公民、社区和组织积极参与应对气候变化行动。制定明确减排路径，重塑欧盟能源生产和消费方式，如规定至2030年须大幅削减煤炭使用，2030—2050年，逐步完全退出石油消费，天然气占欧盟能源结构比重降至仅1/10，制定氢战略等。

国际层面，欧盟致力于引领全球应对气候变化行动，利用其经济影响力塑造符合欧盟环境和气候雄心的国际标准。借助G7、G20、联合国等多边机制推动主要排放国做出更多减排承诺，终止全球化石燃料补贴，逐步停止新的燃煤电厂建设。欧盟将尊重《巴黎协定》作为未来与其他经济体缔结贸易协定的必要条件，要求贸易协定中须含有缔约方批准和有效实施《巴黎协定》的相关承诺。欧委会发布最新贸易战略文件，明确提出将气候中性承诺作为与G20国家缔结贸易与投资协定的基础。此外，为防止“碳泄漏”，欧委会提出设立碳边境调节机制（CBAM），欧洲议会已通过支持设立“与WTO兼容的碳边境调节机制”决议，以使欧企免受欧洲大陆以外“碳倾销”负面影响。

为进一步落实“欧洲绿色协议”，2021年7月14日，欧委会提出应对气候变化一揽子计划（“Fit for 55”），制定欧盟减排更加明确具体的时间表和路线图。一是收紧碳排放交易体系（ETS）。进一步降低ETS总体排放上限，自2026年起十年内，将按每年10%速度逐渐削减欧盟碳市场免费配额发放。逐步减少航空业免费排放配额，并首次将航海运输业排放纳入欧盟ETS。设立新的独立的ETS，覆盖公路交通和建筑业领域。二是强化生态碳汇能力。设定新的自然碳汇去碳总体目标，致力于至2030年吸收3.1亿吨碳排放，高于当前的2.68亿吨碳汇目标水平。三是加快向绿色能源系统转型。至2030年，将可再生能源占欧盟能源消费结构中的比重提高至40%。设置建筑物可再生能源使用49%基准目标，2030年前，要求成员国在供热和制冷领域可再生能源使用每年增加1.1个百分点。完善能源产品使用税收激励机制。四是解决交通运输领域碳排放问题。制定更加严格的汽车和货车碳排放标准，要求至2030年，新的小汽车平均排放较2021年下降55%，货车下降50%。至2035年，所有新注册小汽车均实现零排放。规定在主要高速公路每隔60公里设置充电桩，每隔150公里设置加氢站。五是推动碳边境调节机制实施。欧盟将以基于实际碳排放（在无法获得进口品充分碳排放数据情况下，将基于默认值测算进口品碳排放量）的碳排放权证形式，对选定的行业逐步实施CBAM，同时相应减少欧盟ETS免费碳排放配额发放。具体而言，明确欧盟CBAM将首先适用于进口的电力、钢铁、铝、水泥和化肥等特定产品，进口商在进口相关商品时须购买碳排放权证。于2023—2025年试行三年过渡期，2026年开始正式实施。适用于除冰岛、列支敦士登、挪威和瑞士以外的所有非欧盟国家。此外，规定具备与欧盟相当的碳定价机制的国家，可享受相关费用豁免。六是支持欧洲社会公平转型。设立“社会气候基金”，以为成员国提供专门资金，支持在能效、新的供暖和制冷系统以及更清洁的交通等领域受影响最大的欧盟公民。

（二）相关影响分析

对欧洲能源安全而言，欧盟 87% 石油和 74% 天然气依赖进口，“绿色协议”将有利于欧洲降低对外油气进口依赖，减少每年巨额油气进口支出。但中短期看，欧洲对化石能源依赖状况难以发生根本改变，如，欧洲智库布鲁盖尔称至少十年内，欧盟将保持油气进口量基本不变。此外，欧洲自身亦缺乏对制造太阳能电池板、风力涡轮机、锂离子电池、燃料电池等产品所需关键原材料开采和加工能力，随着绿色技术需求增加，欧洲可能加大对清洁能源领域产品进口依赖。[①] 对国际原油市场而言，欧洲约占全球原油进口的 1/5，为全球第二大石油净进口区域，仅次于亚太，欧洲能源转型造成国际原油需求下降，或将抑制油价上涨并导致主要原油出口国收入下降。[②] 对欧企国际竞争力而言，严格的气候监管措施

① Mark Leonard, Jean Pisani-Ferry, Jeremy Shapiro, Simone Tagliapietra, Guntram Wolff, “The geopolitics of the European Green Deal”, European Council on Foreign Relations, February 3, 2021.

② Mark Leonard, Jean Pisani-Ferry, Jeremy Shapiro, Simone Tagliapietra, Guntram Wolff, “The geopolitics of the European Green Deal”, European Council on Foreign Relations, February 3, 2021.

可能使企业承担额外成本，在域外国家应对气候变化和环境政策相对滞后情况下，欧企或因较高环保合规成本而在国际竞争中处于劣势。如英国智库牛津分析认为，欧盟 ETS 改革方案意味着碳价将继续上升，在尚无退税机制的情况下，将削弱欧盟产业出口能力，降低欧盟产品相较于进口商品的国际竞争力，甚至不利于高成本低碳产业投资。[①] 随着欧盟碳成本上升，短期内还可能加剧“碳泄漏”风险。对贸易伙伴而言，一方面，欧盟与周边国家绿色电力、绿色氢等可再生能源方面的贸易和投资合作可能大幅增加。另一方面，俄罗斯、乌克兰、土耳其等国可能因钢铁、水泥等碳密集型产品对欧出口而面临显著关税压力。环保组织 E3G 称，在欧盟六大主要贸易伙伴中，俄罗斯商品将面临最高 CBAM 费用；美国商品相关 CBAM 费用几乎可以忽略不计；欧盟 CBAM 对中国商品影响则比较温和。同时，欧盟 CBAM 具有贸易保护主义色彩，欧盟虽标榜 CBAM 与 WTO 规则兼容，但 CBAM 是典型的以生产过程和生产方法对产品进行区别对待的政策，可能违反 WTO 最惠国待遇和国民待遇原则，形成限制贸易的绿色壁垒，引发与主要贸易伙伴贸易摩擦风险。[②] CBAM 将有利于发达国家，但导致发展中国家出口下降，可能违反《巴黎协定》“共同但有区别的责任”“各自能力”等原则，推动全球减排效果也相对有限。[③] 考虑到欧盟 2008 年航空排

① “Fit for 55 could weaken EU industrial competitiveness”, Oxford Analytica, July 26, 2021, https://doi.org/10.1108/OXAN－DB263036.

② 《为什么说欧盟碳边境调节机制可能会违反世贸组织规则》，2021 年 8 月 7 日，国际经贸在线，https://mp.weixin.qq.com/s/5gjbZWalvn-R-WUSK-NIQA。

③ https://unctad.org/system/files/official-document/osginf2021d2_en.pdf.

放交易指令[①]曾因遭多国强烈反对而告终，CBAM前景仍具不确定性。此外，该机制对欧盟水泥和钢铁价格的潜在影响，可能为风电行业带来成本压力，阻碍欧盟低碳转型进程。[②] 目前，"Fit for 55"部分内容已引起一些成员国不满情绪，该提案还须经欧盟27个成员国和欧洲议会讨论通过才能落地，预计将需数年时间才能完成，提案前景有待进一步观察。

三　小结

气候变化是全人类面临的共同挑战，近期，联合国政府间气候变化专门委员会发布报告显示，自1850—1900年以来，人类活动排放的温室气体导致全球升温大约1.1℃，预计未来20年全球平均温升将达到或超过1.5℃，除非立即、快速、大规模减少温室气体排放，否则难以在21世纪末将全球平均温升控制在工业化前水平1.5℃以内，甚至2℃也难以实现。[③] 作为全球碳排放主要来源地，中美、中欧加强减排方面合作有利于应对全球气候变化挑战。美欧相关气候能源政策对中国有一定参考和借鉴意义，但考虑到美欧作为发达经济体，碳排放已过峰值，同时，美欧全面气候议程能否落地尚具不确定性，中国宜以我为主，根据国情和发展需要推进应对气候

① 欧洲议会和欧洲理事于2008年11月19日通过了第2008/101/EC号指令，该指令规定，自2012年1月1日起，凡于欧盟成员国境内起飞或降落的航班，其全程排放的温室气体将参与欧盟排放配额交易。

② "Fit for 55 could weaken EU industrial competitiveness", Oxford Analytica, July 26, 2021. https://doi.org/10.1108/OXAN-DB263036.

③ "Climate change widespread, rapid, and intensifying-IPCC", 9 August 2021, https://www.ipcc.ch/2021/08/09/ar6-wg1-20210809-pr/.

变化行动，统筹处理好经济发展与生态环境保护之间关系，推动能源结构、产业结构、经济结构低碳化转型，促进经济社会协调可持续发展。稳妥处理中美、中欧在气候变化与能源领域竞合关系。坚持公平、“共同但有区别的责任”和“各自能力”原则，为全球应对气候变化作出积极贡献。

第二部分

中欧关系发展动态

在国际变局中推动中欧新领域合作行稳致远

刘　典[①]　赵婧如[②]　韩泰格[③]

内容摘要：2021 年中欧双边关系屡遭波折，欧盟借助“新疆棉”等事件在意识形态领域多次对华发难，对中欧伙伴关系的深化发展与双边经贸合作的持续推进带来一定负面影响。拜登政府回归多边主义立场并主动修复跨大西洋关系，成为欧盟对华政策出现阶段性调整的重要因素。但美国与欧盟在战略目标、全球治理以及经济利益冲突等方面的分歧很难达成共识；而中欧双方在绿色、数字化发展等多个领域仍然存在共同利益。因此，要在把握中美欧三角关系的基础上应对中欧关系的新变化，管控中美矛盾、善用美欧分歧、强化中欧共识；以互惠合作与共同的发展利益增强中欧关系的向心力，促进中欧合作行稳致远。

关键词：中欧关系；经贸合作；中美欧三角关系；

---

① 刘典，复旦大学中国研究院副研究员、数字一带一路研究中心研究员。

② 赵婧如，中国人民大学重阳金融研究院实习生。

③ 韩泰格，中国人民大学重阳金融研究院实习生。

战略自主；跨大西洋联盟

2021年3月起，中欧关系频频出现摩擦，一系列意识形态纷争打断了自2020年起双边合作持续推进、双边关系趋于稳定的良好态势，呈现出稳中有变、进中有退的新特征。3月8日，英国通信管理局对中国国际电视台（CGTN）实施“制裁”；3月22日，欧盟外长会以“人权”为名对中国新疆4名官员和1个实体实施制裁，随后瑞士良好棉花发展协会（BCI）宣布“抵制”新疆棉花；中国基于对国家利益的维护，第一时间也宣布对欧盟的10名官员与4家实体进行反制裁。3月30日，欧盟议会决定取消对《中欧全面投资协定》的审定会议并冻结这项协定。随后的几个月间，欧盟多次试图就中国内政问题通过反华声明；9月1日，欧洲议会外委会通过涉台报告，违背国际共识与“一个中国”原则，鼓吹发展“对台关系”。

虽然国际环境的变动加速了中欧在政治、经济、文化、安全等不同层次的关系的变化，双边关系出现明显的阶段性调整，但双方继续合作的基础仍然存在。2021年4月7日，习近平主席在与德国总理默克尔的通话中表示，要把握中欧关系大方向与主基调，相互尊重，排除干扰，维护和推动中欧合作健康稳定发展，为世界增添更多确定性和稳定性。[①] 在2021年3月的欧盟视频峰会上，默克尔也公开表示尽管欧盟和美国有一些共同的价值观，但欧盟在对华政策上不会与华

---

① 《习近平同德国总理默克尔通电话》，《人民日报》2021年4月8日。

盛顿保持一致。因此，应正确认识中欧分歧，把握双方关系的主基调，稳定推进中欧合作。

一 国际政治经济形势出现变化，中欧合作进程受阻

2021 年 3 月以来，欧盟对华采取了一系列态度强硬的行为，双方之间的经贸合作与意识形态纷争交织。尽管中欧在政治制度、战略选择等方面上存在矛盾，但这并不意味着欧盟对华政策出现根本性的转变。事实上，自 2019 年 3 月欧盟委员会发布了《欧中战略前景》这一对华政策文件、将中国首次定位为“谈判上的合作伙伴、经济上的竞争者和制度性对手”以来，中欧关系就从快速发展期步入深度调整期，呈现出不同领域不同政策且变化频繁的复杂特征。欧盟既希望在经贸合作、全球治理等方面与中国形成多边主义伙伴关系，又坚持自身在政治制度与意识形态方面的价值观利益，导致双边关系一直处在合作与分歧共存的复杂状态中[①]。而当下，中欧关系中的消极一面频繁显露，主要有来自三方面的原因。

首先，拜登政府上台后美国对外政策的调整是阻碍中欧合作的主要变量。由于对多边主义立场的回归以及对跨大西洋关系的修复，拜登政府将在气候变化、核武器等国际问题上重回国际合作的传统路径，注重与盟友的政策协调；在经贸领域上，拜登政府也会力图推动国际经贸关系回归以规则

---

① 王朔：《互利共赢：中欧关系步入新阶段》，《人民论坛》2020 年第 3 期。

为基础的国际经济秩序与经济合作机制之中，重新引领国际体系的塑造与国际秩序的建构。这与欧洲秉持的“国际主义”“全球化”等价值观保持一致，缩小了特朗普时代美欧在践行国际规范方面的分歧，提升跨大西洋关系的向心力，为美国拉拢欧盟以“人权问题”“安全威胁”等理由对华实施制裁、制造中欧关系波折带来机会。

尽管中欧在某些领域上存在共同的经济利益，但美欧同为西方发达经济体，对于中国崛起引发的权力格局变动与国际经济竞争，采取对抗中国的共同立场维持西方的优势地位，阻碍中国在国际供应链、价值链中的向上转移。因此，欧盟虽然在部分领域中推进与中国的双边贸易投资，但整体上热情有限，会在中国的广阔市场与美国的资本技术优势、中国的新兴产业与西方传统的制度性权力中寻求再平衡，对中欧合作形成阻碍。

其次，中欧在经贸领域相互联系程度的日益加深与务实合作的推进，为双边关系提供了积极的结构性因素。由于新冠疫情的暴发与全球经济的衰退，中国与欧盟在双方都为了全球公共卫生的治理、多边主义国际秩序的维护作出重大贡献的基础上，继续在绿色发展、数字经济等经贸领域推进了一系列互利互惠的双边合作，并于 2021 年 12 月 30 日签订《中欧全面投资协定》。抗疫合作增强了双方的政治经济互信，中欧双边经贸关系也得到深化①。2020 年，在疫情暴发的情况下，中国对欧盟出口近 2.7 万亿元，同比增长 7.2%；自欧盟

---

① 冯仲平:《中欧关系“大年”要有“大考”意识》,《现代国际关系》2020 年第 1 期。

进口近1.8万亿元，同比增长2.6%；截至2021年7月，中国与欧盟的双边贸易额为2.96万亿元，同比增长23.4%，对维持疫情期间的社会稳定、促进经济恢复具有重大作用[①]。

双方在经贸领域的关系深化意味着欧盟对中国的经济发展持有的态度以及面对中欧分歧采取的手段，将不会与美国完全保持一致。欧盟本质上希望将中国吸纳到以规则为基础的国际经济秩序中，而不是完全加入美国的反华联盟，将中国排除在国际供应链、价值链之外。德法领导人也在多个场合强调坚持独立的对华政策。因此，欧盟虽然在政治制度、意识形态等与中国长期存在差异的领域挑起纷争，但其政治表态含义大于经济制裁效力，中欧关系不会迅速交恶。[②] 中国与欧盟在经贸领域的共同利益仍然是促进双方保持相互尊重、推进双边合作的有利因素。

最后，疫情的反复催生出许多新领域成为影响国家发展的重点与大国博弈的焦点，也会对中欧合作带来挑战。疫苗分配、数字经济等关键议题成为大国竞争的焦点。一方面来看，由于疫情催生了对线上经济的需求，数据的资源性、价值性进一步凸显，欧洲对本土数字市场与数据资源采取更严格的规范和保护主义规制，对中欧在数据跨境流动、数字贸易、新型基础设施建设方面的合作带来阻碍。另一方面，由于中国疫苗研发为多个国家抗击疫情提供了有力的援助，对以美国为代表的西方国家作为国际产品的提供者与国际秩序

---

① 《中国2020年成为欧盟最大贸易伙伴》，2021年2月18日，商务部网站，http://www.mofcom.gov.cn/article/i/jyjl/e/202102/20210203039087.shtml。

② 张利华：《欧盟对华政策的“不变”与“变”》，《人民论坛·学术前沿》2020年第12期。

的引领者的地位带来挑战。为了维护西方的国际话语权优势，美国将中国的疫苗援助视为地缘政治武器并在舆论上进行政治污名化攻击，不利于中欧之间的抗疫合作。

二 把握中美欧新三角关系，营造中欧合作有利外部环境

中欧关系之所以呈现出不同领域不同态势、政策波动频繁的复杂特征，在于美国这个影响中欧关系的重要因素。推动中欧双边合作进展需要把握当下中美欧之间的新三角关系。2016 年特朗普主政之后，其单边主义、美国优先的战略立场，导致美国在对待盟友的方式上出现重大转变，美欧关系急转直下。因此欧盟在经贸、安全、全球治理等多个领域增强对华合作。

当下，中美关系面临挑战、美国对外政策发生转变是中欧关系产生不确定性的源头①。随着拜登政府入主白宫，美国在“人权”、南海等传统问题上将会增加对华压力，中美关系面临的挑战将在不同于特朗普时代的领域中展现出来。美国意图通过修复大西洋关系，增强与欧盟对华政策的协调性，形成打压中国的合力②。但由于中欧在绿色能源、数字化发展等多个领域仍然存在共同利益，面临经济发展与社会治理双重压力的欧盟又会保持一定的战略独立性，中美欧新三角关系将会呈现出一定的不确定性。

---

① 张骥：《欧盟如何才能尽快找准战略定位》，《环球时报》2020 年 7 月 24 日。

② 张健：《欧美关系走向及其对中欧关系的影响》，《现代国际关系》2020 年第 12 期。

从根本上来说，基于大西洋主义的美欧关系依然稳固，不会仅仅因为来自外部的经济利益而崩解。美国与欧盟在安全领域深度相互依赖、在意识形态价值观方面高度一致，双方需要协同维护西方在国际价值链、产业链中的资本技术优势，以及自由主义意识形态话语在国际价值体系中的主导地位。因此，当中国在快速应对疫情以及援助国际社会协调抗疫的过程中体现出了强大国家治理能力与社会动员水平优势，对西方意识形态和自由主义制度的所谓“普世性”和“优越性”形成挑战，欧盟无论从维护自身权力、保持国际地位的角度主动为之，还是受到美国在安全防务问题上的战略压力而被动为之，都会在一定程度上配合美国对中国的打压，对中欧伙伴关系造成逆向压力。

但拜登政府的上台及对外政策的调整，短时间内无法弥合“单边主义”“美国优先”等特朗普主义政策对大西洋关系造成的实质性伤害。一方面来看，在过去的几年中，特朗普政府接二连三的行为展现出为了本土利益的最大化，美国会不惜以邻为壑损害盟友的利益、转嫁国内治理危机；跨大西洋关系暴露出美国面对自身利益时容易变化且缺乏持续性合作的短板，损伤了政治经济互信的根基。拜登上台后的美国在修复美欧关系的同时，也在利用欧盟作为其反华战略的战术先锋，消耗欧盟实力，不符合欧洲所追求的“战略自主”“欧洲主权”等目标。

另外，美欧之间在经济领域的竞争也难以消解。欧盟希望通过发展数字经济来增强参与国际经济竞争的核心实力，提升国际影响力，因此持续推进数字与技术主权政策，发布了《欧洲数据主权》《人工智能白皮书》等多部重要文件，力图增强对本土数字市场的控制权，推动欧盟数字企业的发展、数字技术的创新与数字经济的增长[①]。这与美国近年来频频收购欧盟本土的新兴公司，以维持谷歌、苹果、亚马逊等来自美国的大型科技公司在欧盟数字市场形成的垄断地位与数字霸权的战略形成冲突。

数字经济也是中欧增进双边合作的机遇。在疫情反复的背景下，消费习惯和生活观念的转变将推动各国经济的数字化转型，对网络基础设施和数字技术能力也提出更高要求。中国与欧盟作为主要的数字经济体，在数据跨境流动、数字贸易、数字技术标准方面展开合作，不仅可以提升双方的数字经济竞争力，同时将有助于形成更公平、开放的数字时代全球经济治理体系与规则框架，满足双方的发展利益。

因此，新时期的中美欧大三角关系将呈现出竞争与合作频繁切换的不确定性，不会快速形成战略上的对抗。尽管中欧在制度上存在较大差异，但中国具有能够持续性贯彻对外政策的内部政治环境，同时在数据主权、互联网治理、绿色合作等方面与欧洲享有共同的发展利益，深化经贸合作的前景广阔。而美欧方面的根本立场尽管一致，但当下华盛顿留下的鹰派集团成员以及特朗普在全美国的7000万支持者将成为拜登实施“以利益换取地位”的传统建制派精英路线的重要制约。拜登政府的首任四年须在区域主义和本土主义之间，在恢复大国外交风范与保持执政地位稳固之间不断寻求平衡，

---

① 邱静：《中美数字科技博弈中的欧洲策略》，《现代国际关系》2020年第9期。

其多边主义立场以及修复大西洋同盟关系的政策能否保持稳定仍然存疑，欧洲将会汲取特朗普时代的教训，不使自身在美国发生政治变动时再次陷入窘境。

变局之下，把握中美欧新三角、推进中欧合作应该着重处理中美矛盾，从容看待中欧关系波折。欧盟追随美国政策对华施压，其“表态意义”基本大于实际政治意义或宣称的经济制裁效力。中国应保持足够的战略耐心，并给予欧盟一定的调整空间，以包容的姿态处理中欧关系进展中的矛盾。

同时，管控中美矛盾应善用欧美分歧，保持中国经济的战略竞争力与对外吸引力。随着世界经济重心的东移，作为未来最大的世界市场与重要的投资蓝海，中国势必也会在调节中欧、中美关系方面掌握一定的主动权。2020 年在中美关系持续紧张的情况下，所谓的“经济脱钩”“金融脱钩”仍然是雷声大雨点小，美国继续与中国签订经贸协议，维护美国企业在中国市场的利益，继续与欧盟竞争中国市场，而美欧之间的跨大西洋贸易与投资伙伴关系协定反而迟迟未签订。因此，须保证中国自身经济发展良好，坚定实施“双循环战略”，为国际价值链、产业链的稳定运行和转型升级作出重大贡献，才能在调节中美欧三角关系中掌握主动权，为推动中欧合作形成有利的外部环境。

三　保持战略定力，推动中欧关系行稳致远

如何在变中求新，把握中美欧新三角关系的特征，稳中求进，推动中欧关系实现良性发展，是面对 2021 年中欧关系

陷入频频风波应着重思考的问题。

推进中欧合作需要明确中欧之间互为重要的战略市场，用共同利益凝聚合作共识。随着国际格局的变动，欧盟希望增强自身在国际社会中的力量，追求“战略自主”“经济主权”，提出了一系列增强本土经济竞争力的战略规划。中方应发挥自身能动性，在绿色合作、数字领域等方面深化双边合作，推动贸易投资的自由化便利化，以更高水平、更深层次的制度型开放夯实双边经贸合作的基础，彰显中国广阔的消费市场与齐全的生产体系为欧洲发展带来的经济红利[①]，从而增进欧盟对华立场的连贯性、一致性。

同时，面对欧盟在“人权”等意识形态问题上对华日趋强硬的态度，中国应该有理有节，把握双方关系的合作主基调。尽管在中美博弈加剧、美国示好欧盟的情况下，欧盟为了本土利益的最大化，采取了在意识形态上日趋强硬，在经济层面有利则柔、无利则刚的“政经分离”策略，但这并不意味着欧盟对华政策出现根本性转变，中欧关系发展的主基调依然是合作大于分歧。面对中欧关系在不同领域上不同态度态势的多层次、复杂性特征，需要避免意识形态这种长期存在的制度性差异成为阻挡中欧合作的绊脚石。在被触及核心利益时，中国要勇于实施精准的反制裁，但更应强调中国与欧盟在促进全球治理、维护国际安全、推动多边主义等方面的共同立场。中欧在自由贸易、绿色发展、气候治理等具体问题方面具有深厚共识，双方应共同为促进全球治理，推

---

① 张利华：《欧盟对中国政策立场新动向及应对建议》，《人民论坛·学术前沿》2020 年 7 月 23 日。

进世界的多极化发展，捍卫多边主义的全球秩序贡献力量①。

欧盟一直在世界事务中扮演重要角色，在全球局势变化中保持一定的独立与自主。因此推动中欧合作并不意味着中欧关系需要从根本上转型为伙伴，在中国或美国“选边站”。要避免采用“非友即敌”的简单线性逻辑，仅仅因为当下在部分领域出现波折就否认双方增进合作的可能性。中国应该以经贸利益凝聚合作共识，推进务实合作；同时通过做大蛋糕、增强自身经济实力的方式增强议价能力，拿捏外交分寸，以积极推进务实合作为主、开展原则性斗争为辅；引导欧盟对中欧关系“站高看远”，以互惠合作与共同的发展利益增强中欧关系的向心力。

① 冯存万：《全球治理变化与中欧合作拓新》，《国际论坛》2020 年第 1 期。

中欧经贸合作为世界经济复苏和增长注入信心与动力

李　罡[①]

内容摘要：在贸易保护主义抬头的背景下，中国继续全面提高对外开放水平，推动形成以国内大循环为主体、国内国际双循环相互促进的新发展格局，打通了世界各国共享中国市场的渠道。中欧加强合作，促进两大力量、两大市场、两大文明的紧密结合，不仅有助于双方经济互补、发挥各自比较优势、提升民众生活水平，也将为世界经济注入信心与活力，促进疫情冲击下的世界经济的复苏与增长。在看到中欧利益融合点的同时，也要看到双方经济的竞争性和利益分歧。尽管中欧经贸关系发展中面临诸多风险和挑战，但中欧经贸关系发展前景光明，双方在贸易投资、金融货币、高新技术、绿

---

① 李罡，经济学博士，温州大学商学院副研究员，温州大学瓯江特聘教授，温州市“瓯越海智”市级人才。曾在中国驻德国大使馆从事外交工作，二等秘书衔。现在墨西哥中国文化中心从事对外文化交流工作。

色低碳、全球治理等领域拥有广阔的合作空间。双方应携手合作，有效化解各种风险与挑战，推动中欧经贸关系的深化和发展。

关键词：中欧经贸合作；经济复苏；增长；信心

回顾中欧关系发展，双方已建立起60多个对话机制，合作领域涵盖政治、经济、文化、科技、社会等80多个领域。从目前的情况来看，中欧关系呈现出以下几个特点：经贸关系是中欧关系的主体；贸易关系日益密切，但摩擦不断；双向投资增长迅猛，但彼此投资占各自对外直接投资的比重较小，提升空间巨大；由于意识形态、价值观、文化等方面的差异，双方在政治、人文交流、全球治理等方面的合作还不够深入。在中欧关系发展中，经贸关系是中欧关系的主体和稳定器。疫情冲击下，中欧贸易逆势增长，2020年中国首次超越美国成为欧盟最大贸易伙伴。中欧双方的相互投资也在增长，体现了中欧经贸关系的韧性。中欧经贸合作为疫情冲击下的世界经济注入信心与动力。中欧经贸关系虽然发展迅猛，但也存在一些不利因素，构建持续稳定的中欧经贸关系仍存在诸多挑战。

一 中国缘何成为世界经济复苏和增长的引擎

2019年，新冠疫情在世界范围内暴发流行，封锁与隔离措施对世界各国经济造成严重冲击。目前，全球经济仍然面临供应链中断、疫情不确定性增大、全球各经济体增长分化等风险。国际货币基金组织（IMF）在2021年10月12日《全球经济展望报告》中将2021年全球经济增速预期小幅下调0.1个百分点至5.9%。具体来看，2021年，发达经济体经济预计增长5.2%，较7月份预测值下调0.4个百分点；新兴市场和发展中经济体经济预计增长6.4%，较7月份预测值上调0.1个百分点。[①] 中国经济预计增长8%，不仅高于世界经济的平均增速，也高于发展中国家经济的平均增速。根据国际货币基金组织发布的数据，2020年全球经济萎缩3.1%，而中国经济逆势实现2.3%的正增长[②]，成为全球唯一一个实现正增长的主要经济体。面临疫情冲击，中国经济“一枝独秀”，成为世界经济复苏和增长的重要引擎和动力最足的火车头，其原因值得分析和探究。

第一，经济的长期稳定增长为中国成为世界经济增长引擎奠定了坚实基础。改革开放以后，中国经济以年均10%以上的速度保持持续高速增长，取得了举世瞩目的成就。2008年国际金融危机爆发后，世界主要经济体增速明显放缓甚至出现衰退，中国经济依然保持了相当高的增速并率先回升，成为带动世界经济复苏的重要引擎。近年来，中国经济进入以中低速增长为主要特征的新常态，但新常态下的中国经济增长率依然远高于世界经济的平均增长水平，中国经济仍然是世界经济增长的主要拉动力量。根据中国国家统计局的数据，2019年中国GDP总量达到98.7万亿元人民币，占世界

① The IMF staff, *World Economic Outlook—Recovery During a Pandemic Health Concerns, Supply Disruptions, and Price Pressures*, International Monetary Fund, October 2021, p. 6.

② The IMF staff, *World Economic Outlook—Recovery During a Pandemic Health Concerns, Supply Disruptions, and Price Pressures*, International Monetary Fund, October 2021, p. 6.

经济总量的比重超过16%，中国经济增长对世界经济增长的贡献率达到30%左右。2020年，面对疫情冲击，中国经济展现强大韧性和活力，经济总量达到101.6万亿元，突破100万亿元大关。①

第二，中国医疗物资助力疫情国家抗疫渡难关。“中国制造”源源不断地为世界各国提供物美价廉的工业产品和医疗物资。面对医疗防控物资“全球告急”的局面，中国产业链上下游及时联动，复工、扩产、转产、跨界，防疫物资产能迅速跃升。中国作为全世界最大和拥有完整全产业链的国家，为全世界生产和出口了最多的口罩、呼吸机和防护设备。

第三，中国经济复工复产为世界经济复苏注入信心。面对疫情，中国采取了果断有效的措施，取得了抗疫斗争重大战略成果，生产经营活动快速恢复，适时复工复产降低了疫情对经济造成的冲击，在世界主要经济体中率先实现了正增长。中国全面复工复产，加快恢复正常的生产生活秩序，不仅为全球产业链、供应链作定作出了积极贡献，更为世界经济的复苏带来了希望，为全球经济复苏注入了信心与能量。

第四，中国进口成为世界各国共享中国市场的渠道，有力推动了世界需求的扩大。随着中国经济的发展和人民生活水平的提高，中国的进口需求迅速扩大，为国际贸易繁荣和世界经济的复苏做出越来越大的贡献。在疫情防控常态化背景下，中国积极推动世界经贸合作早日恢复正常，以有效提振世界总需求。自2018年以来，中国已连续三年成功举办进

---

① 《中华人民共和国2020年国民经济和社会发展统计公报》，2021年2月28日，国家统计局网站，http：//www.stats.gov.cn/tjsj/zxfb/202102/t20210227_1814154.html。

口博览会，主动向世界开放市场，有力推动了开放型世界经济的复苏和增长。2018 年，习近平主席在首届中国国际进口博览会上预测，未来 15 年，中国进口服务将超过 10 万亿美元。疫情暴发后，中国继续全面提高对外开放水平，推动形成以国内大循环为主体、国内国际双循环相互促进的新发展格局，打通了世界各国共享中国市场的渠道。

第五，优化外商投资环境为外国企业创造商机与便利。2020 年 1 月 1 日起，《中华人民共和国外商投资法》及其实施条例施行。2020 年 4 月 1 日起，证券公司外资股比限制取消。中国在世界银行《2020 年全球营商环境报告》中的排名从第 78 位（2017 年）跃升至第 31 位（2019 年），连续两年进入全球营商环境改善最快的十个经济体之列。营商环境的改善提升了中国对外资的吸引力，为外国企业创造了投资便利和机会，有利于外资企业度过疫情寒冬。

二 中欧经贸合作为世界经济注入信心与动力

中国是世界上最大的发展中国家和新兴经济体，欧盟是最大的发达国家集团，中欧都是国际舞台上的重要一极。中国和欧盟国家的面积加在一起，约占世界的 1/10，人口加起来，约占世界的 1/4，经济总量之和约占世界经济总量的 1/3。中欧加强合作，促进两大力量、两大市场、两大文明的紧密结合，不仅有助于双方经济互补、发挥各自比较优势、提升民众生活水平，也将为世界经济注入信心与活力，促进疫情冲击下的世界经济的复苏与增长。

从贸易关系来看，中国和欧盟互为重要的贸易伙伴。截至 2019 年，欧盟连续 15 年为中国第一大贸易伙伴和进口来源地，中国连续 14 年为欧盟第二大贸易伙伴和第一大进口来源地。[①] 2020 年，在全球经济下行压力加大的背景下，中欧双边贸易逆势而上，再创新高。欧盟统计局发布的数据显示，2020 年，中国首次超越美国，成为欧盟的第一大贸易伙伴。2020 年，欧盟对华出口货物 2030 亿欧元，增长 2.2%。[②] 欧盟从中国进口货物 3830 亿欧元，增长 5.6%。[③] 中欧货物贸易总额达到 5860 亿欧元。[④]

从投资关系来看，中欧双向投资增长迅猛。中欧建交初期相互投资几乎为零，20 世纪 90 年代大量欧洲企业开始赴华投资。自 2008 年以来，中国对欧投资一直保持较快增速，投资方式不断创新，行业和领域不断拓宽。2014 年中国对欧非金融类直接投资 98.5 亿美元，首次超过欧盟对华投资，标志着中欧双向投资关系的实质性变化。

商务部发布的《2020 年度中国对外直接投资统计公报》发布的数据显示，截至 2020 年年底，中国在发达经济体的直接投资存量为 2539 亿美元，占中国对外直接投资存量总额的

---

① 中国驻欧盟使团：《数说中欧经贸关系》，第 1 页，http://images.mofcom.gov.cn/eu/202003/20200306183209342.pdf。

② 2020 年，欧盟对华货物出口额占欧盟货物出口总额的 10.5%，中国是欧盟的第三大货物出口市场。美国和英国分别是欧盟货物第一和第二大货物出口市场，欧盟与两国的货物出口贸易额占欧盟货物出口总额的比重分别是 18.3%、14.4%。

③ 2020 年，欧盟从中国进口货物额占欧盟货物进口总额的 22.4%，中国是欧盟第一大货物进口来源地。美国和英国分别是欧盟第二大和第三大货物进口来源地，欧盟与两国货物进口贸易额占欧盟货物进口总额的比重分别为 11.8% 和 9.8%。

④ Eurostat, *China-EU international trade in goods statistics*, https://ec.europa.eu/eurostat/statistics-explained/index.php?title=China-EU_-_international_trade_in_goods_statistics.

9.8%。其中，中国在欧盟的直接投资存量达830.2亿美元，占中国在发达经济体直接投资存量的32.7%。[①] 在发达经济体中，欧盟成为中国最重要的投资目的地。[②] 从投资流量来看，2020年，中国对欧盟的投资流量达100.99亿美元，同比增长5.2%，占当年中国直接投资流量总额的6.6%。截至2020年年底，中国共在欧盟设立直接投资企业近2800家，覆盖欧盟的全部27个成员国，雇用外方员工近25万人。[③]

三 中欧经贸关系面临的风险与挑战

在看到中欧利益融合点的同时，也要看到双方经济的竞争性和利益分歧。中欧经贸关系发展中还面临着诸多挑战和掣肘，主要表现在以下几个方面。

第一，欧洲质疑中国—中东欧国家合作机制。随着中国在欧洲特别是中东欧国家基础设施领域投资的增加，德国、法国等欧洲核心国家担心中国会垄断欧洲基础设施建设市场，挤占其在欧洲基础设施投资领域的空间。

第二，欧洲对华贸易保护主义倾向增强。欧洲制造业和出口大国德国担心中国商品在欧洲倾销，抢占其产品出口市

---

① 中华人民共和国商务部等编：《2020年度中国对外直接投资统计公报》，中国商务出版社2021年版，第23页。

② 在发达经济体中，美国、澳大利亚、英国、加拿大也是中国海外直接投资的重要目的地。2020年，中国在上述四国直接投资存量分别为800.5亿美元、344.4亿美元、176.5亿美元、124.9亿美元，占中国在发达经济体中投资存量总额的比重分别为31.5%、13.6%、7%、4.9%。

③ 中华人民共和国商务部等编：《2020年度中国对外直接投资统计公报》，中国商务出版社2021年版，第37页。

场。近年来，欧盟频频发起对中国钢铁产品和光伏产品的反倾销调查，说明双方在贸易方面存在利益分歧。德国钢铁行业是反对给予中国市场经济地位的重要力量，他们主要担心中国钢铁产品对德国钢铁产业造成严重冲击。德国担心中国制造业强大后威胁和动摇德国制造业的优势地位，担心中国将在原材料进口、新产品研发、技术创新方面与德国形成竞争。

第三，对中国企业在欧投资持怀疑和警惕态度。近年来，欧盟逐渐加强对中国企业在欧并购行为的控制和监管，投资保护主义倾向明显增强。就欧洲企业在华投资而言，部分欧洲国家政要和商界人士抱怨“欧洲企业在华投资经营受到不公平待遇”，甚至声称中国的投资环境正在不断恶化。一些媒体和智库在中欧投资关系摩擦中起到了推波助澜的作用。

第四，经贸关系的政治化倾向加剧，欧美联合制华初露端倪。中欧在意识形态、价值观等问题上存在一些分歧，这些分歧令双方政治互信仍显脆弱，欧洲在有些问题上存在联美制华倾向，掣肘中欧关系的发展。2019 年 3 月，欧盟出台对华政策文件，给中欧关系做了一个新的定位，即伙伴、竞争者和制度性对手。将中国视为国际舞台中的竞争者和对手。欧美国家保持着长期的盟友关系，拥有相似的价值观、意识形态和政治制度，在全球重大问题上仍然是坚定的盟友。近年来，欧美达成钢铝协议，加强在出口管制、人工智能和半导体等关键产品供应链的合作，显现出欧美合流、联合制华的迹象。

第五，欧洲民众对中国的了解和认知度不高，负面评价较多。德国全球与区域问题研究所（GIGA）在一份题为《欧洲对中国的认知及其对中国的影响》（Europe's Perceptions of China and its Impact on China-Europe Relations）的报告中就欧洲国家民众对中欧关系的认知调查结果进行归纳比较，得出以下结论：大多数欧洲国家认为中国在制定外交政策时没有考虑欧洲利益；只有大约40%的欧洲民众认为中国和欧盟在国际合作中存在共同利益；多数欧洲民众认为中国既不是欧洲的敌人也不是欧洲的伙伴，只有希腊、东欧国家和德国民众将中国视为伙伴的比重较高。由华为（德国）公司资助，德国全球与区域研究所（GIGA）、杜伊斯堡—埃森大学和民意调查机构（TNS Emnid）合作完成的研究报告《德国和中国：感知与现实——华为研究2016》显示，只有24%的德国受访者对中国的总体形象持积极看法，43%的德国受访者看法中性，32%的受访者看法消极。

四 中欧经贸合作的前景与方向

中欧经贸关系发展尽管面临诸多挑战，但中欧双方合作空间巨大，发展前景光明。双方应在以下几个方面共同努力，推动双向开放，发挥世界经济“双引擎”作用，拉动世界经济的复苏与增长。

第一，继续推进中欧经贸合作，加快落实《中欧全面投资协定》谈判成果，尽快启动中欧自贸区可行性研究。随着中欧双方经贸合作规模的不断扩大，出现贸易摩擦是正常现象。关键是双方要积极探索通过对话与磋商妥善处理贸易分歧的机制，避免动辄滥用贸易救济措施而导致“双输”局面。

中欧双方在基础设施、产业升级、科技创新、绿色发展，特别是城镇一体化方面有着众多利益契合点，相互投资的空间和潜力巨大。欧洲部分国家和政治家应该摒弃“制度性对手”“过度依赖中国”等错误理念。中欧双方应该本着务实合作的态度加快落实中欧全面投资协定谈判成果，为中欧双方企业投资和中欧经贸关系的发展提供制度上的保障。

第二，加强科技领域的合作，推动中国产业升级，为欧洲经济增长注入活力。欧盟一直对华高新技术出口采取严格管制，中欧双边高新技术贸易增长潜力未能得到充分发挥。如果欧盟切实降低对新能源、新材料、节能环保、绿色低碳等中国目前发展所迫切需要的高新技术的出口限制，使欧盟的科技创新与中国的广阔市场结合起来，不仅会促进中国的产业结构升级和经济发展模式的转型，也会给疫情冲击下的欧洲经济注入新的活力。

第三，加深金融货币领域的合作，维持欧元稳定，助推人民币国际化进程。债务危机是欧洲一体化进程中面临的最严峻考验，在这个关键时刻，中国一直坚定地支持欧元和欧洲经济一体化。中国通过购买债券、增加进口等方式，为欧盟提供了力所能及的帮助，对欧元度过最艰难的时刻起到了积极作用。中欧货币金融合作的深化也有利于推进人民币国际化进程。因此，继续深化中欧金融合作是今后中欧关系发展的一大亮点，中国可以利用欧洲金融中心完善的金融基础设施推进人民币国际化，欧洲主要金融中心也可以利用人民币提升自身的影响力。

第四，中欧在绿色低碳发展领域合作前景广阔。中欧在应对气候变化领域长期保持友好合作，都致力于打造高质量的绿色低碳发展模式。双方在能源转型、碳排放交易体系、科研创新、绿色金融等领域具有很强的合作互补性，在气候治理、促进绿色发展等方面拥有巨大合作潜力。中欧双方将密切合作，共同推动应对气候变化的多边机制建设。

第五，深化人文交流，在中欧之间架设心灵之桥。人文交流与合作虽然已经超出了经贸合作的范畴，但它是两国关系发展的灵魂，是经贸关系持续健康发展的保障。中欧在价值观、意识形态上存在巨大差异，这也是中欧间产生误解、互不信任的根源。两个人只有相互了解、相互理解，才能成为真正的朋友。加强人文社会领域的合作有利于中欧由陌生的朋友变成真正的朋友。

第六，中国和欧盟继续加强在全球经济治理方面的合作。中国与欧盟同为全球经济治理改革的积极倡导者，在全球经济治理方面存在诸多共同立场。中欧双方应共同推动 G20 成为全球经济治理的主要平台，推进 G20 的制度化建设；中欧应共同推动国际金融机构改革，促进货币体系多元化，改变美元独大的不合理局面，努力构建有利于世界经济健康发展的国际货币制度；作为全球贸易体系的重要成员，中国和欧盟是全球自由贸易的积极倡导者，将在全球贸易规则制定中加强合作，反对任何形式的贸易保护主义，共同维护多边主义和自由贸易体制，共同建设开放型世界经济，共同应对人类社会发展面临的旧问题和新挑战，为不确定性日益突出的世界注入稳定性。

制裁风波后，中欧关系何去何从①

赵永升②　王昭瑾③

内容摘要：随着特朗普时代的中美、美欧贸易纷争落下帷幕，2021 年可谓中国、美国和欧盟三方关系的重启之年。作为中欧关系的风向标，《中欧全面投资协定》从 2020 年岁末加速达成到三月份因"新疆棉"事件受阻，再到此后经中欧双方领导人数次努力重启而暂且未果，其背后有着深刻的中美、美欧和中欧三重关系演变的背景。本文从梳理拜登就任以来中、美、欧三角关系的变化入手，探讨中欧关系的战略基本面与可能的冲突点，以及中欧投资协定之一波三折所带来的启示。

关键词：中欧投资协定；中欧关系；中美欧三重

① 本文研究获得北京市社会科学基金项目（批准号：21LLYJB091）、对外经济贸易大学区域国别研究联合专项课题（批准号：LHZX202208）、对外经济贸易大学研究生课程建设或研究生教改项目资助。

② 赵永升，北京市习近平新时代中国特色社会主义研究中心特约研究员、对外经济贸易大学区域国别研究院法国经济研究中心主任、全球创新与治理研究院研究员、金融学教授。

③ 王昭瑾，对外经济贸易大学区域国别研究院法国经济研究中心研究员。

（三角）关系

观察2021年的中欧关系，《中欧全面投资协定》[①] 可谓最有指向意义的风向标。先是2020年岁末，历时7年35轮的中欧谈判如期完成，率先在拜登的全球战略上打开了一个重要缺口。三个月以后，涉及中国主权和核心利益的“新疆棉”事件突然爆发，欧盟于3月17日就所谓“新疆人权问题”对中国四名官员和一个实体实施制裁，中国旋即翻倍回应欧盟制裁。2021年5月20日，因欧洲议会人权分委会及五名议员位列制裁名单，欧洲议会高票冻结了中欧投资协定。尽管法、德两国领导人分别在不同场合表达了对协议的支持。新近接棒欧盟轮值主席国的斯洛文尼亚驻欧盟大使表示有意“解冻”中欧投资协定。但由于欧洲议会不仅人数众多，而且国家、党派分野错综复杂，不同的利益团体对达成协议的迫切程度更是迥异，短期内重启审定仍然渺茫。

不少观察者被这一系列事件的短期烈度所震撼，并将此解读为欧盟对华政策的明显转变，预言中欧关系将急转直下。然而，在笔者看来，中欧在整体上并无不可调和的根本矛盾，无非是随着贸易摩擦以来中美关系的变化而不可避免地呈现出若干局部冲突。尽管《协定》暂时受阻，但中美之争的序幕也才徐徐拉开，欧洲在未来很长一段时间仍然会在中美竞争中扮演重要角色。

---

① 《中欧全面投资协定》（CAI）：欧方名为“欧中全面投资协定”，下文简称为“中欧投资协定”或《协定》。

一 《协定》的中美关系背景

被美国国务卿布林肯描述为“未来世界最重要的双边关系”的中美关系，其实也是所有国际关系中的主线关系，是有效分析中欧关系必须准确把握的背景信息。

总体而言，中美关系经过特朗普时期跌宕起伏的相互试探和密集对抗，至今已进入一定程度的“战略相持”阶段。美国国务卿布林肯在上任后的首次外交政策发布会上，将疫情后的中美关系定义为“竞争、合作、对抗”[①] 三个基本点，新任贸易代表戴琪高度评价并很大程度上继承前任莱特希泽的对华贸易政策。

如此这般，中美之间新常态的框架结构便已基本奠定——即既不可能回到21世纪最初十年的“蜜月期”，也不会走向美苏之间铜墙铁壁般的脱钩和冷战；而是在保持沟通和对话的基础上，在各个领域尤其是高科技领域展开激烈的长期竞争，同时不排除局部冲突的可能性。只是在不同的时段和领域，三者所占比重有所不同，且无论竞争还是对抗都难以在短期内决出胜负。

而在中美即将长期相持、竞争和不乏冲突风险的情况下，欧盟作为中美之间最大国家集团的战略地位得以凸显，成为足以对中美竞争态势构成显著影响的、处境微妙的第三种

---

① 参见2021年1月27日美国国务卿布林肯的首次外交政策新闻发布会，美国驻俄大使馆和领事馆网站，https：//ru. usembassy. gov/secretary – antony – j – blinken – at – a – press – availability/。

力量。

中美欧三方显然都清晰地意识到这一点。因此，中欧、美欧关系在过去短短几个月的时间里几度反复、震荡和调整；在特朗普时代的贸易摩擦中冷眼旁观、左右摇摆的欧洲各国，都或主动或被动地被裹挟进入一个“中美再平衡”的过程中。

二 《协定》的美欧关系背景

当美国新政府走上正轨，便不可避免地开始寻求对欧洲以及中欧关系施加影响。此后一系列围绕《协定》发生的变化都有着深刻的美欧关系背景。在笔者看来，在拜登“联合盟友”的总体思路下，美国至少在以下三个重大问题上对欧盟做出让步或提供了关键配合。

一是在欧洲议会冻结中欧投资协议前一天的 5 月 19 日，美国突然豁免了此前一直宣称的对“北溪二号”天然气管道项目相关企业及其 CEO 的制裁。虽然也有分析将其解读为美国在“木已成舟”时的“顺坡下驴”，但笔者认为这一项目因牵涉西方传统的共同对手俄罗斯，一直以来都是美欧之间冲突的焦点，美国的让步仍有明显的风向标意义。

二是 6 月 5 日在伦敦落幕的七国集团（G7）财长会议所达成的至少 15% 的“全球最低企业税”主要涉及美国数字科技巨头。该议案由美国提出，意在阻止美国企业将总部迁往税率较低的国家，防止其他低税率国家从这些公司的海外利润中分一杯羹。在此之前，德法意等欧洲国家早在特朗普时期就已提议“数字服务税”[①] 并竭力推动，以 GAFAM（谷歌、亚马逊、脸书、苹果、微软）[②] 为代表的美国科技巨头是主要征管对象。美国政府作为科技资本的代表，无疑是在此类税收全球协调行动的主要障碍，尽管后来以法国为首的欧盟在法美“数字税之争”中暂得先机[③]。

三是美欧开始着手清理特朗普时期埋下的关税争端。先是美国于 5 月 17 日抢在拜登访欧之前宣布暂缓原定于 6 月 1 日生效的针对美钢铝关税的反制举措。同一天，欧盟同意推迟对约 36 亿欧元的、包括威士忌、摩托车和轮船等的美国出口商品加征 50% 的报复性关税。拜登访欧后的 6 月 15 日，双方又就由来已久的波音和空客航空补贴争端发表声明，称在未来五年彼此暂停征收报复性关税，预计涉及金额 110.5 亿美元（约合人民币 740 亿元）。

三　中欧关系的战略基础

总体而言，“从蜜月走向竞合”是过去三十年里中、西方关系的主线。这一趋势由两个因素促成：一是中国在经济、军事、文化和制度等多领域的快速发展；二是以美国为首的西方世界的两个传统敌对力量——苏联/俄罗斯和恐怖组织的

---

① 数字服务税，下文简称“数字税”。

② GAFAM 是对美国谷歌、亚马逊、脸书、苹果和微软五大科技巨头的常规首字母简称。需要说明的是脸书刚更名为 Meta（元宇宙），对五大巨头的简称也将会发生相应的变化。由于新的简称尚未出台，本文暂时使用原先的简称。

③ 赵永升：《试析法国对美数字税之争的策略》，《现代国际关系》2021 年第 9 期，第36—43 页。

严重衰落。因此，随着2014年俄罗斯因克里米亚危机陷入西方制裁，其国内经济过于单薄、严重依赖石油出口；2015年本·拉登被击毙，中国与以美欧为代表的西方世界，在此后很长一段时间的基本格局便已奠定。

倘若说这一基本格局的转变，在中美之间体现为奥巴马执政后期的“亚太再平衡”战略，那么在中欧之间则迟至2019年习近平主席访欧期间才随着意大利加入“一带一路”倡议的消息瞬间发酵。而这才是中欧关系的真正转折点——意大利是G7成员国、欧洲第三大经济体、欧共体的六个创始国之一。同时，意大利也是被欧债危机深度波及的“欧洲南方国家”① 的代表，其经济规模及至新冠疫情暴发前的2019年，仍未恢复至欧债危机前的水平；且与欧盟的主导者德国在纾困计划、债务红线、财政预算审议等多个领域冲突不断。这才有包括法国总统马克龙在内的欧洲官员，在多个场合将中国称为“竞争对手”。毕竟意大利加入“一带一路”，对欧洲尤其是德法两国的震撼可谓“切肤之痛”。

随着上述两个趋势性因素的推进，如果说中欧之间的确存在若干冲突点，但其冲突的广度与深度，尤其较之与美国及其亚太盟友之间，则极为有限且完全可控。在2011年发布的界定中国核心利益的白皮书中，中国的核心利益被表述为“国家主权、国家安全、领土完整、国家统一，中国宪法确立的国家政治制度和社会大局稳定，经济社会可持续发展的基

① 本文将欧洲按照东南西北一分为四：欧洲东方、南方、西方和北方国家，因而文中的“欧洲南方国家”与传统的“南欧国家”二者概念不甚相同。

本保障”[1]。这与中欧关系涉及的领域鲜有交集。基于对美苏冷战的深刻记忆，人们似乎习惯于在一定语境下，仍然将欧洲视为所谓与美国“拥有共同价值观的”传统盟友[2]。

然而，这一点实则在近年已经发生了根本性变化。这固然与美国前总统特朗普在“美国优先”的旗帜下与欧洲多国产生摩擦、退出国际组织、因北约军费问题与德国屡次冲突有关，更重要的是，欧洲与美国在冷战中的“铁杆”盟友关系，是基于欧洲在地缘政治上处于美苏冲突最前沿这一不可改变的事实。尤其是西柏林还处于苏东阵营的包围中，欧洲全境都直接暴露在苏联的核威慑之下。而其中经济实力最强的德国，又限于战败国的身份，无法形成独立的国防而不得不仰仗美国的力量。因而，笔者认为所谓的“美欧联盟”实属不得已而为之之策。但其实美欧分歧的萌芽早在冷战期间便已初现端倪——当时便有诸多欧洲学者质疑美国是否会真正遵守北约协议，即在欧洲盟友受到苏联攻击时冒着引发第三次世界大战甚至核战的危险为欧洲提供保护。但欧洲在美苏其他冲突的裹挟下所面临的核威胁，却不能不说是真实存在的现实。

而在当今世界最主要的双边关系——中美关系的前沿领域，之于欧洲都是或地理遥远或无直接竞争。尽管欧洲并未作为一个整体明确表述自己的核心利益，但综合欧盟委员会以及德、法两国领导人在不同场合的诸多表述，笔者倾向于认为，欧洲的核心利益更在于加速内部整合与一体化进程，

---

① 国务院新闻办公室：《中国的和平发展》白皮书，2011 年 9 月。

② 菲利普·赫尔佐格（Philippe Herzog）：《为了欧洲民主的宣言》，1999 年。

强化欧盟作为一个不依附于中美任何一方的独立、统一的单独实体参与国际事务的能力。这也是在此前的中美贸易摩擦中，即使在美国前国务卿佩蓬奥多次喊话施压的情况下，欧洲也极力保持中立、避免在包括华为在内的多个中美直接冲突的议题上选边站的根本原由。

四 从《协定》受阻看中欧关系之挑战

在上述中欧关系的大背景下，《协定》的达成本是符合双方利益之举，但其随后的发展却是在一系列无关事件的干扰下迅速陷入停滞，足以揭示这一时期中欧关系可能的局部冲突的根源。

一是欧盟在中美之间的权衡失度。须知欧洲跟随美国以“人权”为名对中国宣布“制裁”之时，也是美欧关系重塑的关键时刻。特朗普时期跌入冰点的美欧关系亟待修复，而新任美国总统拜登早在竞选期间便对“联合欧洲盟友”多次释放善意信号。彼时，由于美欧之间在关税、北约军费、“北溪二号”天然气管道项目等议题上的外交序幕即将拉开，面对美国发起的对子虚乌有的所谓“中国新疆人权问题”的责难，欧洲显然在权衡之下选择了“有限配合”，但又同时希望通过谨慎选择制裁数目以避免与中国的冲突。欧盟在这一背景下所谓的“制裁”，更是对多次示好的美国新政府的姿态性回应，却又对中方的反制应对严重估计不足。

二是欧盟政治所固有的“政治正确”。由于所谓“人权”的概念根植于欧洲近代文艺复兴以来一段最为辉煌和荣耀的历史，也自然随着历史的发展沉淀为一种工具性的政治正确，并在很多情况下成为政治和外交灵活性的阻碍因素。这一点在背负第二次世界大战遗产的德国尤为突出。以殷鉴不远的难民危机为例，须知直至 2014 年访问一所学校时，面对一位叙利亚女孩把亲人接到德国的请求，总理默克尔仍然表现出极为理性的态度，称德国不可能无条件接受全部的难民。而随着 2015 年 9 月一张叙利亚 3 岁小难民伏尸海滩照片在网络蔓延，默克尔的态度突然转向，称“我们可以做到”。随后，整个德国乃至欧洲都在这一政治正确的裹挟下陷入一场至今难以弥合的灾难和分裂，但这显然并非德国高层的本意。

三是中美之争的大环境以及中美欧之间的制度与文化差异，都使得中欧、美欧关系极易在第三方的干扰下陷入无谓的局部纷争。如果说中美双方在宏观上都对欧洲的重要性有着清醒的认识，但在微观上，由于欧盟并非一个传统意义的主权国家，而是一个既相同也不同、既联盟又松散、既合作又冲突的 27 个国家的联合体，相对中国的高效和统一，美国的“三权分立”，欧盟的权力结构和决策过程显得极其多元、复杂、离散和去中心化。对于中美两国，只有充分了解和细致掌握欧盟内部的运行机制和发展脉络，做到多路径、多层面、全方位的统筹协调对欧工作的一方，才更可能在未来的长期相持中赢得主动。

但其实往往面对欧盟的松散和复杂，即便是美国似乎都缺乏耐心，希望化繁为简，将每个欧洲国家作为一个单独的主权国家分而治之。这也是为什么特朗普在对华挑起贸易摩擦的同时又简单粗暴地发起对欧关税战，其结果除了美欧壁垒高筑、传统盟友反目以外几乎毫无建树。

在把握中欧关系的基本面并无根本的核心利益冲突的基础上，作为拜登所在的民主党所惯用政治工具的所谓“政治正确”是中欧关系需极力避免陷入的窠臼。毕竟一旦有所触及，欧洲的外交往往立即因陷入一套由自身历史文化和国内政治所裹挟的顽固“公式”而丧失灵活性。这就需要双方加强非公开的大使和部长级沟通，避免在如今愈发复杂的国际形势下因误判而失控。中欧《全面投资协定》作为中方对欧战略的开局之策，更不必计较一城一地之得失，而需要有高度、有细节的从长计议。

中英关系现状及未来走向

孔　元[1]

内容摘要：2015 年 10 月，习近平主席访英期间，中英双方决定共同构建面向21 世纪全球全面战略伙伴关系，开启持久、开放、共赢的“黄金时代”（Golden Era）。2016 年以来，随着“大国竞争”开展，英国面临国际环境发生重大变化，英国在外交问题上不得不追随美国，中英关系急剧恶化，经贸议题安全化，价值观议题甚嚣尘上。如何发展独立自主的对华立场，而不是一味追随美国，将是对英国外交重大考验。

关键词：中英关系；黄金时代；全球英国

近十年来，英国外交系统乱象丛生，激烈的大国竞争，脱欧的混乱，疫情的冲击，使得英国失去掌控局势的能力，在国际舞台上找不到合适的角色。2020 年 10 月 30 日，英国

---

① 孔元，中国社会科学院欧洲研究所副研究员。

工党影子内阁外务大臣丽莎·南迪（Lisa Nandy）在接受《政客》杂志采访时指出，“环顾英国行政机构的各个部门，你会看到，我们的对外关系是一幅极为混乱的画面。我的看法是，在威廉·黑格2014年卸任外交大臣以来，我们这个国家没有真正的外交政策”①。

一 英陷“外交失序”，对华立场严重分裂

英国在涉华问题上的严重分裂，是英国“外交失序”的一大例证。2015年以来，在“黄金时代”旗帜之下，中英关系曾取得稳步进展，深化经贸关系成为双方共识。但近年来，受制于英国舆论和保守党内部反华议员的压力，英国政府在涉华问题上严重分化，出现“贸易派”和“安全派”两种立场。

“贸易派”以财政大臣里希·苏纳克（Rishi Sunak）、商务大臣阿洛克·沙玛（Alok Sharma）、贸易大臣伊丽莎白·特拉斯（Liz Truss）为代表（2021年9月份英国内阁重组，伊丽莎白·特拉斯现已升任外交大臣），这些人认为，中英关系恶化，意味着英国跟世界上第二大经济体建了一堵“经济隔离墙”，这会极大妨碍英国GDP增长，延缓英国经济复苏。他们主张对华关系应奉行“交易主义”路线，并支持中国在包括核能、钢铁和电信领域等相关部门的投资。“安全派”以内政大臣普丽蒂·帕特尔（Priti Patel）、国防大臣本·华莱士

① Virtual POLITICO Interview with Lisa Nandy MP, Shadow Foreign Secretary, https://www.politico.eu/event/virtual-politico-interview-with-lisa-nandy-mp-shadow-foreign-secretary/.

(Ben Wallace)、外交大臣多米尼克·拉布（Dominic Raab）(2021 年 9 月英国内阁重组，多米尼克·拉布现已改任副首相）为代表，他们认为英国在战略资产和关键医疗物资方面严重依赖中国，为了英国国家安全考虑，他们主张对华强硬。

二　经贸议题安全化，摆脱对华依赖渐成共识

受中美贸易摩擦、反华舆论高涨等因素影响，英国在对华经贸议题认知上发生变化，不再认为中英经贸是“双赢”格局，而是涉及经济安全的政治议题。英方认为，深化中英经贸关系，将给英国带来系列风险。

第一，依赖中国的政治风险。中国是英国制造业产品和重要基础设施的主要提供方，英国在消毒剂、医疗成分和电子产品等产品，在交通、通信、能源等基础设施领域都严重依赖中国。如果中国政府对英国断供，或者以经贸关系要挟英国政府，将带来严重的政治风险。

第二，科技和安全风险。一方面，中国对英国高新技术和生物科技感兴趣，通过购买、技术合作、高校科研合作等方式，获取前沿科技。另一方面，中国在 5G、核能、高铁技术方面试图打开英国市场，获取投资利益。这种做法会侵蚀英国国家利益，并且会带来安全风险。

第三，侵蚀英国价值观风险。主要指中国政治制度和“话语权”的提升，对西方自由民主体制形成挑战。英国高校依赖中国学生，可能会基于生源考虑取悦中国政府。

在此背景下，关注英国经济安全，摆脱对华经贸依赖

逐渐成为英国共识，英国政府计划采取如下措施减少对华依赖。

第一，修改《企业法》，允许商业、能源和工业战略部（Department for business，Energy and Industrial Strategy）对在财政和经济上陷入困境，面临外国势力接管的防护设备制造商和食品供应链企业进行干预。

第二，制订旨在提高英国在战略医疗和技术领域自给自足的“保卫计划”（Project Defend）。该计划被视为新国家安全事务的一部分。该行动由外交大臣多米尼克·拉布领导，作为该项目的一部分，已经成立了两个工作组，目的是使供应链多样化，确保个人防护设备和药品等战略医疗物资的供应，并保护英国技术不再依赖个别国家，支持制药业等关键医药企业回流，确保英国关键企业海外零部件生产安全。

第三，出台《国家安全投资法》，对中国企业的收购开展国家安全审查。法案草案旨在覆盖国防、关键基础设施领域，并将对敏感知识产权保护、学术合作作出专门规定。法案草案指出在存在潜在安全担忧的交易行为中，企业需要事先履行通知程序。法案草案授权政府在涉及国家安全时，能够对投资行为进行回溯式干预。

第四，禁止华为参与英国5G建设。英国政府于2020年7月14日就英国使用华为5G网络设备问题作出新决定，从2020年12月31日起，停止购买新的5G华为设备，从2027年年底前，拆除英国5G网络中目前使用的所有华为设备，并继续禁止华为参与英国5G网络中最敏感的核心网建设[①]。

三 炒作价值观议题，恶化涉华政治环境

第一，炒作涉疆、涉港议题，以“人权”口号打压中国。英国在涉疆、涉港问题上传播虚假信息，攻击抹黑中国，英国外交部还宣布将准许持有英国所谓“国民海外护照”（BNO）的中国香港居民更多英国居留权、将对华武器禁运延伸适用到中国香港、永久中止跟中国香港的引渡条约。

第二，鼓吹“中国渗透论”，制造恐怖涉华舆论。近期，英国反华势力开始效仿美国和澳大利亚，鼓吹“中国渗透论”。

为防止中国对英国搞所谓“渗透”，英国舆论指出应模仿美国《外国代理人登记法》，强制要求在英活动机构进行信息披露。作为回应，英国政府近期计划修订《叛国法》，可能将接受他国金钱、对英国政府展开政策游说的行为定义为“叛国”，英国可能制定《间谍法》（*Espionage Bill*），强制要求外国情报机构在英注册，并将经济情报列为国家机密。这将极大影响中国在英投资环境，破坏中国在英正常外交工作。

---

① “Huawei to be removed from UK 5G networks by 2027：Decision follows a technical review by the National Cyber Security Centre in response to US sanctions”，https：//www. gov. uk/government/news/huawei-to-be-removed-from-uk-5g-networks-by-2027.

四 英美展开协调行动应对中国

英国脱欧后，约翰逊政府迈出建设“全球英国”的步伐。与此同时，美国特朗普政府日益走向孤立主义。双方在多个问题上立场出现龃龉。这种不一致鲜明体现在对华态度上，约翰逊首相在多个场合表示自己“非常亲华”，并愿意持续推进中英黄金时代，这与特朗普对华发动“新冷战”的做法截然不同。在此背景下，人们认为“英美特殊关系”已经名存实亡。但新冠疫情暴发改变了英国国内舆论，英国保守党内部反华声音日趋强烈，英国从被动转为主动，开始在涉华问题上谋求跟美国的紧密合作，让“英美特殊关系”变得日趋紧密。

（一）在华为 5G 问题上对英国持续施压

美国国务院在华为 5G 问题上一直对英国施压。2020 年年初，英国首相约翰逊顶住美国压力，做出允许华为参与英国 5G 网络建设的决定。但由于新冠疫情激化了保守党内的反华情绪，约翰逊不得不做出调整，最终做出在 2023 年逐步取消华为的决定。除了保守党内部的压力，英国取消华为参与英国电信网络建设的另一层阻力来自美国。

美国通过国内立法，对华为产品进行严格的出口管制，影响了英国对华为的决定。2020 年 5 月 15 日，美国产业与安全局（Bureau of Industry and Security）宣布更改出口管制条例（EAR），强调华为和海思使用美国商务管制清单 CCL（Commerce Control List）内的软件和技术所设计生产的产品，都将纳入管制，同时位处美国以外但被列为美国商务管制清单中的生产设备，要为华为和海思生产代工前，都需要获得美国政府的许可证，这包含出口、再出口，跟转运给华为和海思。这也意味着，美国政府新的禁令下，未来华为生产的每一颗芯片都需要经过美国政府的核准，也是美国全面封锁华为的开始。根据《卫报》报道，美国对华为的制裁将影响英国政府的决策，无法按照计划在5G网络中使用中国公司的技术。

美国反华政客和议员，通过各种渠道向英国施压。除了美国国务卿蓬佩奥持续给英国施压，反华参议员汤姆·考顿（Tom Cotton）、北约秘书长斯托尔·滕贝格（Jens Stoltenberg）等，也都会借助议会质询、媒体采访等形式，向英国传达美国立场，希望英国政府协同美国应对中国挑战。

（二）在英美双边贸易谈判中向英国施压

2020年5月5日，英美正式开启双边贸易谈判，而美国政府在双边贸易谈判中一直私下敦促英国在美中之间做出选择。在英美贸易谈判开启后，美国试图插入“毒丸条款”，规定如果英国与另一个美国不批准的国家达成贸易协议，美国将允许它退出部分协议。拟议的条款是根据美国—墨西哥—加拿大协定第30条制定的，该协定将非市场经济体排除在外。

尽管英国没有正式反对此类条款，但英国外交官担心，在目前的背景下，这将使美国在英国对华政策上获得广泛而不平衡的筹码。在前财政大臣埃德鲍尔斯（Ed Balls）联合撰写的哈佛—肯尼迪政府学院论文《优先考虑英美自由贸易协定，是会缔造还是会毁灭全球英国?》（Will Prioritising A UK-US Free Trade Agreement Make Or Break Global Britain?）中，作者声称英美贸易协议可能给英国带来一个两难境地，它可能会将英国纳入美国反华的外交和经济政策中，从而为建立全球英国的计划关闭大门。该报告援引一位不愿透露姓名的英国政府官员的话说："谈判可能以一份政治声明结束，这一声明将把英国拉向反华、反合作的世界观。"①

（三）新冠疫情后，英美协作日益密切

在新冠疫情暴发后，英美在多个层面保持沟通，协调双方立场。

1. 议会沟通

"中国研究小组"成员、英国议会议员达米安·格林曾在《观察者》（*Spectator*）杂志美国版，发表文章《我们需要一个驯服巨龙的蓬佩奥计划》②。该文章积极为美国总统出谋划策，怂恿美国政府尽快实现跟中国脱钩，具体方法是振兴国内制造业基础，打造新的"民主国家联盟"，从而将多极世界转向两极世界。

2020 年 5 月 1 日，美国众议院外事委员会、欧洲议会外事委员会、德国联邦议会外事委员会、英国议会外事委员会发表联合声明，提出要在抗击新冠疫情方面，发挥大西洋集团的领导作用。2020 年 5 月 19 日，英国议会外事委员会邀请

---

① Ed Balls, "Will Prioritising A UK-US Free Trade Agreement Make Or Break Global Britain?", https://www.hks.harvard.edu/centers/mrcbg/publications/awp/awp136.

② Dominic Green, "We need a Pompeo Plan to tame the dragon", *The Spectator*, 27 May, 2020.

美国驻联合国大使萨曼莎·鲍威尔（Samantha Power）就新冠疫情对英国外交政策影响问题进行听证，声称中国政府有一个取代英美联盟体系的战略规划，以便建立一个以中国为中心的网络。2020 年 6 月 4 日，来自 8 个国家和欧洲议会的 19 名议员组成的小组，宣布成立一个新的国际立法者联盟，希望他们的政府对中国采取更强硬和集体的立场。该组织的创始人是英国前保守党领袖伊恩·邓肯·史密斯（Iain Duncan Smith）。美国方面的参加人是反华议员马可·卢比奥（Marco Rubio）。

2. 情报和外交协作

新冠疫情暴发后，约翰逊首相为了摆脱对华依赖，提出以 G7 国家为基础，吸纳澳大利亚、韩国和印度，成立以西方民主价值观为导向的新型 D10 集团。特朗普在回应该提议的时候，曾提出建议邀请俄罗斯参加，但被英国拒绝。拜登上台后提出要召开“民主国家峰会”，更是无形中回应了该提法。但由于 G7 国家无法就涉华问题达成一致立场，英美在涉华问题上只能通过“五眼联盟”的情报体系协调立场。2020 年 6 月 1 日，英国外交大臣拉布曾参加五眼联盟国家视频会议。根据美国国务院网站报道，在涉华问题上，他们主要讨论了香港国安立法问题、新冠病毒的起源和全球调查问题、个人防护用品和医疗设备供应链协调问题和控制敏感技术出口问题。

由于约翰逊日趋强硬的涉华立场，中方在多个场合表示将予以回应。在此背景下，美国国务院曾于 2020 年 6 月 9 日在国务院网站发表声明《回应中国对英国的强制态度》，指出美国随时准备帮助英国，满足英国的任何需要，包括建设安全可信赖的核电站、开发保护公民隐私的5G系统等，对英国表示了最坚定的支持，这一立场目前看来没有缓和迹象。

五 小结

英国政府在脱欧之后提出“全球英国”的国际战略，试图超越西方阵营，去广阔世界寻找朋友，从而拓展英国全球影响力。但2016年以来，随着“大国竞争”的逐步开展，中美关系逐步恶化，自由国际秩序面临瓦解，“全球英国”实施的内外环境发生变化。受此影响，英国外交开始逐步跟美国靠拢，中英关系逐步恶化。摆在英国政府面前的艰难选择是，英国是继续奉行追随美国，在涉华问题上采取强硬立场，还是选择“中等强国”外交立场，避免在中美之间站队。这是对英国政府的重大考验，也是对中国外交的重大考验。

务实推进中欧防务合作的对策思考

张君荣①

内容摘要： 中国和欧盟是两大独立自主力量，务实推进中欧防务合作有助于为中欧关系注入新内涵，具体可从三个方面展开。一是继续支持欧盟战略自主，特别是欧盟防务一体化建设，积极推动升级中国与欧盟防务高层对话。二是加强中欧防务合作与实践，推进中欧和平伙伴关系发展。三是防范北约全球化趋势及其亚太转向。在当前世界不确定性上升的形势下，务实开展中欧防务合作符合双方利益，重点可围绕海上安全治理领域展开，合作中应弱化地缘政治色彩，强调中欧多边主义理念的共识，推动构建海洋命运共同体。同时应重点防范美国议题北约化、欧洲化，避免中欧防务合作政治化。

关键词： 中欧防务合作；中欧关系；欧盟防务一体化；欧盟战略自主

---

① 张君荣，外交学院与比利时根特大学联合培养博士生。

2021 年 10 月 15 日，习近平主席同欧洲理事会主席米歇尔通话时指出，中国和欧盟是两大独立自主力量，也是全面战略伙伴，双方有必要加强战略沟通，共同推动中欧关系健康稳定发展，这符合中欧共同利益。希望欧方坚持战略自主，明辨是非，同中方共同努力，推动中欧合作向前发展。① 近年来，欧盟防务一体化不断推进是欧洲一体化发展的新特征。欧盟防务一体化特征目前主要表现为三点。第一，在欧盟层面，已初步达成安全与防务战略自主的共识，② 拟于 2022 年 3 月出台的欧盟《战略指南针》将进一步明确、细化相关目标。③ 第二，在成员国层面，开展以永久结构性合作（PESCO）为抓手的政府间合作，欧盟陆续配套设立了欧盟防务基金（EDF）、欧洲和平基金（EPF）等财政保障机制，积极推进安全与防务合作。第三，在对外安全关系特别是对美安全关系方面，欧盟虽主张不同于美国的安全与防务自主战略，并在军工生产、军备建设等方面与美国形成一定竞争形势，但由于在集体防御层面仍然依赖以美国为首的北约，欧

---

① 《习近平同欧洲理事会主席米歇尔通电话》，《人民日报》2021 年 10 月 16 日。

② 欧盟于 2016 年 6 月 28 日发布《欧盟外交与安全政策全球战略》（EUGS），重提欧盟战略自主概念，强调要提升欧盟安全与防务战略雄心的等级。参见 EU，"Shared Vision，Common Action：A Stronger Europe：A Global Strategy For European Union's Foreign And Securiy Policy"，https：//eeas. europa. eu/archives/docs/top_stories/pdf/eugs_review_web. pdf。

③ EU External Action Service，"Towards a Strategic Compass"，5 May 2021，https：//eeas. europa. eu/headquarters/headquarters-homepage_en/89047/Towards% 20a% 20Strategic% 20Compass，last accessed on 19 October 2021；Arnout Molenaar，"Unlocking European Defence. In Search of the Long Overdue Paradigm Shift"，Istituo Affari Internazionali Papers，No. o1. 21，1 January 2021；Sven Biscop，"The Strategic Compass：Entering the Fray"，Egmont Security Policy Brief，No. 149，September 2021.

盟逐渐与美国建立起新的合作模式。[①] 未来，中国应加强对欧防务对话与合作，具体可从以下三个方面展开。

一　支持欧盟战略自主，积极推动中国与欧盟防务对话

目前，中国同欧洲和欧盟层面已经建立了经济、人文等多个领域高级别沟通机制。在安全与防务领域，虽然中欧也已经开展相关对话，但是，由于历史、地理、中欧互动实践等因素，中欧在安全与防务领域尚未建立相关正式机制。

2014 年 3 月，习近平主席访问欧洲期间，双方一致同意，在良好合作的基础上，进一步提升中欧在国防安全方面的对话和合作。2014 年，首次中国与欧盟安全与防务对话在北京召开，以贯彻落实《中欧合作 2020 战略规划》。此后，中欧在安全与防务领域连续开展 11 次高层对话。

2020 年 12 月 10 日，在全球新冠疫情的背景下，第十一次中国与欧盟防务安全政策对话通过视频连线方式召开。中国中央军委国际军事合作办公室领导和欧盟对外行动署共同

---

① 2021 年 5 月 6 日，欧盟理事会同意邀请美国、加拿大、挪威三国加入欧盟永久结构性合作（PESCO）项目下的军事机动性计划，形成“PESCO + 3”模式，这是也是 2017 年 PESCO 实施以来首次与第三国建立军事合作，也可视之为欧盟与北约难以达成相关合作的一种降级方案。参见 Council of the EU，“PESCO：Canada，Norway and the United States will be invited to participate in the project Military Mobility”，6 May 2021，https：//www. consilium. europa. eu/en/press/press-releases/2021/05/06/pesco-canada-norway-and-the-united-states-will-be-invited-to-participate-in-the-project-military-mobility/pdf；张君荣《PESCO + 3：性质、原因与影响》，《中国中东欧国家智库合作网络：中东欧地区形势跟踪》2021 年第 163 期。

安全与防务政策及危机应对总司总司长共同主持对话。[①] 在对话中，中方支持欧方加强战略自主，愿与欧方继续努力，进一步拓展中欧防务安全领域友好合作，不断充实中欧全面战略伙伴关系的内涵。欧方高度评价此次对话坦诚务实，双方取得多项共识。欧方重视发展对华关系，愿同中方在国际维和、海上安全等领域加强合作，共同为维护国际和地区安全稳定发挥积极作用。

在《中欧合作 2020 战略规划》落实期间，中国与欧盟在防务领域取得了一定成果，双方成功举办了 11 次防务安全政策对话，并取得多项共识。双方都认可防务安全合作是中欧关系的重要组成部分，中欧在政策对话、联合国维和、国际护航等领域有着广泛的合作成果和合作潜力，中欧都愿意为维护国际和地区安全稳定发挥积极作用。[②] 中欧防务对话不应止步。未来，双方应重视在该领域达成的一系列共识，在此基础上推动中国与欧盟防务安全政策对话继续深入发展，促进双边交流朝向更高层次、更广泛领域、更深入机制化的方向发展。

二 加强中欧防务合作，推进中欧和平伙伴关系发展

2014 年 3 月 31 日，习近平主席同欧洲理事会主席范龙佩举行会谈，赋予中欧全面战略伙伴关系新的战略内涵，将中

① 中华人民共和国国防部：《中欧举行第十一次防务安全政策对话》，2020 年 12 月 10 日，国防部官网，http：//www. mod. gov. cn/diplomacy/2020 - 12/10/content_4875258. htm。

② 中华人民共和国国防部：《中欧举行第十一次防务安全政策对话》，2020 年 12 月 10 日，国防部官网，http：//www. mod. gov. cn/diplomacy/2020 - 12/10/content_4875258. htm。

国与欧盟关系概括为和平、增长、改革、文明四大伙伴关系，即中国和欧盟要做和平伙伴，带头走和平发展道路；中国和欧盟要做增长伙伴，相互提供发展机遇；中国和欧盟要做改革的伙伴，相互借鉴、相互支持；中国和欧盟要做文明伙伴，为彼此进步提供更多营养。[①] 在新的全球局势下，防务合作可为中欧和平伙伴关系发展注入新活力。

中欧第十一次防务安全政策对话指出，在中欧伙伴关系，特别是中欧和平伙伴关系的不断发展的背景下，中欧防务安全合作成为中欧关系的重要组成部分，双方在政策对话、联合国维和、国际护航等领域开展了富有成效的合作。[②] 特别是，随着欧盟逐渐将自身定位为全球大国竞争背景下的重要力量，[③] 中国同欧盟在防务领域的对话与合作空间将不断扩大。2016 年 6 月，欧盟出台了"共同外交与安全政策的全球战略"。该战略以建立一个更强大的欧洲为中心目标，以推进利益和价值观共进为指导思想，制定了欧盟对外行动的原则和首要任务。[④] 欧盟以此表明其在安全与防务一体化层面的战略决心。[⑤]

---

① 《习近平同欧洲理事会主席范龙佩举行会谈 赋予中欧全面战略伙伴关系新的战略内涵 共同打中欧和平、增长、改革、文明四大伙伴关系》，2014 年 3 月 31 日，新华网，http：//www. xinhuanet. com/world/2014 －03/31/c_1110032444. htm。

② 中华人民共和国国防部：《中欧举行第十一次防务安全政策对话》，2020 年 12 月 10 日，国防部官网，http：//www. mod. gov. cn/diplomacy/2020 －12/10/content_4875258. htm。

③ EU External Action Service，"The EU's international roles"，25 Novemver 2019，https：//eeas. europa. eu/headquarters/headquarters-homepage_en/3637/The%20EU's%20international%20roles.

④ 周晓明、赵发顺：《欧盟新安全战略及其影响》，《和平与发展》2017 年第 4 期，第96—109 页。

⑤ European Parliament，"The EU's global strategy，" 27 May 2016，European Union，https：//www. europarl. europa. eu/RegData/etudes/ATAG/2016/579317/EPRS_ATA（2016）579317_EN. pdf，last accessed on 16 October 2021.

中国一向重视欧洲一体化进程，同时强调中欧合作中共同认可的多边主义理念。中国强调，中欧打造和平、增长、改革、文明伙伴关系符合双方人民利益，也将为促进人类和平与发展作出贡献。[①] 2020 年 9 月 14 日，中欧领导人决定，建立中欧环境与气候高层对话和中欧数字领域高层对话，打造中欧绿色伙伴、中欧数字合作伙伴，为中欧关系注入新的内涵。未来，在安全与防务领域，中欧存在合作的基础和条件，双方可借助中国与欧洲国家的双边关系，及中国—欧盟相关互动渠道，在军事科技、信息安全、数字安全、大数据、人工智能等领域逐步展开更多的交流、对话与合作。

自 1975 年中欧建交以来，中欧关系保持了合作的主基调，展现出强大的生命力。中欧没有根本利害冲突，合作远大于竞争，共识远大于分歧。中欧应坚持中欧全面战略伙伴定位，努力做维护全球和平稳定的两大力量。中国军队愿同欧盟及成员国防务部门和军队一道，深化拓展在防务政策、海上安全、研讨培训、军事医疗、在非维和等领域交流合作，通过加强对话增进互信，通过携手合作实现双赢，共同推动“后疫情时代”中欧关系更加稳健成熟，为纷繁复杂变化的世界注入更多稳定性。[②] 未来，中欧应进一步保持防务领域高层次交往，通过防务部门安全政策对话机制加强沟通、促进合作，积极拓展双方人员培训和研讨交流、联合演训，以及在人道

---

① 《中国国家主席习近平同欧盟领导人互致贺电庆祝中国欧盟建交 40 周年》，2015 年 5 月 6 日，新华网，http://www.xinhuanet.com/world/2015－05/06/c_1115188068.htm。

② 中华人民共和国驻欧盟使团：《深化中欧防务合作 维护全球和平稳定——写在中国人民解放军建军 93 年之际》，2020 年 7 月 29 日，中华人民共和国驻欧盟使团官网，https://www.fmprc.gov.cn/ce/cebe/chn/stxw/t1801974.htm。

主义救援、维和、护航等非传统安全领域合作。[①]

三 防范北约全球化趋势与亚太转向

2020年12月1日，北约外交部长视频会议上，美国主导下的北约再次提出“全球北约”概念，发布了未来10年的北约改革报告《北约2030》，将中国问题正式纳入北约议程。[②]该报告认为，北约盟国感到中国在各个领域的影响力越来越大。北约必须关注地缘战略环境的变化，包括来自俄罗斯的主要挑战和来自中国的新挑战。报告称，中国正在将其军事范围扩大到大西洋、地中海和北极，并加深与俄罗斯的防御联系。而对于大多数北约盟国而言，中国既是经济竞争者，也是重要的贸易伙伴。因此，最好将中国理解为“全面的制度性对手”，而不是单纯的经济参与者或仅以亚洲为中心的安全参与者。[③] 这表明，中国议题已经被纳入北约未来十年新议程中；而一向在此问题上持谨慎甚至分歧立场的欧洲国家，已经与美国、加拿大等北约盟友达成初步共识。

不过，北约并未将中国议题“战略化”。主要原因就在于，欧盟及北约的欧洲盟国都对此持有一定的异议。在美国

---

① 新华社：《中国对欧盟政策文件（全文）》，2018年12月18日，中国政府网，http://www.gov.cn/xinwen/2018-12/18/content_5349904.htm。

② NATO, "Foreign Ministers address NATO 2030, Afghanistan, Russia, security in the Black Sea region, and the rise of China", 2 December 2020, https://www.nato.int/cps/en/natohq/news_179805.htm.

③ NATO, "Foreign Ministers address NATO 2030, Afghanistan, Russia, security in the Black Sea region, and the rise of China," 2 December 2020, https://www.nato.int/cps/en/natohq/news_179805.htm, last accessed on 3 December 2020.

战略东移、对华开展多个领域脱钩和“遏制”政策的背景下，欧洲主要通过欧盟对中国崛起相关议题作出政策反应。在以传统防御功能为主的北约框架下，欧洲国家和欧盟对于完全追随美国战略而对华采取抵制一直持谨慎否定态度。欧盟外交与安全政策高级代表博雷利表示，中国并没有扮演威胁全球和平的角色，欧盟并不将中国视为“安全威胁”。北约秘书长斯托尔滕贝格多次表示，北约并不把中国视作对手或敌人，而是愿意加强同中方的关系。[①] 可以看出，北约中的“欧洲声音”占据上风。

概言之，自从奥巴马政府实行“亚太再平衡”战略以来，特别是特朗普政府时期，北约内部出现两股明显不同的辩论声音：一是以美国为首的北约盟国再提“全球北约”，主要目的在于将中国议题纳入北约防务议程，甚至将中国纳入北约威胁范围；二是以北约的“欧洲支柱”为主的“北约再欧洲化”立场，力图推动将北约主要用于欧洲防御。随着拜登政府任内美北约从阿富汗正式撤军，北约的全球收缩战略初见端倪，显示出此轮北约内部辩论中的“再欧洲化”声音暂时占据主导，美国等在北约内部推动“中国议程”战略化的企图落入下风。2021 年，美连同英、澳组成奥库斯联盟（AUKUS），也凸显出美欧在印太区域的防务政策分歧与战略不一致性。

不过，欧美对华防务政策仍存在不确定性，欧盟并未完

---

① 《王毅：中国愿在平等和相互尊重基础上加强同北约的合作》，2020 年 2 月 15 日，中国新闻网，http：//www. chinanews. com/gn/2020/02 – 15/9092131. shtml；Ryan Heath，Olivia Reingold and Irene Noguchi，“NATO head：China is not an enemy”，Pilitico，6 October 2021，https：//www. politico. com/news/2021/10/06/global-insider-nato-china-ties – 515188。

全在印太乃至亚太防务领域与美北约完全脱离。欧盟将于2022年3月出台安全与防务战略文件《战略指南针》。欧盟外交与安全政策高级代表博雷利表示，《战略指南针》将进一步明确跨大西洋关系、欧盟印太战略等。[①] 未来，在亚太安全领域，中国应重视加强同欧洲和欧盟层面沟通，推进双方在有关问题上增信释疑。对此，中国应继续保持与欧盟和欧洲国家的战略沟通，不应将欧盟和欧洲国家等同于美国。特别是要注意到，随着欧盟安全与防务一体化的发展，欧美在安全与防务战略分歧逐步增加，欧美防务关系的内涵与形式也在发生变化，尚存在较大的不确定性和不稳定性。在此复杂背景下，中国既要积极防御北约全球化趋势与亚太转向，也要谨慎观察，积极开展同欧盟对话与合作，推动中欧和平伙伴关系朝着积极、健康的方向发展。

2021年2月25日，中国驻欧盟使团团长张明大使视频会见北约副秘书长杰瓦纳，双方就中国同北约关系等共同关心的问题深入交换了意见。事实上，长期以来，中欧双方都拥护多边主义路径，支持在联合国机制下进行包括安全治理在内的国际合作。中国走和平发展道路与欧盟重视发挥民事力量的偏好也具有一定的协同性。当前，在国际秩序和权力格局发生变动的背景下，欧盟正在成为大国安全对话的平台，起到了促进大国安全交流的桥梁作用，这有助于促进地区与全球的和平与稳定。

---

① Josef Borrell, "Europe cannot afford to be a bystander in the world. We need a 'strategic compass'", European Union External Action Service, 10 October 2021, https://eeas.europa.eu/regions/asia/105369/europe-cannot-afford-be-bystander-world-we-need-%E2%80%9Cstrategic-compass%E2%80%9D_en.

四 小结

总之，在当前世界不确定性上升的形势下，未来，务实开展中欧防务合作符合双方利益。随着欧盟防务一体化与安全防务战略自主水平的提升，中欧防务合作已取得一定的合作成效，积累了一定的合作经验，双方都有继续合作的意愿。中欧防务合作已建立起初步战略对话，未来可在既有基础上，继续提质升级。对此，欧盟早已有所希冀，建议与中国举办定期防务安全政策对话，加强该领域培训交流，逐渐升级防务安全对话与合作水平，共同迈向更加务实的双边合作。[①]

未来，中欧防务合作的重点可以围绕海洋安全治理展开。欧盟曾建议，中欧可继续推进海上安全合作，如共同打击海盗、举办打击海盗联合演习等。欧盟期待同中国发展海上治安与安全联合行动，共享相关国际法知识，促进包括联合研究项目在内的北极交流。[②] 这是基于三个方面考虑。一是中国与欧盟都是海洋国家和地区，双方在海上贸易、海洋治理等领域都有重要的安全利益。二是中国与欧盟有着务实的海洋治理经验。早在2008年，中欧在联合国框架下打击索马里海盗实践中积累了积极的合作经验，为全球提供了海洋安全公共产品。三是中国与欧盟都积极推崇多边主义理念。中欧海洋安全治理合作有助于践行多边主义理念，抵制单边主义和

---

① EU External Action Service, "EU-China 2020 Strategic Agenda for Cooperation", 23 November 2013, https://eeas.europa.eu/archives/docs/china/docs/eu-china_2020_strategic_agenda_en.pdf.

② EU External Action Service, "EU-China 2020 Strategic Agenda for Cooperation", 23 November 2013, https://eeas.europa.eu/archives/docs/china/docs/eu-china_2020_strategic_agenda_en.pdf.

保护主义，推动构建海洋命运共同体。

未来，中欧防务领域也需要主动防范和有效应对既有的挑战和潜在问题。一是继续防范北约“全球化”及其亚太转向，警惕美国战略“北约化”“欧洲化”。要区别看待欧盟与美北约，客观冷静处理北约转型与欧盟防务一体化过程中存在的不确定性，提升相关议题的危机管理能力。二是客观理解欧盟对大国地缘竞争的关切，防止中欧防务合作的政治化。中欧之间没有根本利害冲突，共同利益远大于分歧。[①] 中欧防务务实合作有助于为中欧关系注入新内涵，为世界注入更多稳定性，维护国际安全稳定，促进各国发展繁荣。

① 《王毅同法国外长勒德里昂举行会谈》，新华网，2020 年 8 月 30 日，http://www.xinhuanet.com/world/2020-08/30/c_1126430181.htm。

中欧班列的发展、限制因素及优化策略

陈蕴哲[①] 赵雪颖[②]

内容摘要：中欧班列是中国“一带一路”建设的重要内容和载体，开行十年来，其在开行数量、覆盖范围、货品种类、服务质量等方面取得了重大突破，为带动沿线国家经贸发展带来新的机遇和引擎。但与此同时，中欧班列沿线基础设施落后、过多依赖政府补贴、通关效率低、物流成本高、市场认可度不高等突出问题依旧制约着其进一步优化和发展。因此，本文在阐述中欧班列开行现状、分析影响中欧班列进一步发展的限制性因素的基础上，提出了推动中欧班列发展的优化策略，即应从改善班列运营环境、坚持市场导向、提高通关效率、降低物流成本、提升中欧班列知名度等方面着手，切实促进中欧班列更高质量、健康可持续发展，推动中欧班

① 陈蕴哲，南京理工大学欧亚研究院副院长，马克思主义学院教授、博士生导师。
② 赵雪颖，南京理工大学中东欧研究中心研究助理、硕士研究生。

列行稳致远。

关键词：中欧班列；“一带一路”；限制因素；优化策略

中欧班列，即中国开往欧洲的新型铁路货运班列，是按照固定的车次和线路、班期等条件开行，贯通于中国和欧洲以及“一带一路”沿线各个国家的集装箱国际铁路联运班列。

一 中欧班列发展取得的新进展

（一）班列数量持续增加，覆盖面更广

据国家铁路局和国家发改委、中国国家铁路集团有限公司相关数据显示，自 2011 年 3 月 19 日以来，中欧班列的开行密度不断增加，开行数量持续增长。2020 年国内运行中欧班列的城市已达 29 个，班列可通达至 21 个国家的 92 个城市[①]；至 2021 年 7 月 26 日，中欧班列累计开行突破 4 万列，达到 41008 列，开行超过百列的国内城市达到 31 个，打通了 73 条运行线路，通达欧洲 23 个国家的 168 个城市。仅 2021 年上半年，中欧班列已共计开行 7377 列、运送货物 70.7 万标准箱，同比分别增长 43%、52%，单月开行数量均超千列[②]。截至 2021 年上半年中欧班列年度发行班列数量及 2013—2020 年国

① 《增长 50%！2020 年中欧班列全年开行 12406 列》，2021 年 1 月 19 日，中国政府网，http：//www.gov.cn/xinwen/2021－01/19/content_5581186.htm。

② 《工人日报：中欧班列累计开行 4.1 万余列》，2021 年 7 月 11 日，中国国家铁路集团有限公司网站，http：//www.china-railway.com.cn/xwzx/mtjj/workercn/202107/t20210711_115906.html。

内班列主要城市开行情况如图 1、表 1 所示。

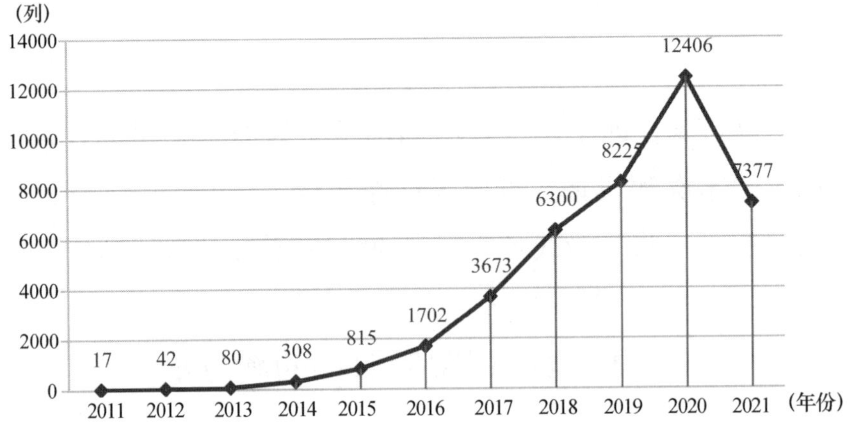

图 1 中欧班列历年发行列数统计

资料来源：国家发改委、中国政府网、国铁集团公开报道。

表 1 2013—2020 年中欧班列主要开行城市开行数量统计

城市＼年份	2013	2014	2015	2016	2017	2018	2019	2020
郑州	13	87	156	251	501	752	1000	1126
成都	31	45	103	460	1020	1587	1551	2800
重庆	36	—	257	420	663	1442	—	2177
西安	3	46	95	151	194	1235	2133	3720
武汉	—	42	164	234	377	423	332	215

注：“—”表示未查询到确切数据。

资料来源：中华人民共和国商务部、中国一带一路网、新闻媒体公布数据。

（二）班列货品种类持续增多

中欧班列运行早期货品种类相对单一，但 10 年来其运货品类持续增多。2011 年最早开通的“渝新欧”班列主要是将重庆本地生产的笔记本电脑等电子产品运往欧洲沿线各国，而伴随着班列的开行规模和覆盖范围等逐渐增大，班列运输的货品种类也日益增多。目前，中欧班列运输的货品类型已从最初的电子产品扩大到机械设备、化工产品、木材纸浆、服装鞋帽等5万多种，品类极大丰富。尤其是从义乌运往西班牙马德里的日用小商品，其销售网络覆盖欧洲大部分地区，使马德里成为义乌小商品的集散地。伴随着电子商务平台发展，电商邮包货源上班列，中欧班列的货源品类还将更加丰富。

（三）班列服务质量稳步提升

在班列开行规模大幅提升的同时，中欧班列的服务质量也逐年得以改善。铁路部门和各主要班列平台企业从提升班列开行质量和效益着手，通过编制“国内段 + 宽轨段统一运行图”、施行“量大从优、内外联动”的运价机制，以及采取延伸服务链条，改善运输组织，提升附加值，允许企业自主选择通关模式、减少报关次数和降低报关成本等一系列举措，逐步促进班列的高质量发展。在班列各站点城市设立相应的中欧班列客服中心、单证中心，积极与沿线国家铁路部门协商建立班列运行的信息交换机制，不断完善班列服务平台，及时向客户通报班列运行信息，提供相关的客户咨询、代办口岸报关转关、集装箱租赁、追踪货物位置、单据预审、应急处置等服务，切实推动班列的高质量、高效益发展。

（四）中欧班列回程比例稳步上升

2014 年之前，中欧班列的所有车程均为由中国发往欧洲的去程班列，2014 年实现首次回程开行，共计开行 28 列，回程比例仅占 9.1%。基于此种状态，铁路总公司通过加大回程货源组织力度、及时增设班列回程线路等方式以及提升回程货源运到时限和服务质量、加大统一品牌中欧班列铁路箱投入等措施，积极吸引班列回程货源。据海关统计，2021 年上半年，中国以铁路运输方式对“一带一路”沿线国家进出口 2097.8 亿元，增长 43.1%，增速比水运、公路、空运进出口分别快了 15.3 个、13 个和 21.3 个百分点[①]。通过多措并举，越来越多的欧洲企业将中欧班列作为中欧物流供应链的重要选择，货物品类日益增多，回程班列增长迅猛。2020 年中欧班列回程重箱率提升显著，同比提高 9.3 个百分点。2021 年一季度，中欧班列共计开行 3398 列，其中去程 1858 列，回程 1540 列[②]。上半年重箱率和回程去程比更是分别达到 98%、85%，回程去程比创历史最高水平[③]。中欧班列“有去无回”的现象已得到较大转变。

---

① 《光明日报：中欧班列跑出丝路“新速度”》，2021 年 8 月 19 日，中国国家铁路集团有限公司网站，http：//www. china-railway. com. cn/xwzx/mtjj/gmrb/gmrb/202108/t20210819_116614. html。

② 《政策研究室副主任兼新闻发言人孟玮介绍之三：中欧班列运行情况》，2021 年 4 月 22 日，国家发展和改革委员会网站，https：//www. ndrc. gov. cn/xxgk/jd/jd/202104/t20210422_1277047. html。

③ 《经济日报：10 年累计开行突破 4 万列——中欧班列拓展陆上运输新通道》，2021 年 7 月 26 日，中国国家铁路集团有限公司网站，http：//www. china-railway. com. cn/xwzx/mtjj/jjrb/jjrb/202107/t20210726_116162. html。

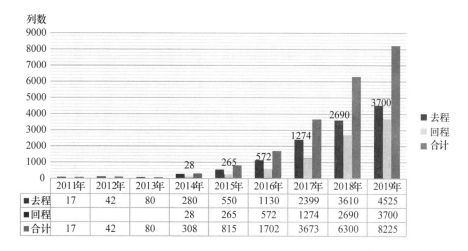

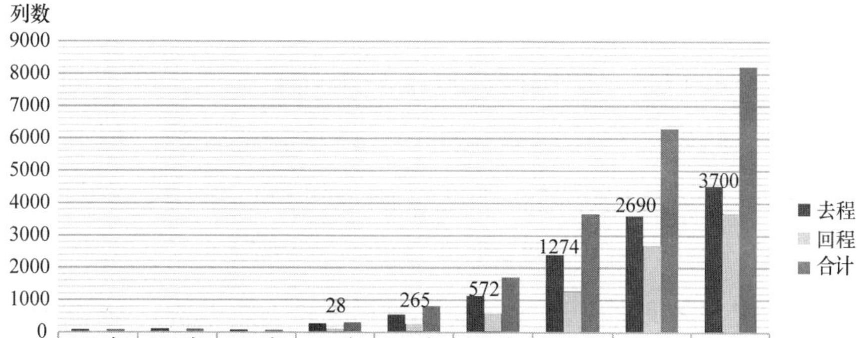

	2011年	2012年	2013年	2014年	2015年	2016年	2017年	2018年	2019年
去程	17	42	80	280	550	1130	2399	3610	4525
回程				28	265	572	1274	2690	3700
合计	17	42	80	308	815	1702	3673	6300	8225

图2　中欧班列历年去程回程列数统计

二　制约中欧班列进一步发展的因素

（一）沿线国家交通基础设施落后、配套服务支撑不足

中欧班列途经的沿线部分铁路线路设施条件较差，蒙古国、哈萨克斯坦、吉尔吉斯斯坦等国家还不同程度地存在交通运输基础设施落后、经济发展水平相对较低、口岸通过能力有限，以及信息系统不健全、配套服务能力较弱等一系列问题。且货物仓储、转运都很不顺畅，在一定程度上影响到班列成本的降低。这些国家的铁路可能因年久失修和铁路老化导致影响班列运行速度，也存在因当地列车车辆过少、换装设备不足从而致使班列的运力无法适应中国不断增长的发展需求的问题。

（二）政府补贴干扰市场机制作用

2013 年以来，中国国内许多城市陆续开通中欧班列，中欧班列虽然较之海运具有运距短、速度快等优势，但其总体运价较之海运还比较高，加之受到地区产业结构和贸易结构不一的影响，各班列开行地自身的货源往往不足以支撑其常态化运营等各种原因，班列的运营成本依然较高，依靠政府的政策补贴几乎成为班列开通和运营的首要条件。为获得更多中央政府优惠政策支持和提升政绩，一些地方不顾地区发展的比较优势，盲目扶持中欧班列的发展，使中欧班列呈现出“遍地开花”的状况，重复建设和地方同质化严重，也进一步造成竞争的加剧。在班列货源不足、运输成本高的情况下，为抢夺货源和争取政府补贴，许多班列在周边城市甚至全国“抢货”，并且逐渐打起了价格战，有的直接以海运价格收取运费，致使一些班列处于亏损运营的状态。

（三）通关手续复杂，通关效率低

中欧班列沿途经过不同的国家，每抵达一个国家就要按照相关要求办理通关手续，不同的国家报关的文件数量和程序不一，甚至可能出现因不能完整准确提交单证、单据使用不正确致使车辆和货物被扣留的情况。部分中欧班列存在通关效率低、物流信息查验反馈缓慢等问题。自 2014 年俄罗斯对欧盟实行反制裁以来，其对于欧盟国家外运过境商品的审批手续愈加复杂，且其海关执法人员存在较为严重的腐败现象，货物通关需要经过五道检查，集装箱破损、存在裂痕、生产年限不符等都可能被遣返。不仅如此，由于沿线部分口岸换装能力不足，以及与海关、边防部门等缺乏信息沟通也会导致班列在口岸滞留的时间延长，影响铁路正常过境。

（四）班列物流成本依然偏高

目前来看，中欧班列运行成本依然较高。一方面是由于中国各地开通的中欧班列大都是由当地政府推动，其自身尚未达到常态化运营水平，并且各自为政，分别与境外铁路运营方对外进行谈判，因此在国外段运费和通关方面很难占据有利条件，一些国家为保护本国的产业发展和保障就业，会对通关过境的班列收取高额的“过路费”，造成境外段货物运费较高。加之由于欧亚大陆桥轨距的不统一，班列在运输过程中至少需要换装两次才能过境，在境外换轨和转关以及至少需要多名司机也增加了一定的时间成本和物流、人工成本，极大地影响到班列的运输时效和综合成本。另一方面，由于自然条件等不可抗力因素，中欧班列所运输的红酒等特殊商品在低温天气下途径俄罗斯等极寒地区时需要对其进行添加保温设施，这样也进一步导致班列的物流成本增加。

（五）中欧班列的知名度和认可度仍有待提升

由于中欧班列的宣传力度较小，使得在中欧班列沿线和一些欧洲国家对其存在误解，对于中欧班列“运距短、运速快、安全性高”等优点更是知之甚少，相对于海运来说，中欧班列仍然是新生事物，铁路仍然是绝大部分客户选择货物运输的备选方案。

三 促进中欧班列可持续发展的对策建议

（一）加强物流枢纽设施建设，改善班列运营环境

中欧班列的顺利开行，需要沿线国家在硬件上加强铁路场站设施设备补给和建设，在软件服务上提升服务质量。于中国而言，应继续重点完善中国境内的物流通道网络，进一步加快推进满洲里、阿拉山口等口岸站扩能改造工程建设和物流基地建设，补强口岸站的物流设施设备，加强对于传统铁路的技术改造。结合实际情况进一步增加线路，动态调整优化整体布局。通过对外协商谈判，尽快和尽可能地和哈萨克斯坦、俄罗斯等国的海关、铁路和有关部门达成开行中欧之间的稳定、可靠、快速的集装箱直通班列协议，共同完善欧亚国际铁路规划，推动促进其对于陈旧铁路线路、“卡脖子”路段的改造升级，提高双方口岸站和对方通道能力建设，以及加强沿线口岸站包括过境、换装等的场站布局调整和配套设施建设，共同营造中欧班列运行的良好市场环境。要根据中欧班列客户的不同需求，尽可能地增加个性化、合理化的服务项目和服务内容，积极适应中欧班列客户多元化和全球化的需要，有效提升中欧班列的服务质量与内涵。

（二）坚持市场导向，降低政府补贴力度

在目前中欧班列的运营状态下，地方政府的政策支持和政策补贴是必要的，但是过度的补贴也会造成其对于政府的过度依赖，使得市场自身的调节能力降低。在这样的情况下，

各班列运行省市尤其是中西部地区省市地方政府应合理界定其在班列中的角色和作用，限制有违市场机制的各种长期性、个性化补助政策的出台，抛弃地方利益思维，坚持“政府引导、市场运作、企业主体”的原则，遵循市场规律和竞争规则，进行国家地区之间的协商和合作，联结海关总署和中铁总公司，依据班列运输货物的货运量和班列运行次数，统一规范运价。国家有关管理部门需加强对于中欧班列的统一规划和顶层设计，可按区域对于开通班列的城市和线路进行整合，协调地方省市的利益，对于各地班列出现的非理性竞争状况进行统一管理。

（三）建立通关协调机制，提升通关效率

为了提升中欧班列便利化通关效率，中国铁路总公司、政府部门可以建立中欧班列运输国内协调机制，加强与沿线国家的海关、质检、铁路等部门的国际合作，协调制定海关合作协定及建立电子报关通关系统，建立中欧班列海关通关绿色通道，明确沿线国家进出口货物的类型、通关所需的报关文件数量和相应程序，公开透明口岸收费标准及货物、集装箱、单证的查验标准，尽可能地简化通关手续，减少不合理收费口岸。提升沿线国家海关执法人员的职业素质和能力，建立争端裁定和协调解决机制。进一步加强 95306“数字口岸”的系统调试和应用，推进完善与海关总署的进出口无纸化申报和信息协同作业，积极推动中欧班列信息集成平台建设，与海关、货代公司等联检联运部门实现网上信息共享，更好地助力口岸便利化程度和通关效率的有效提升。

（四）多渠道开发班列资源，降低物流成本

中国铁路总公司可以将各条中欧班列运载的货物集中起来，将中欧班列集中管理，建立中欧班列价格协调机制，积极与沿线各国铁路部门协商，给予境内班列运输运价优惠，统一对外谈判和报价，与其签订过境和运价协议，协调解决沿途运费过高的问题。各运营主体要积极加强与地方政府以及中铁总公司等的合作，利用大数据信息系统对进出口货源的货品种类、流向等进行分析整理，开展精准营销，这样可以很大程度上保证中国中欧班列在对外运价上的利益不受损失，降低运输费用，同时还可以提高中国与班列沿线国家进行谈判的话语权和效率。针对周边国家经济模式较为单一的特点，可以大力发展跨境电商，在促进中国电子商务发展的同时，有效弥补周边国家市场供应不充分的缺陷；可以适当加大与白俄罗斯、吉尔吉斯斯坦等独联体国家的市场合作，开发其市场潜力，积极引导其更多利用中欧班列来运输货物，积极开发班列货源。

（五）加强对于中欧班列的宣传力度，打造中欧班列国际品牌

针对目前一些欧洲国家对中欧班列的误解和缺乏了解的情况，中国政府和相关企业以及各社会相关组织应加大对于中欧班列的宣传力度，推进“安全稳定、快捷准时、绿色环保”的中欧班列国际物流品牌建设。在班列运行过程中，应注意加强对班列货箱外观的包装。对中欧班列的官方网站进

行精致化打造和设计建立全球性的多语言种类的营销网站，对中欧班列的开行目的、运行情况和建立原则等做出真实、客观、全面的信息传播，扩大中欧班列在世界范围内的国际影响力和提高其知名度，使沿线国家真正消除对于中欧班列的误解和减少分歧，敢于使用中欧班列。

中国与欧洲未来竞争领域探析

吴　改①

内容提要：随着全球性问题多样化发展趋势渐趋明显，中欧在经贸领域的未来竞争格局逐渐凸显，主要表现在以下三个方面：新能源竞争、数据竞争、芯片及人工智能竞争。面对不同的竞争领域，中国与欧洲相关企业在积极研发新技术、占领国际市场的同时，各方政府也及时出台了政策支持措施，帮助本国企业取得市场竞争优势。展望未来，各议题领域的技术竞争将是中欧竞争的主旋律，如何在竞争格局下探索新的合作模式，是中欧各国将要面临的主要课题。

关键词：中欧关系；竞争领域；合作模式

当前，中美关系并未由于拜登政府执政而有较大改善，两国在众多问题领域仍存在很强的竞争关系。在中美之间的

① 吴改，河南师范大学政治与公共管理学院讲师。

战略博弈中，欧洲作为一个重要变量，其对中美两国的战略选择能够在很大程度上影响国际经济格局。如果未能成功促使欧洲转向中国或美国一方，中美双方的主要期待在于欧洲是否能够保持战略上的中立选择。已有研究认为，欧洲在经济上确实并未选择“一边倒”战略，而是在中美竞争中采取了“借力型”战略，通过欧美联合施压、利用中美关系紧张从中牟利、要求获得与美国同等待遇三种模式，实现自身的经济利益。[①] 欧洲选择中立战略而非完全与美国选择统一战线，对于中国来说利远大于弊。2020 年 12 月 30 日，中欧领导人共同在视频会晤上宣布《中欧全面投资协定》（China-EU Comprehensive Agreement on Investment，“CAI”）谈判完成，探讨双方在公平竞争的原则上促进企业的跨国投资合作。然而，欧洲的中立战略本身就已经表明，欧洲对中国的政策选择绝非合作一种，而是合作与竞争并存。就当前欧洲各国为促进本国发展和占据国际市场而采取的经济发展措施而言，未来中国与欧洲可能的竞争领域包括以下三个：新能源竞争、数据竞争、芯片及人工智能竞争。三个领域的竞争趋势有可能成为未来中欧关系是否稳定的重要变量。

一　新能源竞争

随着脱碳化潮流在全球范围内加快发展，欧洲各国纷纷设法将氢作为能源加以利用，以氢能源使用为代表的新能源

① 张晓通：《欧盟在中美欧经贸大三角中的“借力型战略”》，《欧洲研究》2021 年第 3 期。

发展竞争正在全球范围内展开。据彭博社报道，预计到2050年，氢能源市场将增长到7000亿美元规模。为了率先获得巨大市场，在技术开发领域领先的欧洲和中国正展开着激烈的竞争。

在正在进行的环境革命所触发的工业、技术和社会转型中，欧盟处于有利位置，各种指标显示，欧盟已经完成了部分转型，1990—2019年，欧洲的温室气体排放量减少了24%。此外，欧盟27个成员国承诺将加倍努力，在10年内将这一数字达到55%。在此基础上，欧盟加快建立能源联盟，于2015年2月宣布成立能源联盟，奉行市场与地缘政治相结合的“弹性能源政策”,[①] 其主要的联盟对象为俄罗斯。据统计，在联盟关系稳固阶段，欧盟自俄罗斯进口的天然气占其进口总量的37.5%，石油占30.4%，固体燃料约占29%。[②] 2020年可再生能源消耗量已占欧盟能源消耗总量的19.4%。欧盟已经提出到2050年之前投资4700亿欧元用以建设氢能源基础设施的战略。目前，欧盟委员会已经决定，把为重振遭新冠疫情打击的经济所设立的7500亿欧元规模重建基金的大约1/3用来应对气候变化，而应对气候变化的重要策略之一就是扩大利用氢能源的“氢战略”。欧盟委员会宣布，为扩大绿色氢的生产，将力争在2030年之前将电解槽装机容量提高到40吉瓦。

与此同时，中国提出，将力争在2060年实现碳中和。在

---

① 陈小沁：《欧洲能源联盟建设及对未来俄欧能源关系的影响》，《俄罗斯学刊》2019年第2期。

② *Energy in figures*: *Statistical Pocketbook* 2016, Publications Office of the European Union, 2016, p. 26.

这一愿景下，中国能源转型将会出现三大趋势：能源系统电气化、电力系统低碳化和能源电力系统去中心化。[①] 在氢能源生产方面，中国石油化工集团2020年10月底宣布，尽管已经拥有中国最大的氢能生产能力，该集团还将加强对氢供应链的投资，以成为氢能市场的主角。中国是全球最大的电解槽生产国，通过发展电力和天然气等新能源，2000—2030年，中国的经济发展由规模速度型、换挡转速型最终达到高质量发展。[②] 但与此同时，欧洲的部分相关企业也在行动，丹麦的Green Hydrogen Systems、英国的ITM power、挪威的NEL氢能技术公司计划在1年内共同开办一家年产能为830兆瓦的电解槽生产工厂。这一容量规模是2018年全球范围内出库电解槽的6倍。

上述数据表明，未来，中欧双方在能源领域的竞争内容将会围绕氢能源、天然气和电力等方面展开，其中，氢能源竞争将是双方竞争的主要内容。在竞争方式上，双方将主要以市场竞争即相关企业之间的竞争为主，中国虽然将主要精力集中在国内氢能源消费之上，但未来也将会逐步进入国际市场。就目前的形势而言，中欧双方在新能源方面的发展重点不一，具体来说，欧洲重视氢能源的生产，中国则同时关注氢能源、电力以及天然气的生产；在发展方式上，欧洲将市场需求与地缘政治相结合，中国则主要关注国内市场；在对外政策上，欧洲着力布局“能源联盟”，保证新能源供应链

---

① 林卫斌、吴嘉仪：《碳中和愿景下中国能源转型的三大趋势》，https：//kns. cnki. net/kcms/detail/11. 1010. F. 20210723. 0953. 001. html。

② 李洪兵：《中国能源消费结构及天然气需求预测》，《生态经济》2021年第8期。

的稳定，中国虽同样关注国际市场供应，但将更多的精力放在国内自给自足之上。据此，新能源领域的竞争将成为中欧双方未来互动的常态，但企业之间的互动将会成为未来双方合作的起点，对此，中国需做好相应的思想准备和战略部署，保证在支持本国新能源发展的同时，保持在国际新能源市场的核心竞争力。

二 数据竞争

数字技术对于当今世界的重要性越来越凸显。早在2018年，戈德法布等人就曾经预言："数字技术的快速进步及其广泛应用必将驱动劳动生产率和经济增速大幅提高，并将引领新产业革命和全球经济的发展方向。"[①]

关于数据问题，在2020年9月举行的中国—欧盟（视频）会议上，欧盟委员会主席乌尔苏拉·冯德莱恩宣布了关于中欧技术转让的协议，但是在市场渗透和可持续发展这两个重要领域中，还有很多工作要做。欧洲对数字技术的发展极为关注，从2016年推出欧洲工业数字化计划，2017年召开数字峰会，到2018年发布《欧盟人工智能战略》，2019年将"适应数字时代"作为欧盟未来五年优先发展的核心议题之一，[②] 无不显示出欧盟对数字技术的重视。此外，欧盟在2020年2月发布了首个欧洲数据战略，[③] 该战略旨在创建关于数据

---

① Avi Goldfarb, Shane M. Greenstein and Catherine E. Tucker, eds., *Economic Analysis of the Digital Economy*, University of Chicago Press, 2018, pp. 21－47.

② 朱贵昌：《欧盟数字化发展面临诸多挑战》，《人民论坛》2020年第19期。

③ European Commission, "The European Data Strategy", 20 February 2020.

设计、管理、处理、访问、使用和部署的统一适用的方案，目的是建立一个由可重复使用、可互操作和可复制的数据平台构成的欧洲共同数据市场，以供欧盟所有战略部门使用。与此同时，欧盟委员会还发布了“人工智能白皮书”，[①] 旨在维护欧洲的数字主权。欧盟委员会 2020 年 6 月中旬发布价值 1.6 亿欧元的 2020 年技术招标书，根据欧洲防务工业发展计划设定的各项能力，招标内容覆盖 12 个类别。欧盟委员会下属防务和航天事务总署将斥资 2 亿多欧元，实施 2020 年早些时候从其提交的 40 项技术建议中遴选出的 16 项技术建议，这些开发项目包括网络技术、无人地面和空中系统技术、地球观测能力以及以软件为特征的无线电基础设施等。此外，2019 年，法国、德国、英国推出了贸易往来支持工具即 INSTEX 结算机制，专门用于“简化欧盟企业与伊朗之间的合法贸易结算”。而后，比利时、丹麦、荷兰、挪威、芬兰、瑞典也相继加入。究其实质，它是向欧盟国家提供了绕过美国金融体系与伊朗发展贸易的机会。为降低对美元的依赖，欧盟委员会还制定了相关草案，即各类商品购买合同以欧元计价，在必要时改变主要金融指数如原油期货价格的货币绑定规则。

从欧洲的角度来看，中国对“数据本地化”的要求并不令人满意，尽管中国自 20 世纪 90 年代起就已经存在“数据本地化”要求，但在 2017 年通过《网络安全法》才正式确立这一要求。在与欧盟举行会议的同一个月，中国提出《全球数据安全倡议》，作为欧盟和美国推动的关于数据治理规则国

---

① European Commission, “On Artificial Intelligence—A European Approach to Excellence and Trust”, White Pa-per, COM (2020) 65 final, 20 February 2020.

际秩序的中国替代方案。目前，中国已经明确规定了关于数据治理的三部法律：《网络安全法》（等同于《欧洲通用数据保护条例》）、《信息安全技术数据处境安全评估指南》、《风险评估指南》，而欧盟则使用单一战略管控数据治理。自2019年以来，中国已经在数字项目上投资了约800亿美元，包括修建通过俄罗斯和伊朗的光纤电缆以及撒哈拉以南非洲国家的数据中心。

未来，中欧双方在数字领域的竞争内容将主要体现在数字技术的开发和应用、数字主权的维护以及数字技术国际市场的开发和占领等方面。由于数字技术对国家主权的重要作用，中欧双方未来的竞争模式将以数据战略竞争即宏观战略竞争为主，同时伴随着对数据治理方案的具体政策之争。无论中欧未来的竞争内容和竞争方式如何，在有关数据治理国际规则改革领域，中欧仍然有可以进一步合作的空间。

三 芯片及人工智能竞争

人工智能在应用层面依赖于芯片的发展与进步。[①] 在全球范围内，争夺半导体和芯片市场的斗争正在加剧，芯片战主要发生在美国和中国之间，但现在欧洲也加入了。欧盟正在酝酿一项总额300亿欧元的计划，旨在将欧洲在全球芯片市场的所占份额从10%增加到20%。

英国《经济学人》杂志指出，数十年来，芯片行业是根

---

① 北京未来芯片技术高精尖创新中心：《人工智能芯片技术白皮书（2018）》，数据观网站，http：//www. cbdio. com/BigData/2018 - 12/18/content_5956449. htm。

据摩尔定律发展起来的，处理器的性能几乎每两年翻一番。但是，这项定律几乎已经失效了，原因在于，目前制造商正在转向量子计算等新技术，在这种情况下，中国有望弯道超车赶上美国。艾媒咨询数据显示，2020 年中国人工智能芯片市场规模达 183.8 亿元，预计 2023 年将突破千亿元。[①] 特朗普向中国挑起贸易摩擦之后，禁止美国公司向中国出售若干种类关键零部件，拜登政府继续了这一政策。但是，中国已经拨出 320 亿美元用于购买相关设备，并已经成为世界上最大的半导体制造国之一。

在人工智能方面，欧盟也有自己的计划。2020 年 2 月，欧盟委员会发布《人工智能白皮书：通往卓越与信任的欧洲之路》，指出欧洲需要建立可信的人工智能生态系统，向世界输出欧洲人工智能价值观与规则。[②] 法国人工智能的发展模式很大程度上代表了欧盟的发展模式，从建立人工智能协会，到颁布数据安全条例，再到出台国家人工智能发展战略，[③] 法国政府机构与非政府组织都对人工智能发展投入了大量的政策和资金支持。中国对于人工智能的关注也在近年来有所上升，2017 年，国务院发布《新一代人工智能发展规划》，提出面向 2030 年新一代人工智能发展的指导思想、战略目标等任务；[④] 同年 12 月，工业和信息化部印发《促进新一代人工智

---

① 胡滨雨、郭敏杰：《中国人工智能芯片期待突破》，《中国电信业》2021 年第 4 期。

② 王晓菲：《欧盟发布〈人工智能白皮书：通往卓越与信任的欧洲之路〉》，《科技中国》2020 年第 9 期。

③ 冯悦：《法国人工智能发展政策及启示》，《科技管理研究》2021 年第 4 期。

④ 中华人民共和国国务院：《国务院关于印发新一代人工智能发展规划的通知》，2017 年 7 月 20 日，中国政府网，http：//www.gov.cn/zhengce/content/2017－07/20/content_5211996.htm。

能产业发展三年行动计划（2018—2020 年）》，提出对神经网络芯片进行规模化量产；[①] 2020 年 10 月，党的十九届五中全会提出，到 2035 年，要在关键核心技术领域实现重大突破，实现软件和硬件方面的重要进步。[②]

此外，人工智能的军事用途，也愈加在国际上受到重视。美国已有报告敦促，到 2025 年，五角大楼应将人工智能研发投入从目前的 15 亿美元左右提高到每年 80 亿美元。非防务类人工智能研发支出到 2026 年应增至 320 亿美元。

德国、法国和西班牙想要共同开发的新型空战系统“未来空中作战系统”（FCAS）也与人工智能有关。FCAS 将从 2040 年起取代“欧洲战斗机”和法国的“阵风”战斗机。除作为一款经典战斗机外，它还包括所谓的远程载具。它们可由喷气式飞机释放，然后以机群的形式行动。这种无人驾驶飞行器结合了制导导弹和无人机的性能，可能至少具备一些自主功能，其细节目前正在确定。人工智能武器引发军备竞赛的风险是真实存在的，但是否会带来所谓的军事效益就不一定了。有一点可以肯定的是，未来作战计划中各国对人工智能的重视程度会越来越高，因此，中美欧三方都会力图保证自身在这一方面的优势。除此之外，人工智能在其他领域如医疗、农业、环境等的应用范围之广，使之必然成为各国未来关注的焦点。

---

① 中华人民共和国工业和信息化部：《工业和信息化部关于印发〈促进新一代人工智能产业发展三年行动计划（2018—2020 年）〉的通知》，2017 年 12 月 15 日，工信部网站，https：//www. miit. gov. cn/jgsj/kjs/wjfb/art/2020/art_08d153ee9e9d4676aa69d0aa12676ca1. html。

② 《中国共产党第十九届中央委员会第五次全体会议公报》，2020 年 10 月 29 日，新华网，http：//www. xinhuanet. com/politics/2020 - 10/29/c_1126674147. htm。

在当前和未来很长一段时间内，中欧双方在芯片和人工智能方面的竞争内容将主要体现在芯片市场份额的占领以及人工智能的应用等方面，而竞争方式也将呈现出宏观战略和具体政策相结合的多样化竞争。但是在人工智能与可持续发展相结合这一方面，由于其政治敏感度较低，中欧可以寻求共同合作。

四 小结

中国与欧洲未来的竞争包括但不限于上述三个领域。对于中国与欧洲来说，未来需要面临的问题是全球性的，如环境和气候问题、发展问题、削减贫困问题、难民问题等。但区域性政治代替全球性政治成为当前国际关系的主流，国际组织的效率逐渐降低，区域性安排成为各国各地区新的选择。在竞争与合作并存的中欧关系中，面临全球性问题和各自不同的解决方案，如何建立有效的沟通和对话渠道，使双方对彼此的错误知觉降至最低，是中欧需要认真审视的问题。对于中国来说，中美竞争使中国不得不探索一种新的发展模式，在这种新的发展模式中，除了规范国内消费市场，稳定国内经济发展成果之外，还需要时刻关注欧洲、美洲、东南亚等主要区域经济体的发展，在主要经济战略不变的前提下，科技的发展将成为决定未来各国各地区经济活力和经济发展持久力的关键变量。

第三部分

中东欧地区与国家形势分析

维谢格拉德集团成立30年：变与不变

徐　刚[①]　张传玮[②]

内容摘要：2021年是维谢格拉德集团成立30周年。建立初期，维谢格拉德集团的合作并不十分顺畅，甚至一度名存实亡。此后，维谢格拉德集团的合作领域不断拓宽，机制化建设日益更新，影响力逐渐增大。维谢格拉德集团的合作模式主要表现为多层次、宽领域的定期会晤，具有非制度化、灵活性强的特点。同时，维谢格拉德集团四国努力维护民族国家利益，在欧盟内坚持自己的观点和立场，时有挑战欧盟政治正确性的举动。由此，维谢格拉德集团的发展也被称为从转型“优等生”变为“离经叛道”者的进程。未来，维谢格拉德国家特别是波兰和匈牙利将在向心与离心的对冲中寻求其身份传承与利益发展。对于中国来说，如何在历史与现实的

① 徐刚，中国社会科学院俄罗斯东欧中亚研究所研究员。

② 张传玮，北京外国语大学欧洲语言文化学院讲师。

变化中以及维谢格拉德集团与欧盟互动的链条上确立同其合作的最优模式，需要认真思索和设计。

关键词：维谢格拉德集团；非制度化；欧盟；中欧合作

2021年是维谢格拉德集团成立30周年。1991年2月15日，波兰、捷克斯洛伐克和匈牙利领导人在匈牙利维谢格拉德城堡会晤并发布《维谢格拉德宣言》，宣告维谢格拉德集团的成立。1993年捷克和斯洛伐克联邦解体后，维谢格拉德集团三国合作发展成为四国合作，亦称V4集团。《维谢格拉德宣言》的全称为《捷克和斯洛伐克联邦共和国、波兰共和国和匈牙利共和国在争取参加欧洲一体化上加强合作的宣言》。从成立宣言来看，维谢格拉德集团的宗旨是在融入欧洲一体化进程中加强区域国家间合作。[①] 30年过去了，不仅四个国家发生了显著变化，欧洲乃至世界形势更是大有不同。作为重要的欧洲次区域组织，经历了起起伏伏的维谢格拉德集团仍然具有生机，在欧盟乃至世界舞台上发挥着举足轻重的作用，值得思考和研究。

一 历史记忆和现实选择的“连线”

虽然在中欧加强经济合作的设想或许不是由维谢格拉德

---

① “The Visegrad Declaration 1991”, 15 February 1991, https: //www. visegradgroup. eu/documents/visegrad—declarations/visegrad—declaration – 110412, last accessed on 29 August 2021.

集团内部而是由西方国家提出来的[①]，但彼此间合作的实践早已有之。历史上，波兰人、匈牙利人、捷克人有着密切交往与合作的经验。早在14世纪，为维护统治并抵御奥地利公国哈布斯堡家族的扩张，经历长期内部动荡的波兰、匈牙利和波西米亚（现捷克中西部地区）国家决定联合自强。联合的方式先是通过王室联姻，后是结成联盟。1335年，三国国王在维谢格拉德城堡举行长达两个月的会议，最终达成共同反对奥地利公国以及开辟绕行奥地利的商业线路的协议。虽然从历史进程的演变看，三国后来未能阻挡哈布斯堡王朝扩张的步伐，但在一定时期内联合自强的目标已然实现。

20世纪90年代初，随着冷战走向终结，波兰、匈牙利和捷克斯洛伐克面临的地缘政治环境发生显著改变，三国再度进行联合自强，成立了维谢格拉德集团。为了应对东欧剧变的复杂局势和国家转型的大趋向，从华约、经济互助委员会（苏联组织建立的由社会主义国家组成的政治经济合作组织）的联系中转向同欧共体和北约加强合作，V4集团国家抱团取暖，开启区域合作新征程。

有评论认为，1335年的维谢格拉德会议及其推动的三国联盟是冷战结束后中欧几国强化合作的历史启迪。[②]维谢格拉德虽然只是多瑙河上的一座小城，但历史与现实在此“连线”并非偶然。著名作家米兰·昆德拉（Milan Kundera）曾写道，

---

① 参见金淑清《中欧区域组织维谢格拉德集团的形成及发展》，《东欧》1996年第3期。

② 孔田平：《维谢格拉德集团的地位与中欧的未来》，《俄罗斯东欧中亚研究》2015年第4期。

中欧并不是一个国家，它是一个文化，或者说一种命运。[①]在《维谢格拉德宣言》中，传统的历史联系、文化的精神遗产和共同的宗教传统根源就被视为合作的根基。过去 30 年来，V4 集团国家政界和学界不断举行各种纪念活动，“中欧精神”“维谢格拉德人”等理念或概念也被频繁讨论。[②]最初，V4 集团合作的重点在于加强经贸联系和往来。因此，当 1993 年 1 月中欧自由贸易区（由波兰、捷克、匈牙利和斯洛伐克商定建立）成立后，有人认为维谢格拉德集团已名存实亡。[③]但事实上，V4 集团的合作领域反而不断拓宽，机制化建设日益更新，影响力逐渐增大。

二 不变：非制度化、非国家联盟的合作平台

虽然维谢格拉德集团合作强调了历史和文化的要素，但更多的是基于实用主义考量。V4 集团合作模式主要表现为多层次、宽领域的定期会晤，具有非制度化、灵活性强的特点。建立初期，V4 集团合作并不十分顺畅，甚至一度名存实亡。特别是在 1994—1998 年，弗拉基米尔·梅恰尔（Vladimír Mečiar）主政下的斯洛伐克与西方以及邻国匈牙利的关系日益紧张，不仅在融入欧洲—大西洋进程上步伐缓慢，而且对于

---

① Milan Kundera, translated from the French by Edmund White, “The Tragedy of Central Europe”, *New York Review of Books*, Vol. 31, No. 7, 1984, p. 6.

② 孔田平：《维谢格拉德集团的地位与中欧的未来》，《俄罗斯东欧中亚研究》2015 年第 4 期。

③ Andrea Schmidt, “Friends forever? The role of Visegrad Group and European Integration”, *Politics in Central Europe*, Vol. 12, No. 3, 2017, pp. 125 – 126.

参与V4集团合作缺乏热情。直到1998年米库拉什·祖林达（Mikuláš Dzurinda）执政、斯洛伐克奉行坚定的入盟战略后，V4集团合作才按下“重启键”并展现出新的面貌。1999年5月，四国领导人在斯洛伐克会晤并发布《维谢格拉德合作内容（1999）》①。该文件首次明确V4集团的合作形式，包括设立任期一年的轮值主席国，每年在主席国举办一次正式和一次非正式总理会晤，以及定期举办外长会晤、大使会晤、协调员会议，等等。与其他区域组织不同的是，V4并没有秘书处或者所谓的集团总部。唯一一个制度化的机制是2000年成立、总部设在斯洛伐克布拉迪斯拉发的国际维谢格拉德基金会（Visegrad Fund）。

进入21世纪，维谢格拉德集团的机制化建设不断发展。不过，其制度设计没有实质性的突破，反而灵活性越来越强。2002年6月通过的《维谢格拉德合作内容附件（2002）》完善了轮值主席国的职责，突出了“V4+第三方”合作的方向，同时强调不定期举行部长级会议以增强合作的灵活性。② 2004年5月，即四国入盟后不久，V4集团发布《维谢格拉德未来合作领域纲要》③，明确了V4在集团内部、欧盟内部、与其他区域或国际组织的合作领域，特别强调V4国家总理或外长在参加国际重大活动前举行非正式会晤，要求四国驻欧盟、北

---

① “Contents of Visegrad Cooperation 1999”, 14 May 1999, https://www.visegradgroup.eu/cooperation/contents-of-visegrad-110412, last accessed on 29 August 2021.

② “Annex to the Contents of Visegrad Cooperation (2002)”, 29 June 2002, https://www.visegradgroup.eu/cooperation/annex-to-the-content-of, last accessed on 29 August 2021.

③ “Guidelines on the Future Areas of Visegrad Cooperation”, 12 May 2004, https://www.visegradgroup.eu/cooperation/guidelines-on-the-future-110412, last accessed on 29 August 2021.

约等国际机构常驻代表进行相互咨询与合作。同日发布的《维谢格拉德宣言（2004）》[①] 再次强调其基于具体的项目开展，保持灵活和开放的特征。

诚如有学者指出的那样，V4 集团遵循合作而非整合、工具化而非制度化的两个核心原则，合作成效因此大大提高。[②] 换言之，非制度化的合作理念使得 V4 合作呈现出“议题合作”而非“国家联盟”的特点，利于集团内部求同存异、张弛有度。

三 变化：从转型“优等生”到“离经叛道”者

1999 年 3 月，波兰、匈牙利和捷克加入北约。2004 年 3 月，斯洛伐克加入北约。2004 年 5 月，捷克、匈牙利、波兰和斯洛伐克加入欧盟。另外，四国均为经济合作与发展组织成员国。在 2011 年 V4 集团成立 20 周年之际，四国总理发表共同宣言，宣称 V4 是“转型优等生和地区合作的成功范例”，已成为欧盟内部“建设性、负责任、受尊重”的合作伙伴。[③]

① “Declaration of Prime Ministers of the Czech Republic, the Republic of Hungary, the Republic of Poland and the Slovak Republic on cooperation of the Visegrad Group countries after their accession to the European Union”, 12 May 2004, https: //www. visegradgroup. eu/documents/visegrad-declarations/visegrad-declaration – 110412 – 1, last accessed on 29 August 2021.

② Janusz Bugajski, “Visegrád's Past, Present and Future”, *Hungarian Review*, Vol. 2, No. 3, 2011, http: //www. hungarianreview. com/article/visegrads_past_present_and_future, last accessed on 30 August 2021.

③ “The Bratislava Declaration of the Prime Ministers of the Czech Republic, the Republic of Hungary, the Republic of Poland and the Slovak Republic on the occasion of the 20th anniversary of the Visegrad Group”, 15 February 2011, https: //www. visegradgroup. eu/2011/the-bratislava, last accessed on 29 August 2021.

经过30年发展，V4在欧盟乃至世界舞台上均具有一定的政治、经济和外交影响。V4集团成员国在欧盟理事会中拥有的投票权相当于法国和德国投票权的总和（波兰27票，捷克和匈牙利各12票，斯洛伐克7票，而法国和德国各拥有29票）。2019年V4集团国家名义国内生产总值为欧盟28国的6.1%。英国脱欧后，法德领导人意识到，欧盟27个成员国需要更紧密地合作，以便为未来的欧洲政治议程找到新的方向，没有维谢格拉德集团的支持它们很难实现这一目标。[①]概言之，V4集团既是影响欧盟政策的一个次区域组织，也是外部行为体处理对欧关系时不可忽视的一个重要力量。

然而，随着政治上愈益自信、经济实力不断增强以及与欧盟老成员国的利益分歧加大，维谢格拉德集团四国努力维护民族国家利益，在欧盟内坚持自己的观点和立场，时有挑战欧盟政治正确性的举动。[②] 其中，在"欧洲化"道路上渐行渐远的当属匈牙利和波兰。匈牙利青年民主主义者联盟自2010年来连续三次获得议会多数连续执政，不仅其推动的《宪法》《媒体法》等法律修改招致欧盟批评，2014年推出的"非自由民主"理念更是引发欧盟内部震荡。在波兰，2015年法律与公正党相继赢下总统大选和议会选举后，"向右转"的波兰政府开始推行司法改革，意在加强政府对司法机构的管控，同时对媒体进行强力监管。在欧盟看来，2010年以来的匈牙利和2015年以来的波兰所推行的"非自由民主"理念和

① 姜琍：《欧洲一体化进程中维谢格拉德集团合作发展及其地位》，《俄罗斯学刊》2019年第3期。

② 姜琍：《维谢格拉德集团与欧盟的互动关系及其影响》，《当代世界》2020年第1期。

一些做法违背了入盟承诺，是“民主倒退”的体现，比英国脱欧更令人担心，必须给予警告甚至惩戒。[①] 2018 年 9 月，欧洲议会认为匈牙利“危及欧盟核心价值观”，首次决定对匈牙利启动《里斯本条约》第七条制裁程序。同样，波兰的司法改革被欧盟视作违反法治原则，并遭到了欧盟的法律诉讼与制裁，双方就此陷入争执。更有甚者，2020 年下半年，因将款项拨付与尊重法治的要求挂钩引起匈牙利和波兰的强烈反对，欧盟推出的 2021 年至 2027 年长期预算（1.074 万亿欧元）和 7500 亿欧元的恢复基金方案险些搁浅。最终，经过多轮沟通，欧盟成员国才就上述预算和方案达成共识。

此外，V4 国家在难民、安全等议题上也“特立独行”。2015 年欧洲难民危机爆发以来，V4 集团始终相互支持，寻求在欧盟内部集体发声，反对接收难民。2015 年 9 月，四国总理在捷克布拉格召开会议并发表声明，拒绝接受欧盟提出的重新分配 12 万名难民份额的方案。2015 年 12 月，斯洛伐克和匈牙利相继就强制性难民分配方案向欧洲法院递交诉状。作为回应，2020 年 4 月，欧洲法院裁定，波兰、匈牙利和捷克在 2015 年难民危机期间拒绝接收和安置难民的行为违反了欧盟法律，三国或将面临罚款。2020 年 6 月，在欧盟计划推出新的移民与庇护公约之际，捷克联合多个欧盟国家向欧委会致联合声明，反对新的配额制度。另外，V4 集团在军事、安全等领域加紧合作。继 2012 年 5 月四国决定组建一支约

① Ronan McCrea, “Hungary and Poland pose worse threat to EU than Brexit”, 14 September 2018, https://www.irishtimes.com/opinion/hungary-and-poland-pose-worse-threat-to-eu-than-brexit-1.3628355, last accessed on 30 August 2021.

3000 人的维谢格拉德战斗部队后，四国防长于 2014 年 3 月签署三项防务合作协定。更为重要的是，以波兰为代表的 V4 国家加紧同美国的军事合作，在防务政策上有着“自身的算盘”。

当然，V4 集团国家也具有差异性。比如，四国只有斯洛伐克为欧元区成员，波兰的经济总量大于其他三国的总和，匈牙利人并非斯拉夫民族。另外，V4 国家在乌克兰危机等重大议题上的政策也不尽相同。四国在对俄政策特别是对俄制裁上立场不一，波兰非常强硬，其他国家相对温和，匈牙利甚至公开表示不支持。[①]同时，当前四国均为民粹主义政党执政，但四国执政党的欧洲一体化政策也并非完全一致，甚至说不同国家的民粹主义力量在不同时期的表现也不同。

不过，总的来说，无论是财政预算、基础设施互联互通、难民治理等欧盟内政还是有关乌克兰危机、东部伙伴关系计划以及西巴尔干入盟等欧盟外部治理议题，四国均会利用 V4 集团平台进行积极的协调。特别是，V4 集团国家领导人在欧盟峰会之前举行会晤成为惯例，各方就一些重大议题协调立场。但需要强调的是，在任何议题特别是与欧盟政策大体相左的议题上，V4 集团四国进行抱团的组合不尽相同，与欧盟离心的程度也有所差别。

---

① 姜琍：《维谢格拉德集团与欧盟的互动关系及其影响》，《当代世界》2020 年第 1 期。

四 结语：世界格局中的 V4 集团

经过 30 年的发展，V4 集团在捍卫成员国利益、推进区域协调以及开展国际合作等领域发挥独特作用。从世界层面看，V4 集团始终注重以更加积极和主动的姿态在欧盟乃至全球层面展示自我。其中，“V4 +”是重要手段，如“V4 + 德国”外长会晤、“V4 + 西巴尔干国家”外长会晤、“V4 + 荷比卢”外长会晤、“V4 + 希腊 + 罗马尼亚 + 保加利亚”外长会晤、“V4 + 乌克兰”首脑峰会等。“V4 +”框架覆盖从峰会、部长级会晤到民间交往不同层次，其影响力日益扩大。此外，V4 集团近年来还与日本、韩国、印度、巴西等域外国家建立了磋商合作机制。

V4 国家是最早一批与中国建交的国家之一。在中国—中东欧国家合作和“一带一路”倡议的引领下，中国与 V4 国家的务实合作迅猛发展。目前，中国同 V4 国家的投资额和贸易量比中东欧其他 13 个国家的总和都要多。V4 在中国—中东欧国家合作、中欧合作以及“一带一路”倡议中的地位十分显要。

1984 年，米兰·昆德拉在《中欧的悲剧》一文问道：“对一个匈牙利人，一个捷克人，一个波兰人来说，欧洲究竟意味着什么?”[①]如今不得不问，“非自由民主”的匈牙利和波兰对于欧洲究竟意味着什么？如果说 1984 年是基于欧洲身份

① Milan Kundera, translated from the French by Edmund White, “The Tragedy of Central Europe”, *New York Review of Books*, Vol. 31, No. 7, 1984, p. 1.

追求的“向心之问”，那么，眼下则是之于欧洲价值观挑战甚至背弃的“离心之问”。可以想见，在未来一段时间内，V4特别是波兰和匈牙利将在向心与离心的对冲中寻求其身份传承与利益发展。对于中国来说，如何在历史与现实的变化中以及V4与欧盟互动的链条上确立同V4合作的最优模式，这需要认真思索和设计。

中东欧民粹主义政党的特点：基于选举表现的分析

朱红宏[①]

内容摘要：随着越来越多国家的民粹主义主义政党走向政治舞台的中心，民粹主义的热度只增不减，许多中东欧国家的民粹主义政党在一次又一次的大选中获胜，成为了备受瞩目的研究案例。本文主要通过将中东欧民粹主义和西欧民粹主义进行对比，关注欧盟的中东欧成员国内部作为主要执政党的民粹主义政党，以中东欧国家国内选举和欧洲议会选举统计的数据分析为基础，发现中东欧民粹主义政党在竞选时与西欧民粹主义政党的主张不同，主要关注经济与反腐，选举结果上，国内选举和欧洲议会选举结果基本一致，但民粹主义政党在国内的影响力显著强于在欧洲议会的影响力，从长期的选举情况看来难以判断是民粹主义兴起抑或是转型过程中

① 朱红宏，西安外国语大学国际关系学院波兰研究中心讲师，中国社会科学院研究生院博士研究生。

的主流政党的正常更替。

关键词： 中东欧；民粹主义；国内选举；欧洲议会选举

近年来，民粹主义政党在选举中越来越突出的表现吸引了诸多关注，在欧洲，一些民粹主义政党因在国内选举中表现不俗成为执政党，还有更多的民粹主义政党在欧洲议会选举中获得成功：2014 年的欧洲议会选举被认为是民粹主义政党的“大爆炸”，[①] 2019 年欧洲议会选举中民粹主义政党的议员数量持续上升，在选举前甚至有学者预测“民粹海啸”会降临布鲁塞尔。[②]通过对国内大选和欧洲议会选举状况的研究，本文发现民粹主义政党在西欧国家和中东欧国家有不同的特点：在西欧国家中，民粹主义政党大多有强烈的疑欧主义，在国内选举中岌岌无名却在欧洲议会选举大放光彩，同时，民粹主义政党的异军突起在一定程度上打破了传统的“左右之争”；而在中东欧国家，民粹主义政党大多更关注执政能力与政治道德，国内选举的赢家通常也是欧洲议会选举的赢家，且由于民粹主义政党在一些中东欧国家是执政党，因此在国内有巨大影响力，却因为国家本身限制而在欧洲议会议员数量稀少，并非是欧洲议会中有强大影响力的政党，此外，由

① Joaquín Martín-Cubas, Anselm Bodoque, Jose M. Pavía, Vicenta Tasa & Ernesto Veres-Ferrer, “The ‘Big Bang’ of the populist parties in the European Union: The 2014 European Parliament election”, *The European Journal of Social Science Research*, Vol. 32, No. 2, 2019, pp. 168 – 190.

② Daniel Stockemer and Abdelkarim Amengay, “The 2019 Elections to the European Parliament: The Continuation of a Populist Wave but Not a Populist Tsunami”, *Journal of Common Market Studies*, Vol. 58, No. S1, 2020, pp. 1 – 15.

于东欧剧变至今仅 30 余年，尚不足以说明政坛是否稳定，难以判断中东欧的民粹主义政党的流行是民粹主义的兴起或仅仅是一种转型过程中的正常现象。

一 中东欧民粹主义政党的竞选侧重经济和反腐

对西欧民粹主义的研究表明西欧民粹主义政党的一个特点是吸引“全球化的失利人群”，视外来移民为一种对自身生活方式和经济安全的威胁，因此表现出强烈的反欧洲一体化和反移民态度。[①]比如英国独立党（UKIP）的竞选重点是呼吁英国退出欧盟，法国国民阵线（NF）在 2017 年竞选中强调“本国优先”，反移民和反伊斯兰，主张恢复法国对法律、边界和货币的主权，要求针对欧盟成员身份举行公投。[②]意大利北方联盟（LN）曾是意大利议会中唯一一个投票反对欧盟宪法的党派，该党派还时常批判欧盟，反对欧盟超国家主义，呼吁取消欧元。丹麦人民党（DF）反对向欧盟让渡主权，反对欧元，支持丹麦克朗，其党领袖曾在 2016 年与英国独立党领袖法拉吉见面，并表示他们正在考虑支持丹麦举行脱欧公投，还说“离开欧盟只是时间问题”。[③]

而在中东欧地区，疑欧主义并非民粹主义政党的主要关

---

① 详见：Marcel Lubbers, Mérove Gijsberts, “Peer Scheepers, Extreme right-wing voting in Western Europe”, *European Journal of Political Research*, Vol. 41, No. 3, pp. 345 – 378; Oliver Treib, “The Voter Says No, But Nobody Listens: Causes and Consequences of the Eurosceptic Vote in the 2014 European Elections”, *Journal of European Public Policy*, Vol. 21, No. 10, 2014, pp. 1541 – 1554.

② Gilles Ivaldi, “Populism in France”, in Daniel Stockemer, *Populism Around the World: A Comparative Perspective*, Springer, 2019, pp. 27 – 47.

③ “Danish People's Party signals support for leaving EU”, *The Local*, December 1, 2016.

注，它们的竞选往往围绕着执政能力与反腐败。在波兰，法律与公正党（PiS）2005 年竞选中打败公民纲领（PO）的重要因素在于提出要建立一个没有腐败和犯罪的“第四共和国”[①]，2019 年大选前法律与公正党领导人卡钦斯基表示将定期向退休人员发放年度现金奖金，并将工人最低工资提高近一倍，给每个家庭的每一个孩子发放 500 兹罗提补助。[②]在匈牙利，青民盟（Fidesz）2010 年上台的重要原因是在竞选中计划促进经济增长并在 10 年内创造 100 万个就业岗位，其执政至今很大程度上是因为执政成功——“欧尔班经济学”带来的经济增长、失业率下降切实提高了人民生活水平。在捷克，亿万富豪巴比什领导的 ANO2011 在成立之时的宣言就是“不满意公民运动”（其捷克语的首字母缩写为 ANO），对捷克政治和政客进行批判，在 2017 年竞选时夺魁的重要原因是他指责当时的政府无能和腐败，并且承诺将如同管理企业一般高效率地管理政府。[③]在斯洛伐克，方向党（Smer）从 2002 年开始进入议会后作为反对派力量对中右派政府的改革措施多加批判，并且保证如果掌权一定做出根本性变革[④]，然而近年又因为一位调查欧元区腐败问题的记者被杀而激起民怨，2020 年选举中支持率大不如前，而替代该党的普通公民与独立个

---

① Krzysztof Jasiewicz, “The New Populism in Poland: The Usual Suspects?”, *Problems of Post-Communism*, Vol. 55, No. 3, 2008, p. 7.

② Marcin Goclowski, Pawel Florkiewicz, “Polish PiS promises voters even more cash ahead of October election”, *Reuters*, September 7, 2019.

③ Seán Hanley and Milada Anna Vachudova, “Understanding the Illiberal Turn: Democratic Backsliding in the Czech Republic”, *East European Politics*, Vol. 34, No. 3, 2018, p. 277.

④ Grigorij Mesežnikov, “National Populism in Slovakia: Actors, Issues, Strategies”, in Grigorij Mesežnikov, Ol'ga Gyárfášová, *National Populism in Slovakia*, *Bratislava*, 2008, p. 10.

人组织（OL'aNO）则因其承诺在司法和警察部门推行反腐措施而在竞选中获胜。在保加利亚，“反腐”这一标语曾帮助西美昂二世（西美昂二世国家运动，NDSV）赢得2001年选举，帮助鲍里索夫（欧洲公民发展，GERB）赢得了2009年选举，而在2021年又使近1/5选民支持仅成立一年的“有这样一个民族（There is Such a People）”。[①]

许多中东欧民粹主义政党不像西欧民粹主义政党那样有强烈的反一体化立场，在移民问题上也并非整齐划一，原因可能在于它们更多的是欧洲一体化的受益方，通过加入欧盟成为欧盟结构基金的主要受益方，近些年来的经济发展在很大程度上依靠欧盟，因此疑欧主义并没有很好的发展空间，为了吸引受益于欧盟的选民支持，中东欧大多民粹主义政党是亲欧或者“软疑欧”的，即不支持退出欧盟，仅仅希望欧盟能够做出一些有益于本国的变化。一部分中东欧民粹主义政党也没有很强的反移民立场，其原因可能在于，中东欧国家并非多数移民的目的地，它们自己就是西欧移民的来源之一，人民或多或少地受益于欧盟消除内部边界的政策。

二 中东欧民粹主义政党在国内和欧洲议会的选举结果基本一致，影响力反差巨大

西欧国家的民粹主义政党在欧内选举和欧洲议会选举结果中呈现出不同程度反差，它们中的一些在国内选举中支持

---

① Emilia Zankina, Yuxiang Lin and Tim Haughton, “Bulgaria's election was all about corruption, not covid – 19. Here are 4 takeaways”, *Washington Post*, April 7, 2021.

率不高，却在欧洲议会选举中有突出表现，典型如英国的脱欧党和法国国民阵线是两国在欧洲议会中的第一大党，却在国内选举中名落孙山，再如在国内选举表现一般的丹麦人民党，在2014年欧洲议会选举中成为丹麦在欧洲议会中的第一大党。对此现象的解释往往归结为欧洲议会选举所具有的“二等选举”属性，因为欧洲议会选举不会带来执政党的更替，对国内政策的影响微乎其微，选民投票时不用考虑太多的投票策略，还将其视为一种低成本表达对执政党不满的机会。[①]与西欧不同，中东欧国家的民粹主义政党在国内与欧洲议会选举结果往往基本一致，以2019年欧洲议会选举为例，在欧洲议会选举支持率最高的党在国内选举中也排名第一，如保加利亚公民欧洲发展党、波兰法律与公正党、捷克ANO2011、斯洛伐克方向党、匈牙利青民盟，也就是说，没有党派能够在欧洲议会中超常发挥超越国内选举的冠军。此外，在大多数情况下国内选举和欧洲议会选举的政党得票率排名是一致的，个别情况下会出现国内选举中无足轻重小党派在欧洲选举中得票较高，但这些反常政党中没有民粹主义政党。

与国内议会和欧洲议会选举结果基本一致的情况不同，民粹主义政党在欧盟的中东欧成员国国内影响力和欧洲议会影响力却截然不同。从中东欧国家国内选举的情况来看，民粹主义政党在一些国家影响力很大，却在欧洲议会的影响力很小。截至2021年9月，民粹主义政党已经在保加利亚、捷

① Hermann Schmitt, “The European Parliament Elections of June 2004: Still Second-Order?”, *West European Politics*, Vol. 28, No. 3, 2005, pp. 650 – 679.

克、匈牙利、波兰和斯洛伐克掌权，参与一些国家国内政治成为执政联盟的“初级合伙人”，如爱沙尼亚保守人民党（EKRE）和拉脱维亚全国联盟（NA），在北马其顿和黑山是主要的反对党。不仅如此，民粹主义政党在部分国家选举的成功是史无前例的。在波兰，2015 年选举法律与公正党在议会享有多数出现了单一政党执政的现象，在 2019 年选举中，该党又以 43.6% 获得了波兰议会选举历史上最高的支持率，占有 51.1% 的议会席位。[①]在匈牙利，青民盟自 2010 年起就占有议会 50% 以上的席位，此前从未有政党获得过这一绝对多数。在捷克，ANO2011 至 2013 年选举进入政府执政，在 2017 年选举中成为占有议会 39% 席位的第一大党。这种情况与西欧民粹主义政党的反精英、反建制特点不同，“在西欧，民粹主义主要是政治‘局外人’的武器”[②]，而中东欧民粹主义有“精英主导”的特点，民粹主义政党在中东欧成为主流政党和执政党，受到国家领导人的推崇，其原因很可能在于“东欧剧变”使剧变前通过自下而上的具有民粹特点的方式参与政治的“局外人”，转变成了剧变后可以自上而下参与甚至主导中东欧政治的“局内人”。

虽然中东欧民粹主义政党在国内影响力巨大，但在欧洲议会中，除了波兰的法律与公正党之外，其他民粹主义政党都很难算是欧洲议会有影响力的政党。在 2019 年欧洲议会选举中，法律与公正党的 25 位议员占欧洲“保守和改革主义党

---

① Radoslaw Markowski, “Plurality support for democratic decay: the 2019 Polish parliamentary election”, West European Politics, Vol. 43, No. 7, 2020, pp. 1513 – 1525.

② Cas Mudde, “In the Name of the Peasantry, the Proletariat, and the People: Populism in Eastern Europe”, *Eastern European Politics and Societies*, Vol. 15, No. 1, 2001, p. 45.

（ECR）”议员数的41%，是该欧洲党派内人数最多的群体，有能力主导该党派的意见导向。而青民盟所在的欧洲人民党（EPP）因为本身人数众多，匈牙利议员占比不足10%，且现在青民盟已经与欧洲人民党分家，成为欧洲层面“无党派”议员主要来源。从欧洲议会的席位上看，多数中东欧民粹主义政党席位仅有1—2席，在超过700人的议会中显得可有可无（详见表1）。当然，民粹主义政党在欧洲议会的影响力与在欧盟层面的影响力并不必然一致，在国内执政的民粹主义政党还有多种渠道参与欧盟政治，因为欧洲议会并非欧盟唯一的决策机制，甚至在不少学者看来，欧洲议会权力相对弱小，不仅没有独享立法权，甚至在立法过程中不起主导作用，与国内议会的权力不可同日而语。同时，欧洲议会的选举结果与中东欧国家本身国小人少是有很大关系的，许多国家一共才有十数位议员，有些甚至不足十位议员，所以分配到国内各党派的议员人数就显得少得可怜。

表1　欧盟中东欧成员国主要民粹主义政党在欧洲议会中的议员人数统计

国家	国家党派	EPP	S&D	Renew Europe	ECR	Greens/EFA	ID	GUE/NGL	无党派
保加利亚	GERB	5							
捷克	ANO			5					
捷克	SPD						2		
捷克	KSCM							1	
爱沙尼亚	EKRE						1		
爱沙尼亚	EK			1					
克罗地亚	ZZ								1

续表

国家	国家党派	EPP	S&D	Renew Europe	ECR	Greens/EFA	ID	GUE/NGL	无党派
立陶宛	DP								1
匈牙利	Fidesz								12
匈牙利	JOBBIK								1
波兰	PiS				25				
斯洛文尼亚	LMS			2					
斯洛伐克	OLaNO	1							
斯洛伐克	Smer - SD		2						
斯洛伐克	SaS				1				
斯洛伐克	REPUBLIKA								1
民粹主义政党合计		6	2	8	26	0	3	1	16
中东欧国家席位合计		64	43	29	39	7	3	1	18
欧洲政党总人数		178	146	98	61	73	73	39	37
民粹主义政党在欧洲党派中占比		3.4%	1.4%	8.2%	42.6%	0.0%	4.1%	2.6%	43.2%

资料来源：根据欧洲议会公开数据自行整理得出。

三　中东欧民粹主义的兴起不显得突然

在西欧国家，突然崛起的民粹主义如同一个外来者突然出现在选民视野中，打破了数十年甚至上百年的“左右之争”；然而在中东欧国家，民粹主义政党似乎从东欧剧变之后就迅速出现，在一些国家中伴随着国内政坛的频繁洗牌，并不显得突兀。

保加利亚是“洗牌”最频繁的国家，在近 30 年的自由选举中，还没有政党能够连续获胜 3 次以上。在 20 世纪 90 年代，保加利亚的议会选举是社会党（BSP）和民主力量联盟

（ODS）之间的竞争，到了2000年年初，西美昂二世全国运动突然崛起，一举拿下议会43%选票，2009年以后则是公民欧洲发展党的天下，保持着30%以上的支持率和35%以上的席位，随后一度被2021年崛起的民粹主义政党“有这样一个民族”超越，虽然最终选举结果尚不明确，但“有这样一个民族”在2021年7月举行的该年度第二次选举中，以微弱优势打败公民欧洲发展党。[①]新旧党派的频繁更替似乎是保加利亚的常态，体现出国内选民缺乏忠诚度，以选举来表达对政治的不满，投票不是选举政府的方式，而是将政府赶下台的方式。[②]

在其他民粹主义政党执政的中东欧国家，民粹主义政党常常是以替代剧变后第一轮主流政党的角色出现的，也就是说，在这些国家中，主流政党的更替只进行了一次，并且从选举次数上看也仅仅只有两三次的成功，难以判断是民粹主义兴起，还是国家转型过程中的正常政党交替。匈牙利在1994—2010年的选举基本是匈牙利社会党（MZSP）的天下，青民盟在1998年选举中获胜过一次，之后自2010年起至今成为议会第一大党。在波兰，东欧剧变之后在一段时间内国内政党比较碎片化，表现出来的是所有党派的支持率都比较低，1997年以前的选举中所有党派中最高的支持率仅为20%左右，

① 2021年保加利亚在4月、7月和11月分别举行了三次议会选举，在4月的选举中，公民欧洲发展党赢得大选，在7月的选举中，“有这样一个民族”赢得大选，但两次都没有成功组建政府，因此计划再度举行大选。本文完成于2021年9月，只能确定在第二次选举中“有这样一个民族”暂时赢得大选，但对于本届选举的最终结果尚不明确。

② Emilia Zankina, Populism, “Populism, Voters and Cleavages in Bulgarian Politics”, *Czech Journal of Political Science*, Vol. 24, No. 1, 2017, p. 62.

不过值得指出的是，直到2001年选举，民主左翼联盟（SLD）一直在前两名徘徊，表现相对稳定。从2005年选举开始，表现出的是公民纲领和法律与公正党的较量。在捷克，20世纪90年代到2010年选举是公民民主党（ODS）和社会民主党（ČSSD）之间的竞争，捷摩共（KSČM）基本稳定保持10%—20%的支持率，ANO2011作为新党派在2013年选举中获得第二，随后一直是主要执政党。在斯洛伐克，人民党（HZDS）在1992—2002年选举中夺冠，方向党从2006到2016年胜利，在2020年被普通公民与独立个人组织打败。

东欧剧变至今30年，按照一般选举间隔来算，中东欧国家至今也就举行过六七次选举，不算第一次和第二次相对比较反常的选举，可以说选举的数据不足以确定任何现象是暂时的或是长期的，加上转型中的中东欧国家要面对诸多挑战，似乎还没有建立起相对稳定的政治生态，因此难以判断民粹主义政党的流行是民粹主义的兴起还是一种国家的正常政治状态。

四　总结

本文以中东欧国家的议会选举和欧洲议会选举为切入点，主要从民粹主义政党的选举策略和选举结果进行分析，发现民粹主义政党的选举侧重点在中东欧和西欧是不同的，中东欧民粹主义政党以执政能力和政治道德为主，而西欧民粹主义政党以反一体化、反精英、反建制为主；选举结果上体现出国内选举与欧盟选举结果上基本一致，影响上则是巨大反差，许多在国内是执政党的民粹主义政党却在欧洲议会席位不足1%；从剧变以后的选举结果统计来看，考虑到东欧剧变以来时间并不长，国内政治生态在一定时间内不够稳定，判断民粹主义是否在中东欧国家兴起缺少充足的数据，执政两三届尚不足以判断民粹主义政党执政是暂时的还是长期的，加之民粹主义政党在中东欧与西欧呈现出的不同特点，难以判断是民粹主义政党兴起或仅仅是转型的一个阶段又或是中东欧的正常政治生态。

波兰—白俄罗斯边境冲突及其影响

陈思杨[①]

内容摘要：2021 年 11 月，波兰与白俄罗斯边境爆发难民危机，双方军队在边境对峙，冲突一触即发。白俄罗斯试图打难民牌迫使欧盟撤销此前的制裁，波兰和欧盟在此问题上虽达成共识，但并没有真正齐心协力。这不仅引发地区矛盾升级、对区域冲突可能性的猜测，还暴露出欧盟与其成员国之间的矛盾，以及申根机制的短板。

关键词：难民危机；波兰；白俄罗斯；欧盟

2021 年 11 月，波兰与白俄罗斯边境难民聚集，两国军队的对峙升级，甚至不断传出枪声。据报道称，在白俄罗斯边境还发现了 4 具难民遗体。随着冬季到来和军事威胁的升级，难民会面临越来越高的被冻死或被误伤的风险。一波数量庞

---

① 中国社会科学院欧洲研究所助理研究员。

大且难以控制的“难民潮”正冲击着波兰边境的安全，影响着波白两国，甚至欧俄双方关系，同时对欧盟的治理也提出更高要求。

一 边境冲突始末

所谓的波白边境危机或边境冲突，始于两国边境的难民潮。波白边境的难民主要是来自中东地区的伊朗人、伊拉克人和叙利亚的库尔德人，他们的目的大多是通过各种手段进入欧盟寻求庇护。在此之前，来自中东地区的难民通常会穿越土耳其和北非，再从地中海偷渡到欧洲，但这条路线风险较高，在海运和漫长的辗转途中时常发生意外。而现在，他们则是选择坐飞机到白俄罗斯首都明斯克，再从波兰、立陶宛或拉脱维亚进入欧盟，之后再继续前往欧盟腹地更发达的国家，如德国。

白俄罗斯在此过程中对难民“敞开怀抱”，不仅安排安全便捷的路线让其进入明斯克，更提供了车辆将他们直接送去波兰、立陶宛、拉脱维亚边境，不少难民通过该路线成功进入了欧盟。于是从 2021 年 6 月开始，从伊拉克飞往白俄罗斯的人数激增，波、立、拉三国无法容纳数量众多的难民，于是8 月初通过欧盟叫停了这条航线，并要求与伊拉克联手打击人口贩卖与偷渡行为。但难民并没有就此停歇，而是选择从土耳其的伊斯坦布尔机场（每天四次）或阿联酋的迪拜机场（每天两次）飞往明斯克，人数甚至比之前更多。

10 月波兰报告超过 14000 次非法越境，立陶宛超过 1800

次，拉脱维亚超过800次，其中波兰承受了最大的压力，11月以来波兰表示每天有超过一万人在边境等候入境。11月初，白俄罗斯彻底开放边境，把大量移民推向波兰一侧，将难民危机推向高潮。许多妇女、儿童被迫滞留在公路或森林，开始引发国际社会高度关注。

波兰西接壤德国，东接壤白俄罗斯，是前往欧盟腹地最方便的路线，故而大部分难民都聚集在了波兰边境。2021年6月时，波兰就监测到异常人数的入境情况，开始停止申请入境，而后非法入境屡禁不止，8月波兰在边境建造了铁丝网，并计划修建隔离墙，阻挡难民进入波兰。随着冲突升级，波兰国防部开始派遣军队在边境驻扎，11月初波兰已在此部署了1. 2万名士兵，名义上协助处理难民事务，实则以武装力量阻止难民入境。白俄罗斯也同样派出军队，于是双方出现在边境对峙，挑衅行为不断，武装冲突一触即发。

二 各方立场和诉求

（一）白俄罗斯方面

2020年卢卡申科（Alexander Grigoryevich Lukashenko）在白俄罗斯总统选举中再次连任，引发国内反对派的不满和抗议。欧盟和美国以选举不公正透明、不符合民众意愿为由，拒绝承认卢卡申科政权的合法性。卢卡申科则认为反对派背后有西方势力的支持，故而采取了压制手段。2021年5月，一架载有支持白俄反对派记者罗曼·普罗塔谢维奇（Roman Protasevich）的瑞安航空客机被迫降在明斯克国际机场，白方执法人员在检查时将其逮捕，“飞机事件”成为欧盟与白俄罗斯关系恶化的导火索。在此之前，欧盟一直以卢卡申科打压反对派侵犯人权为由，陆续对白俄罗斯采取了一系列的限制性措施。6月，欧盟因“飞机事件”对白俄罗斯实行了新一轮制裁。

白俄罗斯边境的难民并不是现在才开始出现，只是双方一直采取管控手段，所以并不会造成局势失控，但此轮制裁遭到了白俄罗斯当局的强烈不满，不得不打出“难民牌”以威胁欧盟停止制裁手段。与此同时，卢卡申科与俄罗斯的关系亲密，西方质疑俄罗斯也在其中扮演了重要角色。虽然普京随后表示，俄罗斯与此事毫无关系，欧洲国家自己才是波白边境难民危机的始作俑者，现在只是在寻找替罪羊，推卸自己应负的责任，但其支持白俄罗斯的姿态依然十分明显。

（二）波兰方面

波兰对“难民潮”态度坚决，并强烈指责白俄罗斯。莫拉维茨基（Mateusz Morawiecki）总理公开表示：“白俄罗斯是在利用平民作为武器发动混合战争。这不是移民危机，而是政治危机，企图破坏欧洲稳定。而白俄罗斯是故意将移民引向波俄边境，卢卡申科应为现在的局面负责。”[①] 这种说法遭到白俄罗斯的否认，并表示波兰应秉承人道主义精神，打开边境。

波兰时刻警惕来自俄罗斯的威胁，尤其害怕白俄罗斯的

---

① *Rzeczpospolita*（波兰《共和报》），https：//www. rp. pl/dyplomacja/art19093141 – morawiecki – o – dzialaniach – bialorusi – to – terroryzm – panstwowy.

军事调动会与持续升温的乌克兰局势联动。波兰执政党法律与正义党党魁卡钦斯基表示，波兰面临的国际和地缘政治形势正在恶化。2021 年 10 月底，法律与公正党向议会提出了一项国防法案《保卫祖国法》草案，目的是“激进地”强化现有军事实力，增加国防开支，使波兰成为一个有能力进行有效防御的国家。

与此同时，波兰虽然支持欧盟对于白俄罗斯的制裁，但并不是一直与欧盟“同心同德”。2015 年法律与公正党上台以来，一直致力于进行司法改革。欧盟则认为波兰的司法改革违背了欧盟法律，违反了司法独立原则，是一种民主倒退。欧盟委员会曾尝试启动法治国家调查程序、对波兰司法改革的审查等做法进行调查，以期使波兰纠正司法改革中的一些做法，然而效果不尽人意。2021 年 10 月（难民危机爆发前夕），波兰宪法法院裁定欧洲法院干涉波兰司法改革、违背波兰宪法，波兰国内法律相比于欧盟法律具有优先权。这招来欧盟更为强烈的指责，甚至暂停了对波兰复苏资金的审议。波兰与欧盟的冲突达到高峰时，难民危机爆发，波兰并没有接受来自欧盟的援助，这也是避免让欧盟找到机会与其谈条件。所以波兰一直坚持暂时不需要欧盟的帮助。

（三）欧盟方面

欧盟委员会认为，白俄罗斯将难民潮当作与欧盟谈判的砝码，也是以此报复欧盟对其的制裁。在难民危机问题上，欧盟对波兰表示支持，早在 2021 年 10 月德国内政部长赛贺佛（Horst Seehofer）就表示波兰保护边界的行为很正当。欧盟对白俄罗斯的制裁不仅未减轻，反而继续加码，其外交事务委员会11月召开会议通过制裁决议，制裁对象为白俄罗斯航空公司。

除此之外，欧盟多次表示要向波兰提供援助，包括增派士兵，但之前都被波兰拒绝。波兰政府发言人称，波兰既有边防，也有警察和军队，可以处理好边境事宜，目前并不需要欧盟的帮助。2021年11月10日，欧洲理事会主席米歇尔（Charles Yves Jean Ghislaine Michel）亲赴波兰会见总理莫拉维茨基，双方表示欧盟需要团结对外，米歇尔暗示可能会以提供资金的方式巩固欧盟边境。随着俄罗斯态度愈发明确（两架俄罗斯轰炸机飞越白俄罗斯，俄罗斯称其为测试邻国防空系统），来自欧盟的援助对波兰会愈发重要。

三　影响与问题

不断升级的难民危机不仅影响了欧洲东部的安全形势与国家间关系，也暴露出欧盟一些机制上的短板。

（一）地区矛盾升级

卢卡申科一直以来都得到普京的支持，波兰总理莫拉维茨基甚至直指普京参与策划了本次移民危机。拉脱维亚外交部长埃德加斯·林凯维奇则认为，俄罗斯利用移民将潜在的特工和挑衅者走私到欧洲。俄罗斯明确表示移民危机不是白俄罗斯的责任。同时，莫拉维茨基总理表示波兰不仅是欧盟的边境，也是北约的边境。一旦冲突继续升级，波兰与白俄罗斯的边境对峙有可能会演变成“新铁幕”。

（二）区域军事力量调动，引发地区冲突猜测

白俄罗斯与俄罗斯关系密切，卢卡申科的当选稳固了来自俄罗斯的支持。在波兰眼中，这场危机不仅是波白之间的，更是欧盟与俄罗斯之间的，白俄罗斯只是引线，俄罗斯的干预才是波兰真正的关切点。为了寻求安全保障，波兰一直在请求美国在其境内部署核武器以对抗俄罗斯，寻求来自北约的安全保障。而白俄罗斯则扬言也要在境内部署俄罗斯核武器。双方都为难民潮调动了军队，白俄罗斯更是处在乌克兰、俄罗斯、波兰几国边界的重要位置，这使得国际社会对持续升温的乌克兰局势有了新的猜测。

（三）申根机制弊端显现

早在2015年，土耳其总统埃尔多安就使用过类似手段向希腊输送难民，以此对欧盟施压，最后以欧盟批准了一项60亿欧元的交易收尾。如今白俄罗斯故技重施，实则是抓住了欧盟申根机制的漏洞。向波兰投掷“移民炸弹”，威胁的不是单独一个国家，而是整个欧盟。申根协议规定的自由通行原则使得难民不管从哪国边境进入欧盟，都可以在其内部较为自由地流动，经由边境国，进入欧盟腹地（大部分难民的目的地为德国）。但与此同时，都柏林公约又限制了难民需要在提交申请的所在国停留，这就导致申根国间的非法移民流动屡禁不止。从2015年难民危机到现在，欧盟一直面临同样的问题。如果不从源头解决快速救援、难民流动、边境国安抚

等问题，那么边境国的任何一次移民或难民危机都有可能导致欧盟内部的大震荡。

（四）欧盟内部有许多问题亟待解决

自2015年以来，波兰就与欧盟因法治问题龃龉不断，而在移民危机发生的同时，华沙正与布鲁塞尔因违宪导致的暂停拨付资金问题闹得不可开交。波兰几次申明不需要来自欧盟的帮助，其实是不希望因为接受难民危机的援助而被迫接受来自布鲁塞尔的潜在条件。如果欧盟想帮助波兰渡过本次危机，就必须尽量把以上两个问题分开处理，绝不能混为一谈。冲突在进一步升级，甚至会形成两军对峙的局面，波兰一国也许很快就会感到独木难支。欧理会主席亲赴波兰虽然是波欧合作的良好信号，但双方之前的矛盾尚未得到解决，也未明确发布具体措施。

拜登政府执政背景下匈牙利的机遇与挑战

叶予民[①]

内容摘要： 拜登主政美国后调整对欧政策，重回多边主义、注重传统西方价值观、积极修复美欧关系、强化同盟作用。作为欧盟与北约成员国的匈牙利在拜登新欧洲政策的框架下面临着新机遇与新挑战。可以预见匈将得益于重归于好的美欧经贸关系，以美国同盟国的身份保持对美安全依赖与政治联系，以获得稳定的外交环境，并借助小国优势在大国博弈中左右逢源。但欧尔班政府近几年在人权法治背离西方价值观、保持对华对俄亲密关系等方面势必会受到拜登政府更大程度的指责与施压。目前拜登政府会保持对匈政策，待匈大选之后，进行新的政策微调。

关键词： 拜登政府；匈牙利；同盟关系；政策矛盾

① 叶予民，华东师范大学国际关系与地区发展研究院、中东欧研究中心硕士研究生。

拜登于2021年1月入主白宫后，便着手调整对欧政策，首次出国访问就选择了欧洲。他希望修补特朗普政府时期遭到破坏的美欧关系，并且重塑美国在欧洲的领导地位。一方面，欧盟多国领导人对于拜登新政表示期待和欢迎；另一方面匈牙利政府则是表现冷淡、态度消极，形成鲜明对比。对于匈牙利而言，如何处理与拜登政府的关系不仅事关2022年的匈牙利大选，更是事关匈牙利外交、安全的重大事项。因此拜登政府执政后美匈关系走向以及由此带来对于匈牙利而言的新机遇与新挑战值得关注。

一　中东欧的战略位置与大国博弈

地缘政治学家麦金德早在20世纪初期便提出了“谁统治东欧，谁就能控制大陆心脏；谁能统治大陆心脏，谁就能控制世界岛——亚欧大陆；谁控制世界岛，谁就能统治世界”这一著名论断。从地缘角度看，中东欧地区北接斯堪的纳维亚半岛，那里拥有着丰富的油气资源和渔业资源；南接土耳其与地中海，连接亚洲与非洲；东邻俄罗斯，西靠西欧。可以说，中东欧地区不仅是欧洲的门户与屏障，也是西欧与俄罗斯的战略缓冲地带。在地缘战略上，控制缓冲区以增强自身安全保障历来是周边大国对中东欧的共同选择。无论是在历史还是基于国际变局的现实，中东欧对于大国而言的战略重要性由此可见一斑。从文明角度看，中东欧地处东西文明的交汇地带，多文明交融共存、多宗教混杂交错、多思想萌发荟萃。从民族来看，中东欧民族的多重性与复杂性远超过世界其他地区，政治分裂与民族冲突现象在历史上常态化存在。简而言之，该地区既有着自然地理分界特征，又存在地缘政治局势复杂现象与东西接合部文明特征。

21世纪以来，尤其是全球化加速以来，世界主要大国不断加大对中东欧地区的关注和投入。欧美俄三方将该地区作为“没有硝烟的战场”与“政治博弈的大棋局”，各方势力与利益在此地角逐。西欧与中东欧地区有着文明同质性，有着天然的血缘与文明联系，尤其是20世纪80年代末东欧剧变后，中东欧国家秉持着欧洲传统价值观，倾向于推动欧洲一体化。在对外经贸关系上，中东欧国家也高度依赖欧盟市场。而欧盟则是将该地区视为“领地”，对域外势力的影响与介入尤为敏感。无论是从历史还是现实政治看，俄罗斯与中东欧国家也是难舍难分。在大国博弈加剧背景下，俄罗斯基于能源与软实力渗透等优势，意图将中东欧地区始终置于俄势力影响的笼罩之下，从内部分裂北约和欧盟，从而改善俄观念里的“安全困境”。对于美国而言，中东欧地区是其全球战略部署的重要一环。美国将其作为对抗俄罗斯的前沿阵地与桥头堡，尤其是发挥波兰、波罗的海三国的地缘战略优势。而中东欧国家除了在军事安全上依赖于美国，在经贸、能源、高新技术等方面也与美国有着密切合作。可以说，相较于俄罗斯，美国在中东欧地区的战略优势明显。

二 拜登政府执政下匈牙利的新机遇

中东欧地区是各方势力汇聚的焦点，而匈牙利是中东欧综合实力靠前的国家，在中东欧地区具有举足轻重的地位，其也是美国在中东欧地区最重要的盟友之一。特朗普政府时期，美国就企图将中东欧作为战略支点，一方面可以将其作为对抗俄罗斯的前沿阵地，另一方面以此分裂欧洲而强化美国地位。尤其是匈牙利总理欧尔班与特朗普私交甚好。欧尔班被视为“欧洲的民粹主义与民族主义强人”，特朗普被视为“美国的民粹主义力量”，因而从某种程度上来说，特朗普与欧尔班可谓是“意气相投”。然而在建制派元老拜登执政后，美国新政府在对待匈牙利的问题上势必会有所不同。正如布达佩斯市长盖尔格利·卡拉索尼（Gergely Karácsony）所言，“特朗普有利于欧尔班，但拜登有利于匈牙利”[①]，因此可以预见拜登政府执政背景下匈牙利存在着发展新机遇。

首先，拜登政府回归多边主义，希望修复美欧经贸关系，这对于匈牙利而言是有利的。2018 年，匈牙利向欧盟出口占本国出口总额的 82%（德国占 27%，罗马尼亚、斯洛伐克、奥地利和意大利各占 5%，欧盟以外 2% 的贸易出口到美国和乌克兰），从欧盟进口占本国进口总额的 75%（德国 25%，奥地利 6%，波兰和荷兰 5%，而欧盟以外的 6% 来自中国，5% 来自俄罗斯）。[②] 由此可见，匈牙利在经济上高度依赖欧盟，经济全球化与多边主义也是资源匮乏的匈牙利所推崇的。而在全球产业链分布的流动经济时代下，特朗普损害美欧经

① András Balogh，“The reactions of Hungarian politicians to Joe Biden's victory”，*Daily News Hungary*，November 9，2020，https：//dailynewshungary. com/the-reactions-of-hungarian-politicians-to-joe-bidens-victory/.

② 欧盟官方网站，https：//europa. eu/european-union/about-eu/countries/member-countries/hungary_en#trade-and-economy。

贸关系，必然对匈牙利造成经济上的损失。因此，拜登对欧经贸政策的调整将会有利于匈牙利的发展。

其次，拜登强调维护跨大西洋同盟关系。可以说，这一政策倾向给匈牙利外交以底线保障。匈牙利是欧盟成员国，这一身份决定了匈牙利与美国有着西方战略、价值观的密切联系。尽管匈牙利在难民危机、人权、司法、对华对俄态度等方面多次与美欧“唱反调”，不过“盟友”的身份让匈牙利的外交空间不会因此急剧缩小；同时匈牙利还是北约成员国，在军事安全上非对称依赖于美国。从匈牙利用于北约的军事支出情况来看，2011—2018 年国防开支占国内生产总值的比例保持在 1% 左右，较为稳定但不高；而近几年的同比增长率较高，增长率保持在 11.5% 左右。[①] 由此可见匈牙利与美国的军事联系常态化，并且在近几年加大了军事合作。匈牙利外交与对外经济部长西亚尔托在一次北约九国外长会议上明确表示：“北约的重要性对中欧地区尤为明显，因为中欧地区‘夹在东西方之间’。我们中欧人相信，北约将继续成为世界上最强大、最成功的军事联盟。”[②] 也就说在夯实匈美北约联系基础之上，在拜登政府肯定北约作用的大背景下，匈牙利对于美国军事安全上的非对称依赖程度会增加。

最后，拜登政府对匈牙利政策不会发生根本性变化，还将继续以构建“强大的中欧”为目标，在防务、维和、反恐

---

① 北约官方网站，https：//www. nato. int/nato_static_fl2014/assets/pdf/pdf_2019_03/190314 – pr2018 – 34 – eng. pdf。

② “Central European Countries ‘Net Security Contributors’ to NATO Operations, says Foreign Minister”, *Hungary Today*, March 11, 2020, https：//hungarytoday. hu/central-european-countries-net-security-contributors-to-nato-operations-says-foreign-minister/.

等方面保持共识与合作。实际上，“不变”在某种程度也是一种机遇。原因有三点：第一，特朗普的政治遗产不易在短时间内发生根本性颠覆，也就是说匈牙利的外交环境不会发生大的变化，较为稳定。第二，从全球来看，匈牙利是小国，其战略重要性无法与中国、俄罗斯、欧盟等相比，因而美国的全球战略布局会侧重于大国大框架，弱化对匈牙利的关注。但小国则可以发挥在大国博弈中左右逢源的天然优势，从而获取最大利益。第三，从本质上而言，匈牙利是美国盟友，其发展不会受到美国的根本性压制。

三　当前美匈矛盾

机遇之侧伴有挑战。作为美国盟友，匈牙利在外交和内政上与拜登政府的期待仍有差距。实际上，美匈之间的“暗柳”主要围绕两点：一是如何看待中国和俄罗斯；二是人权、法治问题上的矛盾。

对华对俄政策倾向的矛盾。与波兰、捷克不同，欧尔班政府十分重视对华关系，中匈关系也可谓是中国—中东欧国家合作中的新样板。匈牙利是唯一一个自20世纪90年代以来中国历届党和国家领导人均访问过的中东欧国家，甚至在全球也是不多见的。2009年，时任匈牙利总理欧尔班形象地说道：“我们坐在欧盟的船上，但需要来自东方的劲风。”[①] 这说明了欧尔班意识到在全球化进程中，“东方力量”对于匈牙利

---

① 包彤学：《评论：“欧洲船帆”需借“东方劲风”》，2013年11月26日，中国政府网，http：//www.gov.cn/zhengce/2013-11/26/content_2603730.htm。

而言无疑是发展的新契机。匈牙利不仅是第一个签署“一带一路”合作文件的欧洲国家，而且致力于推动“向东开放”战略与“一带一路”倡议的对接，与中国共同打造政治互信共同体。总体而言，中匈双方高层互动频繁。疫情期间，欧尔班不仅公开感谢中国抗疫物资的援助，更是率先注射了中国疫苗。2021 年 5 月 31 日，匈牙利外长西亚尔托仅仅时隔十个多月再度访华，并与王毅外长举行了建设性会谈。

近几年，匈塞铁路、复旦大学布达佩斯校区[①]、华为公司成了美国的“眼中钉”。而匈牙利不仅在匈塞铁路上采用中国标准，将索罗斯的中欧大学驱境，在 27 个北约成员国加入特朗普政府提出的直指中国的“5G 清洁计划”情况下，选择不加入“5G 反华阵线”，而且在 2021 年欧盟对华“制裁”表决投票中，投下了唯一的反对票。拜登政府上台后，欧美更是联合“壮大反华声势”。因此欧尔班政府对华友好态度无疑是与美国背道而驰。

匈俄关系方面，值得一提的是双方能源领域的合作。匈牙利在能源上高度依赖俄罗斯，它是国际能源署成员国中天然气占本国能源消费结构最高的国家，天然气管道在匈牙利国家能源战略层面中不可或缺。前几年“南溪”和“纳布科”两大项目的激烈博弈就反映了这一点。而匈牙利是东欧内陆型国家，资源匮乏，存在着天然气刚需与能源严重依赖俄罗斯的情况。俄罗斯天然气工业股份公司负责向匈牙利供应 80% 的进口天然气。在 2019 年的俄匈贸易中，能源贸易占

---

① “匈塞铁路”是“一带一路”框架下基建领域的旗舰项目；复旦大学经济学院匈牙利布达佩斯教学点则是复旦大学首个海外教学点，但被美国视为“中国在中东欧的情报中心”。

比51.9%。[1] 不仅如此，俄罗斯有多条通向匈牙利的天然气管道，使得匈牙利在天然气上加重对俄依赖程度，如“兄弟”天然气管道（建成于苏联时期），亚马尔—欧洲天然气2号管道，“土溪”天然气管道等。

此外，匈牙利在核能领域与俄罗斯保持密切合作。匈核能在发电中的占比在欧洲排名第五，仅次于法国、斯洛伐克、比利时和乌克兰，也就是说，核能作为非传统能源已经占据了匈国内能源消费的很大比重，与天然气构成了匈能源领域的两大支柱。而目前，匈牙利只拥有一座帕克什（Paks）核电站，使用的是苏联/俄罗斯设计的水—水高能反应堆（VVER）。这意味着俄罗斯在匈牙利核电站改造升级或新建核电站过程中具有技术和原材料的双重优势。[2] 2014年，俄国家原子能集团公司（Rosatom）与匈签订扩建帕克什2号核电厂协议，俄将在匈建造两个俄制反应堆，每个反应堆的容量为1200兆瓦，预计投资成本高达125亿欧元，其中俄贷款高达100亿欧元。80%的融资将由俄罗斯提供，匈则将提供剩余20%的融资。在欧盟对俄实施制裁的政策背景下，匈牙利是第一个与俄进行重大经贸合作项目的欧盟国家。不仅如此，近几年双方关系积极向好。2021年8月24日，匈外长西亚尔托与俄外长拉夫罗夫会谈时表示：“与俄开展务实合作并与之保持友好关系让匈受益匪浅。”[3] 拉夫罗夫也认为，“俄匈合作

---

① 俄罗斯进出口统计网站，https：//ru-stat.com/。

② 朱晓中：《中东欧地区的大国因素：利益格局及其影响》，《当代世界》2020年第4期。

③ “Foreign minister：Good cooperation with Russia in Hungary's interest”, *Daily News Hungary*, August 24 2021, https：//dailynewshungary.com/foreign-minister-good-cooperation-with-russia-in-hungarys-interest/.

达到了空前水平。”[①] 因此，匈俄的亲密关系势必会加重美国的“战略焦虑症”。

拜登政府强调维护西方传统价值观，而匈牙利近几年民主、人权、法治问题饱受西方国家的诟病。2021 年 3 月，美国新任国务卿安东尼·布林肯访欧期间，他含沙射影地指出“匈牙利正在朝错误方向前进，民主正在倒退”。另外他还提出“北约盟友要在一些国家破坏民主和人权时大声疾呼”。[②] 以难民危机为例，从 2015 年开始，欧洲迎来了堪称危机的难民潮与移民潮。来自中东和北非的大量移民与难民给欧洲国家带来多层面的负外部性效应。在这样的情况下，欧盟紧急出台强制性难民配额方案来帮助前线的意大利、希腊等国。但是波兰、匈牙利、捷克坚决拒绝执行该方案。欧尔班带头表示“V4 在强化边境管理抵制移民进入的问题上立场是一致的”。[③] 除此之外，匈牙利在保护少数群体权益上与拜登政府价值观大相径庭。例如，匈牙利宪法在 2020 年 12 月进行了修改，规定母亲是女性，父亲是男性；并且对于一对未婚夫妇来说，收养孩子变得更加困难。

法治问题方面，2010 年欧尔班政府为了控制舆论修改媒体法，而且还在宪法中增添民族主义色彩。2018 年，匈牙利国会通过法案建立行政司法系统，使得行政干预司法的权力

---

① “Russian FM: Russia-Hungary cooperation ‘at unprecedented level’”, *Daily News Hungary*, August 23 2021, https://dailynewshungary.com/russian-fm-russia-hungary-cooperation-at-unprecedented-level/.

② 周毅:《布林肯：有些盟友在民主事业上“开倒车”》，2021 年 3 月 25 日，观察者网，https://www.guancha.cn/internation/2021_03_25_585331.shtml。

③ “Visegrad countries urge stronger EU border defense”, June 21, 2018, https://m.dw.com/en/visegrad-countries-urge-stronger-eu-border-defense/a-44336264.

强化不少。法案的通过受到了欧盟的谴责。同年，欧洲议会决定以《里斯本条约》第 7 条对匈牙利实施制裁。不仅如此，疫情期间，为了对匈牙利和波兰做出惩罚，欧盟在推出“复苏基金”时，增加了“要想获得基金必须尊重法治”的条款。

四 欧洲政策框架下拜登政府对匈政策延续与调整浅析

美国政府将匈牙利视为中东欧地区的重要盟友。但在处理对匈关系时是基于美国对欧政策基本框架的。拜登主政后，美国对欧关系既要继承“特朗普主义”遗产的一部分，也要超越“特朗普主义”。与特朗普政府不同的是，拜登政府对欧政策一是维护和强调美欧跨大西洋同盟关系，二是共同推进传统西方价值观外交，三是肯定北约的作用，四是修复美欧经贸关系。但从根本上而言，拜登政府与特朗普政府在对欧政策上并无本质上的区别，都是在维护美国的根本利益。

基于对欧政策的延续与调整，拜登政府对匈政策同样存在着延续与调整。

（一）传统的欧洲盟友

2019 年年初，时任美国国务卿蓬佩奥对匈牙利、斯洛伐克和波兰进行了访问。这是自 2011 年以来美国国务卿首次访问匈牙利，意欲增强美国的存在感以及对中俄进行战略挤压。

2020年8月11—15日，蓬佩奥在疫情危机中再次开启中东欧之行，以数字经济、能源和防务为突破口，构建完整中东欧战略版图。可以预见，拜登政府在对待包括匈牙利在内的中东欧地区时，将会在特朗普的能源、安全两大政策支柱基础上，强化同盟关系，加强北约的作用。

（二）调整对匈政策

首先，拜登政府不断在中东欧地区扩大“反华远俄”的影响力，例如支持立陶宛设立所谓“台湾代表处”以及追加对俄罗斯的制裁，以此给匈牙利制造外部压力。其次，不同于特朗普政府，拜登政府将会通过外交、经贸、防务、欧盟等渠道加大施加给匈牙利的压力，逼匈“反华远俄”。除此之外，对于拥有匈牙利血统的国务卿安东尼·布林肯而言，尽管他与匈牙利有着特殊的联系①，但他会以美国利益为基点，在民主、人权、法治等问题上“联欧压匈”。

与欧盟多数国家领导人不同，匈牙利总理欧尔班更希望特朗普任职美国总统。欧尔班在美国2020年大选时就曾表示，“匈牙利政府希望特朗普胜选。因为我们非常熟悉民主党（指拜登所在的政党）的外交政策是建立在道德帝国主义之上。”②而拜登则是在总统竞选时指出欧尔班政府是“威权政府”。因此至少在欧尔班政府时期，匈美关系将呈现消极态势。2022年是匈牙利大选年，反对派正紧锣密鼓地竞选出候选人与欧

---

① 其生父唐纳德·布林肯曾是美国驻布达佩斯大使，成功助力匈牙利加入北约。

② Balázs Frei，“The Future of US-Hungary Relations Under the Biden Administration”，*Hungary Today*，December 22，2020，https：//hungarytoday. hu/orban-biden-us-hungary-relations-foreign-policy/.

尔班竞争总理职位。许多匈牙利政治观察家根据各种调查和民调预计，在即将到来的选举中，欧尔班将面临比前三次选举更强劲的挑战。因此，拜登政府会暂时先与欧尔班政府“平稳相处”一年，待新一届匈牙利政府组阁完成，进而采取新的政策调整，但不会发生较大的政策转向。

“波兰新政”及其对外关系

顾虹飞[①] 边敏嘉[②]

内容摘要：新冠疫情对波兰的经济发展造成巨大冲击，有鉴于此，波兰政府于 2021 年公布了社会经济改革方案“波兰新政”，旨在有效利用欧洲结构和投资基金复苏经济。新政对波兰国内的经济社会发展、政治稳定带来一定的影响，积极推出在税制改革、就业保障、数字经济与清洁能源等领域的相关政策；其对外关系也产生新的变化，波兰与美国的关系仍是其对外关系的主轴；波兰与欧盟因波兰国内宪法问题出现一定的分歧；波兰与白俄罗斯的边境危机暴露了欧盟周边局势的不稳定，欧盟对白俄罗斯制裁加剧的同时也被迫重新与其重新对话。

关键词：波兰新政；经济复苏；对外关系

① 顾虹飞，广东外语外贸大学国际关系学院讲师。
② 边敏嘉，外交学院外交学与外事管理系博士研究生。

2021年5月，波兰政府公布了社会经济改革方案“波兰新政”（Polski Ład），旨在促进疫情后经济复苏与发展，方案包括支持家庭的新社会计划、税收政策变化，以及投资医疗、基础设施和改善住房条件。同时，波兰还决定大幅放宽疫情管控措施。

一 “波兰新政”的改革方案

2021年上半年波兰国内经济开始逐步恢复。根据欧盟委员会经济及财务事务总司（The Directorate-General for Economic and Financial Affairs，DG ECFIN）的数据显示，波兰消费者通胀预期从疫情病例高峰时期的53.1点降至46.9点，经济景气指标（ESI）从90.3点升至101.6点，工业信心指数从-16.8点升至-9.2点[①]。2021年4月，波兰登记失业人数为105.33万，失业率为6.3%，同3月相比下降了0.1个百分点，也是自新冠疫情以来，登记失业人数连续第二个月减少[②]。

此次新政的目的之一是创造就业机会，但其资金也将用于支持文化，建设体育设施、游泳池、操场和教育事业发展。波兰总理莫拉维茨基（Mateusz Morawiecki）表示：“波兰新政

① 数据来自欧盟委员会经济及财务事务总司（The Directorate-General for Economic and Financial Affairs，DG ECFIN），https：//ec. europa. eu/info/business-economy-euro/indicators-statistics/economic-databases/business-and-consumer-surveys_en。

② Szacunek MRPiT：6，3% wyniosła stopa bezrobocia rejestrowanego w kwietniu 2021 r.，Ministerstwo Rozwoju，Pracy i Technologii，https：//www. gov. pl/web/rozwoj-technologia/szacunek-mrpit-63-wyniosla-stopa-bezrobocia-rejestrowanego-w-kwietniu-2021-r，07. 05. 2021.

基金的出台，使得这些发展赤字将会以非常快的速度得到弥补。现今，波兰已经从欧盟获得了 7700 亿兹罗提（约 1704.7 亿欧元）的资金。”[①] 此外，新政旨在推动波兰工业绿色革命，打造数字波兰，包括到 2025 年在所有市区和主要交通路线上实现 5G 网络覆盖，实现地方政府和地方公共服务的数字化、升级居民区基础设施、扩大自来水和污水管道网络，建设当地污水处理厂，光伏发电，以及推广清洁能源和扩大能源网络，开发可再生能源技术和建设现代化供热厂，其中 5 亿欧元用于风电场和相关基础设施的投资。

在税收方面，新政计划将个人所得税免税额度提高到 3 万兹罗提，或将减少中产阶级的纳税压力。另外，2500 兹罗提以下的养老金免于缴税，也降低了 90% 的退休人员纳税额。在医疗卫生领域，波兰政府宣布了一项针对疫情后时期的新协议项目，预计医疗保健部门的增长将相当于该国 GDP 的 7%，到 2023 年将达到 6%[②]，同时将提高医护人员最低工资，特别是年轻医生的工资待遇，并逐步增加专科医生的人数。在家庭方面，提出政府将为家庭购房提供支持，同时简化小型住宅建设审批程序。波兰将利用欧盟凝聚政策基金（Cohesion Fund）和欧盟复苏基金（Recovery fund）在内的新政基金来推动国家重建和现代化，创造 50 万个就业岗位，提高人民生活质量。新政一经推出，根据 Ewybory 的民调数据显示，波

---

① Marcin Gadomski, “PM launches Polish New Deal fund”, https://www.thefirstnews.com/article/pm-launches-polish-new-deal-fund-23003.

② Mateusz Kucharczyk, “Poland’s ‘New Deal’ project to focus on health reforms”, https://www.euractiv.com/section/politics/short_news/polands-new-deal-project-to-focus-on-health-reforms/.

兰民众对法律与公正党的支持率提升至34%[①]。

此外，波兰执政党计划将波兰协议区域化。法律与公正党的新发展计划的区域化针对其16个省的特点提供量身定制的解决方案，并确定在波兰特定地区实现的具体投资项目。同时，波兰政府已制定了国家复兴计划，该计划为欧盟的财政支持铺平道路。在波兰历史上，这是第一次在制定国内长期发展计划的同时进行如此大规模的欧盟资金刺激。波兰的协议本身包括大约230项监管改革、投资提案和政策改革。到目前为止，国家复苏计划包括近100个具体的融资领域。

然而，波兰新政或会在短期内刺激波兰的经济，但疫情的走势尚未可知，如果疫苗的推广或效果出现问题，疫情就会拖延下去，波兰的医疗面临的压力依然存在。这可能意味着政府会维持或重新引入更多的限制措施，从而引发经济复苏的放缓甚至逆转。这也会削弱政府新政的成效，并进一步加剧执政党内部的不确定性。此外，由于新政将增加劳动力成本以及经济活动总体的成本，这将削弱波兰企业的竞争力，并通过刺激需求对进口增长造成压力。

二 “新政”下的对外关系

（一）波兰—美国关系依旧为波兰对外关系主轴

拜登政府执政初始，波兰与美国的关系因双方的失误产

---

① 数据来自Ewybory民调公司，地址：https：//ewybory. eu/sondaze/。

生分歧，包括波兰对美国高压态度的担忧，以及波兰认为双方在至关重要的问题上（如“北溪二号”项目）缺乏磋商。一些波兰人开始质疑美国的诚意，美国则认为波兰无视其提议。针对美国在波兰最大一笔投资——TVN 电视网络的立法草案，引发了美国对波兰投资环境和独立媒体面临的政治压力的担忧①。短时间内，双方都提出高层讨论可能会缓解紧张感，但这一事件表明在最紧密的跨大西洋关系波美关系中产生了一定的隔阂。

在波兰外交部长拉乌（Zbigniew Rau）看来，由于波兰的重要战略位置，拜登执政后，波兰对美国而言仍将保持重要地位。在安全上，拜登政府提升了美国对北约的重视，承诺将大力投资并保持北约的军事实力以防备俄罗斯，长期确保美军在波兰的军力部署和轮驻，并扩大美国应对新的、非传统威胁的能力，如网络防御与攻击、太空和公海、人工智能、生物技术等领域的新挑战，同时拜登还呼吁所有北约国家重新承诺履行联盟成员国的责任，推动成立北约—欧盟特别工作组，最大限度协调、集中能力，力促美欧同盟实施共同政策议程。拉乌认为，波兰作为美国的盟友，将支持拜登政府巩固波美关系，修复“特朗普冲击波”造成的跨大西洋裂痕②。美国对全球事务的参与，其首要任务是重建美国联盟体

---

① Daniel Fried, Jakub Wiśniewski, “Poland and the United States：What's right, what's not, and what's next”, https：//www. atlanticcouncil. org/in-depth-research-reports/issue-brief/poland-and-the-united-states-whats-right-whats-not-and-whats-next/.

② Polski Instytut Spraw Międzynarodowych（PISM）, Polityka zagraniczna silna demokratycznym mandatem-wywiad z prof. Zbigniewem Rauem, ministrem spraw zagranicznych RP, https：//pism. pl/publikacje/Polityka_zagraniczna_silna_demokratycznym_mandatem___wywiad_z_prof_Zbigniewem_Rauem_ministrem_spraw_zagranicznych_RP, 2021.

系的可信度，这些目标与波兰外交政策相吻合。波兰一直支持加强美国作为“欧洲大国”的地位，同时加强波兰的防御能力，并希望美国融入欧洲的安全政策。对波兰而言，美国在北约的框架下对欧洲和平的承诺至关重要。

从经济角度来看，中东欧地区在能源、交通基础设施建设及网络空间领域潜力巨大。波兰或将继续支持以“三海倡议”为代表的同美国之间的合作计划，美国政府机构国际开发金融公司（International Development Finance Corporation，DFC）已批准对三海基金（Three Seas Fund）提供3亿美元的资助。前美国驻波兰大使莫斯巴赫（Georgette Mosbacher）曾表示，美国对三海倡议的投资证明美国对该地区及其经济发展的坚定承诺。这是美国宣布对欧洲地区能源投资援助的一部分，该笔资金旨在加强中东欧地区的能源安全，并支持运输投资及数字基础建设①。

波兰作为美国在中欧地区的坚定盟友，也是美国在促进区域安全和繁荣方面，在整个欧洲乃至全世界最紧密的伙伴之一。美国和波兰仍将在北约、反恐、能源安全及中东欧区域合作等方面密切合作。

（二）危机下的波兰—欧盟关系

由于波兰最高法院裁定该国宪法高于部分欧盟制定的法律，欧盟委员会回应称波兰的裁决威胁了“欧盟法律的首要地位”和“基本原则”。波兰首席大法官普兹列布斯卡（Julia

① Press Release，“Atlantic Council announces Three Seas Chairs”，https：//www. atlanticcouncil. org/news/press-releases/atlantic-council-announces-three-seas-chairs/，February 18，2021.

Przylebska）宣读法院判决称，欧洲联盟条约（TEU）的四项关键条款（第 1、2、4.3、19 条）与波兰宪法发生冲突，且不应凌驾于波兰宪法之上，这将阻止波兰发挥“主权和民主国家”的作用，并“阻止波兰宪法成为最高法律”①。其中，第 1 条和第 4 条允许欧盟“在波兰共和国的条约中移交的权限范围之外”采取行动；第 19 条和第 2 条，欧洲法院非法推翻了波兰宪法，包括检查法官任命的合法性。

欧盟委员会发布声明回应称，波兰最高法院的裁决“引起了对欧盟法律首要地位的严重关切”，该声明还强调了欧盟维护“欧盟法律秩序的基本原则，即欧盟法律优先于国家法律”的决心②。欧盟委员会主席冯德莱恩对此表示深感担忧，并已表示欧盟委员会将采取行动，波兰是欧盟成员中接受补助最多的国家，欧洲议会多名议员主张冻结欧盟对波兰的补助。

波兰此次裁决主要围绕该国的司法改革展开。波兰总理莫拉维茨基于 4 月向该国最高法院提出请求，要求法院就“欧洲法律规范与国家宪法之间的冲突”作出裁决并指出，波兰与欧盟在“LGBT”权利和媒体独立等问题上存在分歧。然而，欧盟委员会在声明中强调，这些法律问题切入了整个欧洲项目的核心——“欧盟是贯彻同一个价值观和法律的共同体，所有成员国都必须坚持这一点”。欧洲议会议长萨索利

---

① Ocena zgodności z Konstytucją RP wybranych przepisów Traktatu o Unii Europejskiej, Trybunał Konstytucyjny, https://trybunal. gov. pl/postepowanie-i-orzeczenia/wyroki/art/11662-ocena-zgodnosci-z-konstytucja-rp-wybranych-przepisow-traktatu-o-unii-europejskiej, Warszawa, dnia 7 października 2021 r.

② European Commission, “European Commission reaffirms the primacy of EU law”, https://ec. europa. eu/commission/presscorner/detail/en/statement_21_5142, 7 October 2021.

（David Sassoli）表示，“波兰此次裁决不能没有后果。欧盟法律的首要地位必须是无可争议的，违反它意味着挑战我们联盟的一项创始原则”[①]。

这并不是欧盟与其成员国在法律层面的首次分歧，相比于2021年6月，欧盟委员会启动针对德国宪法法院挑战欧盟法院已批准的欧洲央行购债计划不同的是，波兰的裁决是应政府的要求做出的。相比之下，德国政府并没有执行德国宪法法院的判决[②]。而波兰的决定明显与欧盟的价值观相违背。欧盟委员会在一份声明中说到，欧盟“将毫不犹豫地利用条约规定的权力，以保障联盟法律的统一适用和完整性”，就其是否会对波兰施加制裁，或有两种可能[③]。

一个选择是启动侵权程序。从法律程序的角度，当委员会认为一个国家违反了欧盟法律时可以启动侵权程序。侵权类案件会被提交到欧盟法院，欧盟法院可以每天处以罚款，直到侵权行为停止。如果波兰拒绝支付，委员会可以从其他资金来源中扣留资金。另一个选择是更直接地削减复苏和恢复基金（Recovery and Resilience Facility，RRF）。欧盟已经通过推迟批准匈牙利和波兰的国家恢复计划，推迟了从新冠疫情恢复基金中支付给这两个国家的款项。

2021年10月，欧盟委员会主席冯德莱恩（Ursula von der

---

① “EU Parliament to sue Commission to force use of rule of law mechanism”, Euronews, https://www.euronews.com/2021/10/21/eu-parliament-to-sue-commission-to-force-use-of-rule-of-law-mechanism, 21. 10. 2021.

② Simon van Dorpe, “Explained: What bombshell Polish court ruling means for EU”, Politico, https://www.politico.eu/article/explained-poland-court-ruling-european-union-eu/, 08. 10. 2021.

③ Simon van Dorpe, “Explained: What bombshell Polish court ruling means for EU”, Politico, https://www.politico.eu/article/explained-poland-court-ruling-european-union-eu/, 08. 10. 2021.

Leyen）公开向波兰提出一份折中方案，该方案将为波兰提供高达360亿欧元的复苏资金，但同时要求波兰改革司法系统以缓解其与欧盟的争议。为使波兰让步，欧盟列出了三项可能采取的反制措施，包括就波兰宪法法院的裁决采取法律行动、扣留对波兰拨款和低息贷款及中止波兰作为欧盟成员国的部分权利等。然而截至目前，该方案仍处于搁置状态。

多年来，法律与公正党领导下的波兰不断调整与欧盟权力结构的关系，为本国争取更多自主权的同时巩固其执政地位，而这种立场使波兰与欧盟关系陷入僵局。欧盟委员会主席冯德莱恩表示，为了获得复苏资金，波兰必须完成这一任务。除了要求解散纪律分庭外，波兰法官的判决内容不能被归类为违纪行为，法官有权将案件提交给欧洲法院。欧盟法院还裁定，波兰对法官的纪律处分程序必须在合理的时间内进行，并给予他们辩护的权利。

对于欧盟的要求，波兰并不愿意接受。但波兰依赖欧盟，欧盟占到了其商品出口总额的73%，外国直接投资流入的88%[①]。此外，欧盟延迟向波兰提供基金支持，将削弱波兰在能源和基础设施等关键部门的外国直接投资流入，因为上述部门雇用了数千名波兰本国劳动力。

（三）波兰—白俄罗斯的边境危机

2021年5月，爱尔兰瑞安航空公司一架客机因炸弹威胁紧急降落在明斯克国际机场。随后，支持白俄罗斯反对派的

---

① Rahul Kamath，“Could Poland leave the European Union next?”，https：//www.orfonline.org/expert-speak/could-poland-leave-the-european-union-next/.

白俄罗斯记者普罗塔谢维奇（Roman Protasevich）在机场被捕。美国和欧盟借此宣布对白俄罗斯实施新制裁。在欧盟对白俄罗斯实施广泛经济制裁后，白俄罗斯总统卢卡申科（Alexander Lukashenko）表示将禁止欧盟商品经由白俄罗斯向东转运以报复欧盟的制裁。还表示将不阻止大量来自阿富汗、叙利亚和伊拉克等国的难民进入欧洲，“我们不会阻止任何人，我们毕竟不是他们的最终目的地，他们正前往开明的、温暖的、舒适的欧洲”①。

此举也引发了波兰方面的抗议，波兰计划斥资超过16亿兹罗提（约合人民币26.01亿元）在其与白俄罗斯的边界上修建隔离墙以阻挡试图入境波兰的非法移民潮，并宣布在其边境3公里范围内的地区进入紧急状态。该法律同时授予边境警察以权力，可对非法入境人士不经审查拒绝其进入波兰边境，且在被遣返之日起六个月至三年以内禁止再次入境。欧洲安全与合作组织（Organization for Security and Cooperation in Europe，OSCE）民主制度和人权办公室主任梅卡奇（Matteo Mecacci）表示，“我了解波兰有安全方面的考虑……但安全方面的考虑不能完全忽视人权的基本准则”②。

负责波兰边防的军事部门表示，边防军仅在10月14日一天就记录了近700次非法越过边境的尝试。边防军同时称，自2021年年初以来，已经有超16000次记录，且仅在10月，就

---

① Steve Rosenberg，“Belarus's Lukashenko tells BBC：We may have helped migrants into EU”，https：//www.bbc.com/news/world-europe－59343815，November 19，2021.

② “Poland passes legislation allowing migrant pushbacks at border，Reuters”，https：//www.reuters.com/world/europe/poland-passes-legislation-allowing-migrant-pushbacks-border－2021－10－14/，October 15，2021.

有近5000次记录[①]。波兰、立陶宛和拉脱维亚三国在其报告中称，自2021年夏天以来，非法闯入其边境的人数激增，主要是来自阿富汗和伊拉克等国家的难民寻求庇护[②]。波兰和欧盟方面指责白俄罗斯领导人卢卡申科通过加强非法移民涌入，作为对制裁的报复来破坏边境地区的稳定。

波兰已在2021年8月开始建造铁丝网围墙，以遏制试图从白俄罗斯入境的大量非法移民。“尽管波兰与白俄罗斯边界沿线已经设置了带刺铁丝网和六角形铁丝网，但尝试越过边界的次数并没有减少，而是在增加”，波兰众议院以245票赞成、167票反对、25票弃权的结果通过了边境法修正案[③]，以应对波兰与白俄罗斯边境的难民危机。法案指出，新隔离墙将包括运动传感器和摄像头系统，进一步加强边境安全，法案允许隔离墙在不进行公开招标的情况下建造，并包括一项“在需要时征用公民财产以换取补偿”的规定。

波兰内政和行政部长卡明斯基（Mariusz Kamiński）表示，“这是卢卡申科政权采取的行动来要求波兰政府做出坚定的回应，此类应对非法入境移民的措施在其他国家已有成功运作的经验，而建造过程可能需要数月完成，取决于边境地区所

① Niamh Kennedy and Antonia Mortensen, “Record number of people attempt to cross the border between Poland and Belarus, officials say”, CNN, https://edition.cnn.com/2021/10/10/europe/poland-belarus-border-crossing-migrants-record-number-intl/index.html, October 11, 2021.

② European Commission, “Asylum and return: Commission proposes temporary legal and practical measures to address the emergency situation at the EU’s external border with Belarus”, https://ec.europa.eu/commission/presscorner/detail/en/ip_21_6447, 1 December, 2021.

③ Sejm zagłosował w sprawie zapory na granicy z Białorusią. Pochłonie 1, 5 mld zł, https://www.onet.pl/informacje/onetwiadomosci/mur-na-granicy-z-bialorusia-sejm-przyjal-specustawe/dd9rnhs, 79cfc278, 14.10.2021.

处的环境"①。政府发言人穆勒（Piotr Mueller）表示，"根据政府的估计，建设边境墙所需总成本可能超过16亿兹罗提，约为3.5亿欧元。确切的数字只有在工程文件编制完成后才能得到，而关于隔离墙的结构、安全和技术参数的信息不属于公开范围"②。为了应对边境上不断上升的压力，副总理卡钦斯基（Jaroslaw Kaczyński）表示，或将通过建设水坝等方式让非法移民"难以跨越"③。

三 小结

波兰新政是在内政外交困局面下的一项纾解政策，这一政策不可避免地对其内政外交带来一定的影响。长久以来，波兰将对美关系作为其对外政策的主要优先事项，拜登政府的执政并未使这一优先导向发生变化，波美关系仍将是未来长时期波兰对外关系的主轴。此外，欧盟希望通过对"波兰新政"的资金支持改变波兰内部的司法系统以避免出现"波兰脱欧"的困境，使波兰在欧盟内部趋于稳定。但波兰对此项有条件的支持并不满意，波兰与欧盟的博弈仍将继续，且因波兰与白俄罗斯边境危机等问题变得更加复杂。波白的边

---

① Polish govt wants to build a wall on border with Belarus, https://www.thefirstnews.com/article/polish-govt-wants-to-build-a-wall-on-border-with-belarus-25328, October 12, 2021.

② Tomasz S ą siada, Mur na granicy z Białorusi ą pochłonie gigantyczne pieni ą dze. Rz ą d oszacował koszty, https://www.money.pl/gospodarka/mur-na-granicy-z-bialorusia-pochlonie-gigantyczne-pieniadze-rzad-oszacowal-koszty-6693332561861280a.html, 13.10.2021.

③ Jarosław Kaczyński on migrants at the border and the construction of a "very serious dam", https://polishnews.co.uk/jaroslaw-kaczynski-on-migrants-at-the-border-and-the-construction-of-a-very-serious-dam/, October 7, 2021.

境移民危机，一方面使波兰与白俄罗斯关系恶化，另一方面也加剧了欧盟内部关于难民危机的分歧。白俄罗斯在面对新一轮制裁的同时也打开了与欧盟重新对话的渠道，卢卡申科在转移内部焦点的同时，也迎合了俄罗斯对西方强压的触底反弹倾向。波兰与白俄罗斯不断升级的边境危机不仅是白俄罗斯对西方制裁的回应，也反映了西方与俄罗斯在中东欧地区博弈的延续与升级。

新冠疫情暴发后阻碍重重的塞科关系

费正健[①]

内容摘要：自塞尔维亚政府在欧盟协调下致力于与普里什蒂那当局双边关系正常化以来，相对于早年间双方签署协定的良好局面，近几年可谓是剑拔弩张，无论是科索沃塞族领导人奥利维尔·伊万诺维奇遇刺，科索沃特种部队占领加齐沃达水电站，科索沃军警强行进入阿族社区逮捕俄罗斯籍联合国工作人员，还是之后的科索沃组建“军队”以及对塞征收100%关税，似乎都显示科索沃凭借某种特殊力量或关系来挑战塞尔维亚中央政府和国际社会的底线，从而使得双边关系发展日趋复杂化、激进化、多边国际化。塞科双方在地方政治、军事以及经济贸易往来上都有着愈发明显且难以调和的冲突。相对塞尔维亚中央政府一再隐忍的态度，普里什蒂那当

① 费正健，塞尔维亚贝尔格莱德大学博士研究生。

局却一再以激进方式挑战塞尔维亚中央政府底线。

关键词： 科索沃问题；塞科关系；巴尔干局势

新冠疫情的全世界蔓延，不可避免地波及了欧洲地区尤其是长期蛰伏的西巴尔干地区，原本难有进展的科索沃问题受疫情等多重因素影响愈加复杂化，塞尔维亚中央政府与普里什蒂那当局关系曲折而艰难前进，科索沃问题的多重国际化也逐步使其越来越充满变数且难以预测。

一 科索沃新当局组阁与人事任命

普里什蒂那当局自 2019 年选举后，组阁之路颇为艰难，“议会”中相对分散的政治势力以及特定民族预留席位的设置，以及来年领导人选举，都为较大党派间的组阁谈判增添了变数，2020 年年初自决运动与民主联盟为首联合组阁的库尔提当局在面对新冠疫情是否实行紧急状态的关键议题上，执政两党内部出现重大分歧，担心分权而反对紧急状态的自决运动以及党首库尔提无奈下台。6 月初，民主联盟历经多次协商后最终敲定与未来联盟等党派组建霍提当局，考虑到长期蛰伏觊觎大位的幕后领导人穆斯塔法，民主联盟实力与其布局不容小觑。

库尔提当局上台之初本有诸多善意举动，包括库尔提面对自由欧洲电台采访时所提到的将以贸易互惠原则取代当前百分百关税的方案，而采访时两位阿族人士全程使用的语言居然是塞尔维亚语，而非科索沃当地主流官方用语阿尔巴尼亚语，态度诚恳与否可见一斑。疫情来袭，库尔提拒绝紧急状态实质是拒绝“总统”哈希姆·萨奇（原科索沃民主党人士，民主党为“议会”反对党）领导下的“国家安全委员会”对于行政事务的介入，面对分权的担忧也迫使库尔提与自决运动宁可选择下台而成为看守内阁。库尔提当局的垮台本是科索沃内部问题，却直接影响了塞科关系的良好前景后续组阁的霍提当局对塞政策尚不明晰，实际执行上也不可能延续库尔提路线。库尔提也曾于6月中旬发动游行示威意图倒阁，这为来年的领导人选举埋下不稳定因素，也在一定程度上会加剧了原本分散政治力量间的进一步撕裂。

政党问题关键在于，危急时刻，政党之间为各自执政利益而争斗，在疫情暴发初期更是发生了罕见的逼宫倒阁事件，库尔提当局倒台后的看守内阁抗击疫情的真实能力值得思考。从库尔提当局倒台的3月到霍提当局组阁上台的6月，正是欧洲乃至全世界范围内抗击疫情的关键时期，但对于科索沃“议会”各政党而言，主要焦点绝对是政党间的组阁谈判和商讨塞科谈判的政治策略。议会中占据29席、由库尔提领导的自决运动由执政党沦为在野党反对派，占据28席的科索沃民主联盟主动内讧导致库尔提当局垮台后又联合占据14席的第四大党百分百科索沃（前“总理”哈拉迪纳伊领导的科索沃未来联盟和科索沃社民党）外加其他少数党派联合霍提领导的新当局，党首穆斯塔法一直隐藏于幕后觊觎下届“总统”大位，而占据24席由前“议长”维塞利领导的科索沃民主党2021年以来身处反对派角色，可以说各主要政党并未在疫情期间真正肩负起应有的执政和监督职责，而多给人留以自私且推诿扯皮的不良印象。

而人事任命方面也值得细细探究，库尔提当局内的国防和内政等强力部门首长是科索沃民主联盟成员，而非是库尔提自身领导的自决运动成员，这也是日后倒阁的导火索。尽管当时的“卫生部长”维提亚是自决运动成员且有医学背景，但在无法预知未来的看守内阁中力量实在有限。后来的霍提当局组阁后则继续把持强力部门控制权，一定程度上提高了霍提当局行政上的有限效率，无奈担任“卫生部长”的党内同仁泽玛伊却是法律专业出身，在确诊人数剧增时刻，这种外行政客担任专业部门首长的政治任命也多遭诟病。这种诟病不仅仅是人事任命，更多的是病毒检测试剂盒与普通民众的遥远距离感：普通民众只有在出现明显症状时才能接受有限的测试，而政客及其家属即使无症状也能轻易获得试剂检测，“总理”霍提本人的确诊通告中也明确表示其本人并无明显症状，而这可就不是官僚主义、西方式民主以及极限追求主权所能解释清楚的了。

二 疫情影响下科索沃社会

科索沃由于特殊的国际状态与民族关系，谈及疫情防控时不得不参照塞尔维亚以及阿尔巴尼亚进行对比，但可以肯定，科索沃的防疫措施非常有限，情形不容乐观，尤其是科索沃当局“总理”霍提被确诊无症状感染者而居家办公。

2020 年 3 月初欧洲新冠疫情蔓延之际，科索沃医护人员聚集政府大楼前抗议要求支付加班费与夜班工资，部分政治人士也予以声援支持，之后中旬科索沃多地出现卫生用品短缺，包括肥皂和厕纸。为了迫使塞尔维亚承认其“独立”地位，科索沃当局于2018年11月直接对来自塞尔维亚的商品货物征收100%关税，即使在欧盟与美国多方呼吁下仍拒绝取消。尽管当时的库尔提当局有意采取新的互惠政策取代关税以释放和谈善意，但由于多党联合内阁内部分歧较大，难以实质性突破。库尔提当局由库尔提自身领导的自决运动以及“议会”内仅差一票的第二大党科索沃民主联盟联合众多小党共同组成。3月20日时任“总理”库尔提以危机中散播恐惧为由解除来自科索沃民主联盟提名的“内政部长”，直接导致了执政联盟内部的溃散。本次解职行动，库尔提本人原则上不同意执政伙伴提出的进入紧急状态的要求，行为上有点儿匪夷所思。但结合深层原因，政坛在野多年的库尔提难得上台执政，十分不愿宣布紧急状态后国家权力要部分移交至“总统”哈希姆·萨奇领导的“国家安全委员会手”中，相对而言当局强力部门多由科索沃民主联盟控制，萨奇原本也隶属于其他党派，如此以来库尔提不愿宣布国家进入紧急状态实属权衡政治利益后的无奈之举，而且当时科索沃境内已出现首例死亡病例。

科索沃的就业情况原本就不容乐观，整个社会上年轻人比例大，但失业率也特别高，且一定程度上依赖海外侨民外汇。科索沃本身自给自足的能力就十分有限，高度依赖进口的前提下却为主权问题坚持对来自塞尔维亚和波黑的货物课征100%关税，转而依靠绕道北马其顿等地的转口贴标货物，无故增加货物运输成本。科索沃居民的人均实际收入原本低于周围国家平均水平，却需要承担高于周围国家的消费成本，何况还有日均消费1.85欧元的18%贫困人口与日均消费1.31欧元的5%极端贫困人口。疫情扩散后，失去后援供给以及稳定工作的科索沃民众处境日益艰难，失业人口急剧上升，而当局并未向民众提供免费口罩，也并未通过行政手段控制均价0.5欧元的口罩价格，民众处境可想而知。政府对于普通公职人员以及医疗系统人员的待遇也无法提高，在疫情期间引发多次抗议，降低了基层人员工作的积极性，也无益于摆脱当下的社会困境。此外涉及经济关键的私营企业在此次疫情中损失惨重，政府也未能及时采取救济措施挽救经济困境，虽然有针对停业员工的170欧元补助和对失业员工的130欧元的救济，但经济颓势与对私营企业的打击短时间内无法逆转。

回顾科索沃当局疫情期间的相关政策措施，不难发现整个当局所关注的焦点其实并未能主要集中于社会民生福祉，更多的是单一民族利益和政党的政治利益，这对于基础薄弱却强调西方式分权民主的科索沃而言实则不利。

科索沃当局的种种行为所导致的疫情蔓延极大地挑战了当局的掌控力，使得整个社会似乎游走在崩溃的边缘，国际援助多为杯水车薪，短时间内无法改变科索沃整体局势。西方思想指导下的科索沃政坛实际运行中多次发生变动，未能形成强有力的稳定领导势力，政策制定方面明显不符合社会实际需求，民生问题上的不作为与民众的艰难处境加剧了社会矛盾的积累，但眼下反对派却并不能完全予以利用，使得整个社会发展处于一个下沉式的矛盾循环。

三 疫情加剧地区性民族对立

环顾科索沃当下环境，人口中绝大部分是阿尔巴尼亚族，多数信仰伊斯兰教，而主要信仰东正教的塞族人口仅占不到一成，且阿族和塞族之间语言差异巨大，民族矛盾积蓄已久。由于战争带来了难以磨灭的创伤，两族至今仍处于水火不容的对立之中，科索沃的经济形势也因此长期不振。

由于科索沃区域内的民族问题，原本心生隔阂的塞族与阿族在本次疫情中不仅未能消除隔阂、携手共进，反而更加相对孤立化，塞族社区与阿族社区间的医疗互动十分有限，且塞尔维亚中央政府方面也无法对科索沃塞族社区提供等同于塞尔维亚本土的医疗救助，而与科索沃关系密切的阿尔巴尼亚其实有些自顾不暇，尽管塞尔维亚以及国际社会对于科索沃医疗方面给予了较大的支持和援助，但对于科索沃地区而言，医疗体系相对落后、人员管控不力等因素加重下的疫情实际情况远比官方账面数据更加令人担忧。

四 美国对塞科事务的干预

2020 年 9 月 4 日，美方主导下的塞尔维亚与科索沃当局领导人在华盛顿进行会晤，并最终达成了经济合作协议。由于此前欧盟主导的塞科谈判长期停滞不前，且美方多次邀请双方赴华盛顿会晤未果，因而本次会晤与所签署协议成为各方关注的焦点。

塞尔维亚与科索沃当局间争议的根本在于塞方是否正式承认科索沃“独立”，或者默许其实质性“独立”。不过，上述两种情况对于塞尔维亚政治人物和普通民众而言都无法接受。“独立”认可与取消关税是塞科领导人此次会晤的核心议题，塞方希望科索沃当局立即取消关税，而科索沃当局则希望塞方能够无条件承认其“独立”。前者对于双方而言只是经济利益问题，而后者所涉及的政治问题对于塞方而言完全不可接受。

对于美国特朗普政府而言，解决塞科问题以期取得成果是其主导本次会晤的动力。会前，惯于使用“极限施压”手段的特朗普外事团队对塞总统武契奇及其幕僚施加巨大压力。最终塞方还是顶住美方的压力，拒绝谈论科索沃“独立”议题，并最终就塞方所关切的经济议题达成协议。不过，协议中掺杂了不少美方迫切需求的政治外交方面的“私货”。

美方借此和谈契机，既挑战了欧盟在塞科事务上的主导地位，也挑战了俄罗斯的传统势力范围，在巴尔干半岛上重塑影响力。在部分外交议题上，美方迫使塞科双方站队，可以预见未来巴尔干局势将持续复杂化。俄罗斯与欧盟预计将紧随其后，加大对该地区的布局，未来美、欧、俄三方将有更多的较量。

五 欧盟扮演的角色

欧盟方面虽多次介入调和却留给世人以偏袒或默许科索沃所作所为的印象，但当美国特朗普政府高调介入塞科关系后，科索沃当局的可预期受益远比欧盟框架下和谈更有利，美国特使格林内尔所坚持双方应达成的最终协议，内容上其实是以美国对双边经济利益换取塞科双方，尤其是塞尔维亚方面较大的妥协，塞尔维亚政府与普里什蒂那当局对美国主导的塞科领导人会谈的积极态度在一定程度上弱化了欧盟在解决科索沃问题上主导权，美国的经济介入更会引起欧盟内部对于西巴尔干投资的隐忧与忌惮，对于高速发展且积极招商引资的塞尔维亚市场，欧盟与欧洲本土企业一样，并不希望外部投资过多地参与到这块蛋糕的瓜分。

对于普里什蒂那政府的相关行为，真正起到实质性遏止作用的并不是欧盟本身，也非德、法等欧洲大国所牵头组织的塞科和谈，反而是拥有特殊权利和象征意义的海牙刑事法院及其下属的特别检察官办公室。依据海牙特别法院相关规定，对于涉嫌科索沃战争期间相关罪行以及相关人员的起诉内容长期保密，直到初审法官确认，且初审法官最多有六个月时间来决定确认或拒绝起诉，而现今科索沃政坛上众多活跃人士或多或少都与战争以及恐怖组织“科索沃解放军”有所联系。如果说 2019 年科索沃前领导人哈拉迪纳伊因涉嫌战争犯罪问题而主动离职导致“议会”重新选举是偶发性事件，可一旦结合到 2021 年 6 月底海牙法院直接传唤科索沃当局领导人哈希姆·萨奇等人，致使万事俱备的塞科赴美会谈事宜在当局领导人霍提随后表态拒绝参加后突发性流产，很难相信欧盟与海牙双方间毫无默契。欧盟在塞科问题上的主导权日后也极有可能再次由海牙手握的秘密调查传讯权以司法名义潜移默化或恰逢其时地佐以捍卫，从而另辟蹊径，维护欧盟现有利益与欧洲价值观。欧盟对此表示，塞科间关系正常化的对话必须继续，无论海牙特别检察官办公室是否起诉科索沃“总统”，此番表态循规蹈矩却又耐人寻味。

六 结语

欧盟与欧洲大国主导下的塞科对话仍在继续，加入欧盟是塞尔维亚参与对话的最大动力，对于科索沃而言，获得塞方与国际承认并进入国际组织是其首要目标，塞尔维亚所坚守的仍然是不能有损其主权与国家利益，二者间有多少交集、科索沃方面是否愿意同塞尔维亚一同务实协商聚焦经济发展如今都难以定论

在对塞尔维亚的主权领土谈判中所采取的强硬态度对于科索沃当局而言并不能获得明显有效的实际利益，反而有可能牵动国际因素阻碍当地社会的进一步发展，并引发地方局势的进一步紧张，进而诱发西巴尔干地区的军备竞赛，这也不利于整个地区一致认同且追求的欧洲一体化进程。短时间内，科索沃当局在防疫方面不太可能会有较大起色，防疫措施也很难再严格化，未来可能需要欧盟、北约以及其他诸多国际势力的多重救济以助其摆脱当下困境。而对于关键的科索沃民族问题和政治势力问题，未来如果没有其他域外大国的切实指导和参与，科索沃可能还要走更长的弯路。

疫情下中东欧国家数字经济发展状况

杨子力[1]

内容提要：疫情前，中东欧国家数字经济总体实力偏弱，在数字基础设施、互联网应用、数字人才等方面与欧盟平均水平存在较大差距。疫情期间，中东欧国家数字经济得到较快发展，突出表现在线上销售大幅增长，电子支付逐渐普及，数字产业蓬勃发展，数字基础设施投入加大等多个方面。着眼未来，中东欧数字经济仍有较大发展空间，中国—中东欧国家数字经济合作应发挥好现有合作机制平台作用，在数字基础设施建设、数字人才培养、数字产业投资等多领域共同发力。

关键词：中东欧；数字经济；中国—中东欧国家合作

① 杨子力，中国国际问题研究院助理研究员。

数字经济是当前热点问题。疫情重创世界经济的同时，也极大地刺激了数字经济的蓬勃发展。中东欧国家数字经济整体实力偏弱，但在疫情期间表现亮眼。为促进数字经济发展，中东欧国家采取了一系列举措，同时又面临着发展短板。中东欧国家未来数字经济发展潜力巨大，合作空间广阔。

一 中东欧国家数字经济总体实力偏弱

中东欧国家目前数字经济发展水平低、不平衡，在欧盟中整体实力偏弱。根据欧盟委员会 2020 年 6 月发布的《数字经济与社会指数报告》[①]（DESI2020），大部分中东欧国家数字经济与社会发展指数得分低于欧盟平均水平。该报告从互通性（Connectivity）、人力资本（Human capital）、互联网应用（Use of internet）、数字技术集成（Integration of digital technology）和数字化公共服务（Digital public services）五个指标出发，对欧盟国家的数字经济社会发展状况进行量化比较。结果显示，已入盟的 12 个中东欧国家中，仅爱沙尼亚和立陶宛两国综合得分高于欧盟平均分，其他国家则都处于落后位置。其中保加利亚、希腊、罗马尼亚三国得分最低，排名垫底（详见图 1）。根据报告，从 2015—2020 年的 DESI 发展增速来看，仅有匈牙利和克罗地亚两国略高于欧盟平均水平。

具体而言，从互通性角度来看，中东欧国家数字基础设施略低于欧盟平均水平。在固定宽带方面，中东欧国家覆盖

---

① European Commission, “2020 Digital Economy and Society Index (DESI)”, 11 June 2020.

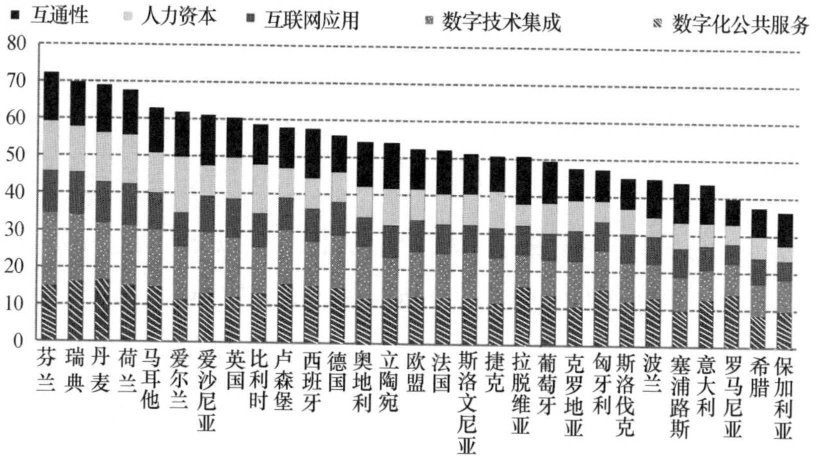

图1 欧盟数字经济与社会发展指数（2020年）

资料来源：欧盟委员会数据。

率较低，家庭固定宽带接入率低，尤其是农村地区；在移动宽带方面，中东欧国家渗透率较高，纯移动宽带接入率高；在宽带价格方面，中东欧国家价格较低，特别是固定宽带有一定优势；在5G方面，中东欧国家部署5G城市和开展5G试验数量总体较少。

从人力资本角度来看，中东欧国家民众数字技能不足，数字专业人才缺口较大。根据报告，2019年欧盟具备基本软件操作能力的人口占比达到61%，中东欧国家中只有捷克、爱沙尼亚两国能够达到这一水平，保加利亚、罗马尼亚两国甚至不到40%。中东欧国家信息和通信技术（ICT）人才缺口巨大，罗马尼亚、捷克分别有90%和80%的公司反映未能招聘到足够的ICT人才，反映出中东欧国家企业数字化的旺盛需求和人才供给能力不足间的矛盾。

从互联网应用角度来看，中东欧国家互联网使用整体不活跃。2019 年 85% 的欧洲人每周至少上网一次，但超过 1/4 的保加利亚人和罗马尼亚人无法做到这一点，24% 的保加利亚人、22% 的希腊人、18% 的克罗地亚人甚至从未使用过互联网。进行网上购物的网民占比较小，但发展迅速，尤其是克罗地亚和匈牙利年均增长分别达到 10% 和 8% 。

从数字技术集成来看，中东欧国家表现相对落后。中东欧国家普遍在企业数字化方面投资不足，云计算和大数据应用较少。电子商务发展总体水平较低，但捷克发展程度较高，立陶宛、斯洛伐克、波兰三国在使用电商平台销售方面也表现不俗。

从数字化公共服务来看，中东欧国家两极分化严重。爱沙尼亚、拉脱维亚、立陶宛三个波罗的海国家电子政务表现优异，在整个欧盟都处于前列，但其他中东欧国家则水平较低，严重落后于欧盟平均水平。大部分中东欧国家在方便民众线上提交申请表格、政府部门间数据流通使用、提供全流程线上服务、数据开放及电子政务服务在欧盟范围内流通适用等方面都存在欠缺。

二 疫情下中东欧国家数字经济表现优异

新冠疫情重创中东欧，数字经济一枝独秀。疫情改变了人们的生活、工作、互动和娱乐方式。疫情中，以电子商务、远程办公、在线教育、电子支付、大数据和云计算等为代表的数字产业不仅受冲击最小，反而得以快速发展。

电子商务方面，线上销售普遍实现大幅增长，销售规模急剧扩大。2020 年，塞尔维亚线上销售额达 330 亿第纳尔，约为2019 年2 倍。捷克新增网店数量2900 家，同比增长6%；捷克居民网购支出为 1960 亿克朗（约合 84.5 亿美元），同比增长 26.5%。希腊线上零售企业营业额增长 18%，在线外卖订单营业额由 2019 年的 5 亿欧元飙升至 2020 年的约 8 亿欧元。2020 年罗马尼亚零售市场总规模约 400 亿欧元，其中网上销售额约 35 亿欧元，占比由 2019 年的 7% 提升至的 9%，45% 的罗居民进行过在线购物，亚马逊、速卖通等跨境平台吸引了越来越多用户。

电子支付方面，非现金支付逐步普及，居民消费习惯发生变化。手机支付受到越来越多斯洛伐克民众的青睐，2020 年上半年手机移动支付达 716.2 万次，同比增加 585.2 万次。2020 年第二季度，波兰非现金付款次数首次超过现金支付，移动支付终端数量超过 100 万，是四年前的两倍。2020 年前三季度，立陶宛电子货币和支付机构的总数量、支付交易额和收入实现持续增长，立银行业将非现金支付与服务系统建设作为未来改革优先方向。Google Pay 在线支付自 2020 年 11 月 16 日起在保加利亚提供服务，并将被引入爱沙尼亚、希腊、匈牙利、拉脱维亚、立陶宛、罗马尼亚等其他中东欧国家。

数字产业方面，软件业蓬勃发展，成为经济增长重要引擎。2020 年，保加利亚软件行业新增 3500 余个工作岗位，预计到 2024 年该行业将维持两位数的增长趋势。罗马尼亚软件业营业额约达 82 亿欧元，较 2019 年增长 12.5%。波兰企业开发的电脑游戏在全球热销，社交学习平台 Brainly 完成 8000 万美元 D 轮融资，并将继续拓展到印度尼西亚、巴西等新兴市场。波罗的海三国初创企业融资逆势增长，乐观情绪持续上升，很多初创企业都与云计算、云看房等数字产业相关。

数字货币方面，中东欧国家率先试水，民众兴趣升温。2020 年 7 月立陶宛中央银行正式发行数字货币 LBCOIN，成为全球范围内首家央行发行的数字货币。同年 10 月爱沙尼亚央行宣布启动建立数字货币基础设施的研究计划。斯洛伐克民众对数字货币的兴趣度不断上升，2020 年第四季度斯民众数字货币投资额超过 350 万欧元。2021 年 9 月 25 日，斯洛文尼亚成为世界上首个发行非可互换代币（NFT）的国家。

5G 建设方面，中东欧国家积极寻找合作伙伴，开展频段招标，启动 5G 服务。希腊国家电信和邮政委员会启动 5G 招标计划和程序，计划对 4 个 5G 频段公开招标。斯洛文尼亚电信与爱立信达成 5G 合作协议，爱立信将向其提供无线接入网（RAN）和 Packet Core 解决方案。布加勒斯特宣布成为罗马尼亚第一个 100% 覆盖 5G 的城市。保加利亚启动首个 5G 网络，并将在 27 个地区的中心城区同时开放。2020 年 11 月 13 日爱沙尼亚电信公司 Telia Eesti 在塔林、塔尔图和派尔努三大城市启用了爱沙尼亚的第一个商用 5G 网络。爱立信与捷克电信基础设施批发公司 CETIN 签署了一份为期五年的合同，将为其 5G 业务提供支持。克罗地亚于 2021 年 8 月正式向该国电信公司颁发 5G 运行许可。黑山也启动了 5G 测试环境建设。

人工智能方面，政府倍加关注，谋划布局以求抢占先机。保加利亚政府通过《2030 人工智能发展计划》，优先支持基于人工智能的系统、应用和服务，以促进教育、公共服务、农业、医疗和环境等领域发展。波兰实施《波兰人工智能发展政策》，确定波兰短期（到2023年）、中期（到2027年）和长期（2027年之后）的行动和目标，并在政府内组建专门负责团队，预计人工智能的发展将使波国内生产总值每年增长2.65个百分点。克罗地亚成立人工智能协会，以促进克罗地亚的人工智能发展，将克罗地亚打造成以人为本的AI研发中心，吸引更多人工智能人才。

数字基础设施方面，加大资金投入，为数字经济发展扫除障碍。加强农村地区网络基础设施建设，爱沙尼亚的“最后一英里”项目、保加利亚的“数字化转型”项目、塞尔维亚等都将农村地区宽带网络建设作为现阶段主要任务，扩大互联网覆盖规模。着力现有网络提速升级，斯洛文尼亚计划到2023年投入1亿欧元扩展和升级千兆宽带网络，克罗地亚政府《2021—2027国家宽带发展规划》也强调发展超大容量网络。降低使用成本，自2021年7月1日起，西巴尔干国家取消移动漫游费，这些国家的移动网络用户能够以国内价格享受漫游服务。

数字政府方面，加速政府数字转型，服务数字经济和社会发展。2020年10月，在电子政务方面领先的爱沙尼亚同德国、国际电信联盟、数字影响联盟等签署协议，为数字政府合作建立全球高级别框架，帮助各国加速政府服务数字化。塞尔维亚计划在采矿、能源等行业引入电子程序，以降低成本，简化程序，吸引投资。罗马尼亚、匈牙利计划引入电子发票，以打击偷税漏税行为。希腊政府启动数字门户网站

“gov. gr”，并从网页扩展到手机客户端，不断增加平台所提供便民服务，民众可登记新冠疫苗接种，未来还可查询犯罪记录、转让房产等。爱沙尼亚、保加利亚、阿尔巴尼亚、克罗地亚、斯洛文尼亚、塞尔维亚等国还研发或参与数字疫苗接种证书、“疫苗护照”等，为疫情影响下的民众提供旅行便利。

三 中东欧国家数字经济潜力巨大

疫情下数字经济爆发出“井喷式”的巨大需求，凸显了供需两端矛盾。中东欧国家发展数字经济存在短板，主要是数字基础设施薄弱；民众数字技能不足，数字人才缺失；科技领域投资缺口巨大等。中东欧国家也采取一些措施，试图推动经济和社会的数字化转型，包括将数字经济列入国家发展战略；成立数字经济管理协调机构；借助欧盟资金，鼓励私有资本参与；加大数字基础设施建设投入；努力提升劳动力数字技能；发展数字产业集群；加快政府数字转型；加强区域数字经济合作等。

同时也应看到，中东欧国家近年来数字经济发展迅速，潜力巨大。根据麦肯锡公司 2020 年 10 月 13 日发布的《下一个常态的数字挑战者——中东欧国家的数字化增长引领之路》报告[①]，2019 年中东欧国家数字经济产值达 940 亿欧元，同比

① Tomasz Marciniak, et al.,“Digital Challengers in the next normal-Central and Eastern Europe on a path to digitally-led growth”, 13 October 2020, McKinsey Digital Report, https://www.mckinsey.com/business-functions/mckinsey-digital/our-insights/digital-challengers-in-the-next-normal-in-central-and-eastern-europe, last accessed on 9 October 2021.

增长达7.8%，增速超过英法德等西欧发达国家。新冠疫情进一步刺激了数字经济的发展，仅2021年1—5月中东欧国家数字经济增长率就达到14.2%，数字经济产值增加53亿欧元，占2019年全年产值增加量（68亿欧元）的78%。据麦肯锡公司预测，若中东欧国家加速实现数字化转型，到2025年数字经济产值或将达到2760亿欧元，比一切照旧发展模式下的产值高出一倍（详见图2）。这表明中东欧国家数字经济潜力远未完全释放，未来发展前景广阔。

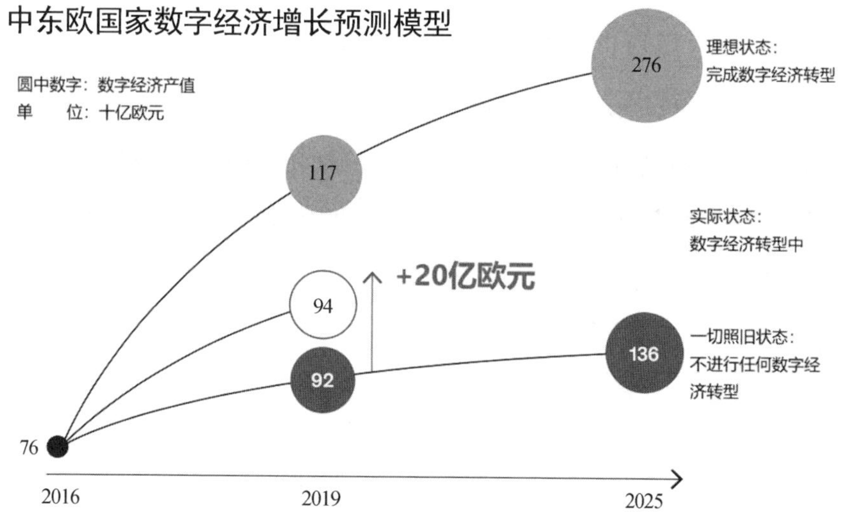

图2　麦肯锡公司中东欧国家数字经济增长预测模型

资料来源：欧洲统计局、麦肯锡公司。

中国和中东欧国家都视数字经济为发展新动力，这为双方在该领域合作开辟了空间。根据中国信息通信研究院2021

年4月发布的《中国数字经济发展白皮书》[①]，2020年中国数字经济规模达到39.2万亿元，占GDP比重为38.6%，数字经济增速保持9.7%的高速增长，成为稳定经济增长的关键动力。中国—中东欧国家加强数字经济合作，有助于推动疫后经济复苏，成为中国—中东欧国家合作的新动能。

加强中国—中东欧国家数字经济合作，应充分发挥好现有合作机制的平台作用。在2021年2月9日举行的中国—中东欧国家领导人峰会上，习近平主席指出未来要“拓展在数字经济、电子商务、健康产业等领域合作”[②]。双方应抓住契机，主动谋划，通过中国—中东欧国家电子商务合作对话机制等举措，积极对接需求，落实好峰会共识。要发挥好地方政府的积极性，通过现有的“地方领导人会议”“地方省州长联合会”“首都市长论坛”等平台，交流地方数字经济发展和数字城市建设经验。此外，还应在加强数字基础设施建设合作、共同培养数字人才、鼓励引导双向数字产业投资等多领域加强合作，共同发力。

---

① 中国信息通信研究院：《中国数字经济发展白皮书》，2021年4月，中国信息通信研究院网站，http://www.caict.ac.cn/kxyj/qwfb/bps/202104/t20210423_374626.htm。

② 习近平：《凝心聚力，继往开来 携手共谱合作新篇章》，《人民日报》2021年2月10日。

第四部分

中国—中东欧国家合作形势与进展

中国—中东欧国家合作与“三海倡议”对接的机遇和路径

高晓川[①]

内容摘要：中国—中东欧国家合作是中国构建新型跨区域外交与合作的积极实践，对促进中欧关系的稳定平衡发展起到了积极作用。加入“三海倡议”的中东欧国家把加大基础设施投资力度、加速绿色和数字经济转型作为促进经济复苏的优先手段，这为推动后疫情时期中国—中东欧国家合作与“三海倡议”对接提供了政策机遇与市场契机。中东欧地区的地缘政治特点决定了与“三海倡议”对接将是深化中国—中东欧国家合作务实有效的路径，促进中国—中东欧国家合作与中东欧国家经济社会发展的重大规划相融合，既可以充分调动这一地区国家的积极性，又可以合理地规避内外部地缘政治风险。实现两者的对接与融合发展对“一带一路”倡议在

① 高晓川，华东师范大学中东欧研究中心研究员。

欧洲的顺利推进具有重要现实意义。

关键词：中国—中东欧国家合作；三海倡议；对接

中国—中东欧国家合机制内涵两组结构性矛盾关系，一是区域整体性与国家特殊性矛盾，二是外部性与内部性矛盾，前者具有长期性的静态特点，后者会随着中东欧地区地缘政治因素的变化而变化，具有动态特点。从前者看，中东欧虽具有地域上的整体性，但次区域及国家间的差异性明显，这是继续深化中国—中东欧务实合作面临的挑战。从后者看，中国和中东欧国家对合作机制的目标不完全契合，在“一带一路”倡议下，中国把中国—中东欧国家合作作为中欧合作的有益组成，希望把发展与中东欧国家的关系打造为跨区域多边合作的典范，中东欧国家把合作机制作为其在对欧关系和跨大西洋联盟关系之外的补充。中东欧国家对合作机制持务实性支持态度，并希望借助该机制扩大对华出口和吸引中国投资。通过深化中国—中东欧国家合作来加强中国与中东欧国家间的利益交汇，对于扩大中国新型跨区域外交实践的积极国际影响和促进中欧关系全面发展均具有重要意义。

2015 年由波兰和克罗地亚联合 10 个中东欧欧盟成员国提出“三海倡议”合作[①]，旨在推动该地区国家的能源、交通和

---

① “三海倡议”（Three Seas Initiative，3SI）是中东欧十二国的区域发展论坛机制，该机制连接亚得里亚海、波罗的海、黑海三个海域，故称三海倡议。其成员国包括奥地利、保加利亚、克罗地亚、拉脱维亚、立陶宛、捷克、爱沙尼亚、匈牙利、波兰、罗马尼亚、斯洛伐克和斯洛文尼亚十二个作为欧盟成员国的中东欧国家。倡议的目的是加强该地区的经济联系，发展能源、交通基础设施、数字经济，促进欧洲平衡发展。2016 年 8 月，中国外交部部长助理出席了在克罗地亚举行的首届三海倡议首脑峰会，并指出中方在 2015 年 11 月提出的中国与中东欧国家“三海港区合作”与“三海倡议”理念上高度契合，地理上基本重叠，内容上相当一致，目标上追求相同，两者可以相互借鉴，相互补充。

数字经济基础设施建设，类似于“中东欧版的互联互通倡议”，突出了欧债危机后中东欧国家抓住机遇、促进经济社会发展的紧迫性和主动性。成员国建立了三海投资基金，计划参与总额达1000亿欧元的基础设施项目。在2020年新冠疫情对世界经济造成严重冲击背景下，中东欧国家开始把强化“三海倡议”合作作为推动经济复苏和实现次区域长期繁荣与发展的有效平台，波兰把该倡议作为与跨大西洋关系和欧洲一体化并列的三大外交政策支柱。该倡议以其广阔的市场投资前景和重要的地缘政治利益受到美国和欧盟的重视，美国把强化与中东欧国家的能源和数字经济合作作为拓展其在欧洲地缘利益的新切入口。2018年9月，欧盟提出的欧亚互联互通战略在能源和交通互联互通方面涉及多数“三海倡议”成员国，同时，三海地区国家被欧盟确定为跨欧洲运输网络（TEN-T）的九条核心走廊中的五条走廊的一部分，主要包括波罗的海—亚得里亚海走廊；地中海走廊；北海—波罗的海走廊；莱茵—多瑙河走廊等。其已成为中、美、欧三方争取对接与开展合作的重要事项。后疫情时期，“三海倡议”国家把通过互联互通建设促进次区域经济社会发展提升到了战略高度，尤其是强调充分利用欧盟凝聚和复苏基金实现经济社会创新与跨越发展。

中东欧国家把加大基础设施投资力度、加速绿色和数字经济转型作为促进经济复苏的优先目标，把医卫、教育、城乡融合作为推动社会包容与平衡发展的政策工具，这为推动中国—中东欧国家合作与“三海倡议”对接提供了政策机遇与市场契机。2021年6月，波兰政府公布旨在推动经济复苏与结构转型的“新政”计划，该规划把投资作为实现经济复苏的主动力。后疫情时期，国家投入超过 1700 亿欧元（包括欧盟凝聚和复苏基金在内）的新政资金推动国家重建和现代化。未来三年将在基础设施、创新经济、住房、税改和医卫领域投入超过 220 亿欧元。[①] 保加利亚政府公布的复苏与弹性规划投入资金 104 亿欧元（占 GDP 的 17%），各政党在充分利用欧盟资金实现经济社会绿色创新发展和转型上具有高度一致性。规划提出后疫情时期保加利亚经济社会发展的四大支柱：创新、绿色、互联互通和公平发展，其中旨在推动可持续发展的绿色经济资金投入占比 36.8%，创新发展的资金投入占比为 27.4%，促进社会包容发展和改善弱势群体状况的社会公平投资占比 18%，促进交通、数字联通和地方平衡发展的互联互通投资占比 17.8%。[②] 规划涵盖 57 个投资项目和 43 项聚焦于改善营商环境和推动低碳经济发展的改革。罗马尼亚的国家复苏与弹性规划，覆盖了交通、卫健、教育、环境、地方治理、研发和数字转型等所有重要领域，政府视其为“高度平衡”发展规划，规划遵循的原则是：资金的公平分配，下放权力和强化地方政府的作用，在产业发展上以绿色和数字转型为引导。规划投入资金总额 292 亿欧元，优先投向三个主要领域：交通设施 67 亿欧元（450 公里高速路），教育 36 亿欧元（建设上百所学校幼儿园），卫健 24 亿欧元（新建和扩建医院）。政府提出，规划是自 1859 年以来罗马尼

---

① http://www.pap.pl/node/985882, last accessed on 5 Sep. 2021.

② https://www.novinite.com/articles/210491/Bulgaria%3A+National+Recovery+and+Resilience+Plan+-+What+to+Expect%3F, last accessed on 5 Sep. 2021.

亚“最重要的投资蓝图”，借助规划的实施，后疫情时期的罗马尼亚将实现告别过去的跨越式发展。[①] 捷克政府的经济复苏规划中把基础设施、绿色转型作为重头，两者资金投入占比52%，数字经济占比11%，教育与劳动力市场建设占比10%，纾困企业支持占比11%，医卫与居民生活环境占比7%，研发创新占比6%。[②]

中国—中东欧国家合作的优先方向在于中欧互联互通与产能合作，“三海倡议”聚焦能源、交通和电信基础设施建设，两者对接具有内在基础。寻求对接的结合点是基于多数中东欧国家重大发展战略基础上深化中国与中东欧国家关系发展与务实合作的有效路径，这有助于增强中国与中东欧国家间的战略关联性和协同发展。虽然“三海倡议”不包括中国—中东欧国家合作中位于巴尔干地区的塞、希等六国，但这不意味着两个战略间没有对接点。2015 年 11 月，李克强总理在第四次中国—中东欧国家领导人会晤时提出三海港区合作倡议。2016 年 11 月，第五次中国—中东欧国家领导人峰会发表关于开展三海港区基础设施、装备合作联合声明。美国因素突出了“三海倡议”的地缘政治性，但在后疫情时期，三海倡议成员国对于通过加大投资力度促进次区域经济社会发展具有高度一致，尤其是中东欧国家通过加大投资促进经济复苏的宏观政策为中国—中东欧国家合作与“三海倡议”对接提供了重大机遇。

---

① https：//www. agerpres. ro/english/2021/05/26/deputy-pm-kelemen-pnrr-a-highly-balanced-plan-might-be-officially-submitted-to-ec-on-monday－719917，last accessed on 5 Sep. 2021.

② https：//www. planobnovycr. cz/，last accessed on 5 Sep. 2021.

与九年前中国—中东欧国家合作机制建立时相比，目前中东欧地区的内外部环境已出现新变化，尤其是2017—2018年以来，在美加大对中东欧的战略倚重以及欧盟突出地缘政治作用的背景下，该地区外部环境出现了新变化。欧盟采取实质性动作来冲淡该合作，主要手段是通过政策约束和资本整合来规范中东欧国家。美国采取安全与经贸结合的方式强化美国在欧洲的地缘利益，并把能源和数字经济合作作为强化与中东欧国家联盟关系的新突破口，主要采取两种路径：一是把波兰和保加利亚作为参与欧洲能源博弈的重点国家，意在打通美国对欧从波罗的海到黑海的能源出口通道；二是把捷、波、罗作为对华技术竞争的欧洲优先突破口，在中东欧国家筑起数字经济合作联盟。同时，美国把为东盟基础设施融资的“蓝点网络”计划复制到中东欧。拜登上台后也表示将进一步强化与中东欧盟友关系与合作发展，并把“三海倡议”作为加强美与中东欧国家合作的优先平台。此外，受到美国宣扬的所谓“中国安全威胁论”的影响，在捷克、罗马尼亚等一些中东欧国家中已出现不利于深化合作的舆论与压力集团。2020年3月以来，立陶宛政府对华政策出现新变化，不仅指责中国经济外交政策“具有进攻性和分裂性”，提出中国对欧盟的团结与核心利益构成挑战①，而且在涉华人权议题上冒头，在涉台问题上挑战中国核心利益。

中国—中东欧国家合作与“三海倡议”融合发展，重点

① https：//www. mfa. lt/default/en/news/in-tallinn-lithuanias-foreign-minister-gabrielius-landsbergis-and-his-british-counterpart-dominic-raab-discussed-key-issues-of-cooperation， last accessed on 1Sep. 2021.

是排除内外部地缘政治的干扰因素。虽然中欧都坚定奉行多边主义和全球合作，并在一些重大全球治理议题上有高度共识，但欧盟对于中国体制的偏见仍未消除，在中美关系恶化的背景下，中欧间基于不同价值观基础上的意识形态之争和基于地缘基础上的利益空间和影响力之争也趋强。美国宣扬的“中国安全威胁论”在中东欧地区带来不利影响，自2018年年底以来，相继有五个“三海倡议”成员国家的职能部门在国家安全报告中提出中国对其“构成安全威胁”。从内容上看，这些涉华安全报告有两个共同点：一是从地缘政治角度解读“一带一路”倡议和中国—中东欧国家合作；二是把双边经贸投资合作与国家安全威胁挂钩，提出中企参与基础设施建设和对其战略性行业的投资“构成安全威胁”。安全报告已造成这些国家中出现了不利于深化双边合作的政策压力与舆情环境。2019年7月，立陶宛总统以国家安全为由表示反对中企（招商局集团）参与该国最大港口克莱佩达港的扩建。波兰、罗马尼亚、立陶宛为代表的部分中东欧国家把意识形态基础上的盟友关系与战略性经贸项目合作挂钩，其对华经贸合作中的政治化倾向增强，尤以2020年中实施在即的中罗核电项目遭遇翻盘为典型。

百年未有之大变局对国际关系带来新挑战，这也提出了研究构建中国新型跨区域外交与合作的新目标。后疫情时期，世界范围内价值链重组将增强多数中东欧国家在亚欧大陆产业链中的地位，欧盟强调逐步建立本地化、多元化的供应链，鼓励成员国把援助资金投向基础设施、绿色能源、高技术、生物医疗等优先领域，并大力支持中东欧国家布局核、锂、氢、储能等新能源战略产业，这也将为中东欧国家带来产业结构调整升级的历史性发展机遇，中东欧国家也提出将充分抓住机遇，加速转型创新与可持续发展。波兰副总理、法律与公正党主席卡钦斯基认为，政府公布的“新政”将有助于波兰尽快追赶和达到西欧国家的发展水平。[①] 捷克“2030 经济战略纲要”提出在2030 年前捷跻身世界前20 个最发达经济体的战略目标。[②] 欧盟减排和碳中和政策也将进一步拓展中欧在绿色能源领域的合作空间，自 2014 年中国—中东欧投资合作基金首个风电项目落户波兰以来，中东欧国家与中国企业在风电、光伏、生物质等清洁能源领域的合作不断深化，其日益成为中欧能源合作的优先受益者。作为欧洲重要的汽车产业基地，借助产业布局和区位优势，中东欧国家已开始从中欧汽车产业链重组、尤其是欧洲建立本地化产业链中受益。2020 年 4 月，在欧洲疫情肆虐和冲击中欧汽车产业供应链之际，德国大众集团要求供应商浙江汽车零部件生产企业敏实集团在捷克斯柯达汽车厂 90 公里范围内投资建厂，从对欧出口零部件改为在欧投资生产。2021 年 3 月，德国大众集团提出在欧洲布局六家电池超级工厂的投资规划，捷克政府与其积极协商在捷落户一家，一方面开发利用捷北部的锂矿资源，另一方面强化捷锂电战略产业。

结合多数中东欧国家的新发展战略和次区域的地缘政治新特点，促进中国—中东欧国家合作与“三海倡议”对接兼

① https：//www. pap. pl/node/875806，last accessed on 1Sep. 2021.

② https：//www. ceskenoviny. cz/zpravy/cesko-chce-patrit-mezi-nejvyspelejsi-zeme-sveta/1821736,， last accessed on 1Sep. 2021.

有机遇和挑战，对接路径应是根据不同国家实际情况采取不同方式，充分利用碳中和目标下中欧产业新政策以及中东欧国家经济发展战略带来的新机遇。中东欧地区的地缘政治特点决定了与“三海倡议”对接将是深化中国—中东欧国家合作务实有效的路径，促进中国—中东欧国家合作与多数中东欧国家经济社会发展的重大规划相融合，既可以充分调动这一地区国家的积极性，又可以合理地规避内外部地缘政治风险。实现两者的对接与融合发展对“一带一路”倡议在欧洲的顺利推进具有重要意义。

东南欧国家对中国—中东欧国家合作的新动向与态度

白伊维（Ivica Bakota）[①]

内容摘要： 新冠疫情暴发以来，东南欧国家对中国—中东欧国家合作机制的态度是延续疫情之前的局势，还是反映近期在中欧、中美关系之间发生的新形势，成为观察东南欧政治动向的关键问题之一。本文以新制度主义为出发点认为东南欧国家对中国及其对外倡议的基本立场是“无可争议的不对称性”，这些作为“边缘”的国家在中美紧张和美欧协调对华政策的背景下不愿脱离中国对外倡议以及放弃对华现有合作的利益。为此，本文提出三个主要原因：一是中国和东南欧国家之间“传统”稳定或友好关系，二是东南欧国家在国际多边框架上一般避免在涉华敏感问题上出头，三是参与中国对外倡议的利益仍高于与之相斥的其倡议。

① 白伊维，首都师范大学历史学院副教授、国别区域研究院研究人员。

关键词： 东南欧；中国—中东欧国家合作；不对称性

2020年新冠疫情暴发以来，东南欧国家对中国—中东欧国家合作机制的态度是延续疫情之前的局势，还是反映近一年多在中欧、中美关系之间发生的新形势，成为观察东南欧政治动向学者的关键问题之一。东南欧国家对华合作及其对外倡议的态度重新需要进行基础分析。

这些东南欧国家包括6个原南斯拉夫地区国家（斯洛文尼亚、克罗地亚、塞尔维亚、波黑、黑山、北马其顿）、阿尔巴尼亚、保加利亚（从2019年后有条件地可以加上希腊），很难概括它们疫情之前参加中国—中东欧国家合作机制的沿革，因为各国对华双边关系及其对外倡议表现出非常不同的经验。按照2018年关于有关国家对中国—中东欧国家合作态度的基本情况分析，[①] 东南欧国家里有“积极支持者”“抱望参与者”以及“合作迟缓者”。与中东欧其他地区国家相比，东南欧国家特征是综合实力相对较弱，其与欧盟“核心成员国”的西欧国家关系大大优先于对华关系，于是其在双边或多边框架下均衡中欧关系的能力不大。要把推进对华经济合作不同态度与其对华政治态度分离出来，可见东南欧小国对

① 关于中东欧国家对中国—中东欧合作态度的分化，可见 I. M. Oehler-Şincai，“The 16 + 1 Process：Correlations between the EU Dependency/Attitude Matrix and the Cooperation Intensity with China，” 16plus 1 series，December 2017，pp. 1 – 19，https：//16plus1. files. wordpress. com/2017/12/info-cctb-paper-september – 2017. pdf，last accessed on 15 June 2021。

华关系中的政治价值取向相对不起什么重要作用。[①] 可得出结论，东南欧国家不急于参加欧盟共同对华政策的形成，不愿冲到欧中关系的前线。因此，如果借用新制度主义的理论可以说，[②] 东南欧国家对华及其对外倡议的基本特征是“无可争议的不对称性”（uncontested asymmetry），简单概括就是作为“积极支持者”的力量不够均衡，虽然作为“合作迟缓者”也不能脱离。

特朗普领导的美国试图摇动东南欧国家对华关系中这种基本特征。首先，美国与西欧国家因军费、贸易等问题摩擦，而将重心转向中东欧和东南欧，加强毗邻俄罗斯的北约成员国的军力部署，促进北约向东南欧扩大以及试图恢复在解决东南欧安全问题上的支配作用。[③] 其次，特朗普时期美国加强对东南欧政治形势的影响力，试图对东方来的政治影响开始加强警惕，并采取了遏制其影响力的一系列措施。在美国或美欧协调对华政策的背景下，旨在对冲非西方影响力的努力主要是通过与当地商界、学界、媒体、公众商量过后才被接

---

① 例如，2018 年“欧洲涉华智库网”（ETNC）发表题为《欧中关系中的政治价值》报告中，欧洲国家对欧盟共同对华外交行动进行了分析，各国对华外交行动特征不同，可分为几种。所分析的来自欧洲各个地区的 17 个国家中，没有一个来自东南欧，侧面说明该地区国家对华的政治价值取向比“被动支持更被动”。参见 Tim Nicholas Rühlig et al，“Introduction：Political values in Europe-China relations”，in：*Political values in Europe-China relations*，edited by：Tim Nicholas Rühlig Björn JerdénFrans-Paul van der Putten John Seaman Miguel Otero-Iglesias Alice Ekman ETNC Report，December 2018，pp 11－23。

② 可参考，Keohane，R.，*After Hegemony. Cooperation and Discord in the World Political Economy*，Princeton UP，1984；Keohane，R. and Joseph Nye Jr.，*Power and Interdependence*，4th ed，Longman，2011.

③ 在特朗普任期内，黑山（2017 年）和北马其顿（2020 年）正式加入北约。此外，美国更积极参与贝尔格莱德与普里什蒂纳之间关系正常化对话进程。

受的。[①] 在特朗普执政之前，中国逐渐对接中东欧国家政治和经济合作，这个时期“西方的”影响在很大程度上没有被政治化（内政化），即没有引发中东欧国内政坛的讨论或分歧，但现在的情况则似乎今非昔比。

2020 年 9 月，塞尔维亚与科索沃达成的协议中加入了关于美国反对 5G 不可靠提供商的内容，[②] 这是证明作为该地区中国—中东欧国家合作机制“积极支持者”的塞尔维亚表现出力量不够制衡外部压力的典型案例。后来，美国国际开发金融公司借助特朗普政府向该对话进行穿梭外交，拜登政府也是继续执行特朗普对巴尔干的政策。美国对塞尔维亚、希腊等国家企业商界的接近，被视为旨在遏制该地区企业与中国的对外倡议中相关的商业合作。[③] 按照当地分析师的意见，考虑到响应中国的萨洛尼卡—布达佩斯铁路现代化旗舰项目的希腊和塞尔维亚及其接受来自中国投资的总量，美国公司把考察重点放在这两个国家投资合作项目就应该没有什么蹊跷。按照当地媒体的非官方消息，这种对冲的活动在幕后领域更为活跃，涉及各国大规模公共招标和投资项目（典型的案例是 2020 年克罗地亚当局取消中国企业中标的里耶卡港码

---

① 美国反冲西方以外影响的政策及其对中东欧国家政坛和外交策略层面的影响在很大程度上取决于“特朗普效应”，参见 Trump appeal messiah Shapiro, Jeremy, and Dina Pardijs, *The transatlantic meaning of Donald Trump: a US-EU Power Audit*. Brussels: European Council on Foreign Relations, 2018, http://www.ecfr.eu/page/-/US_EU_POWER_AUDIT.pdf, accessed on 11 June 2021。

② 白宫协议的英文原版参见 Ceo tekst sporazuma potpisanog u Beloj kuci［白宫协议全文］, Standard, Sep 4, 2020, https://www.standard.rs/2020/09/04/ceo-tekst-sporazuma-potpisanog-u-beloj-kuci/。

③ Natalie Liu, “Serbia, Kosovo, Greece Express Hope for Sustained Interest, Investment Through US Agency”, Voice of America, May 12, 2021, https://www.google.com/amp/s/www.voanews.com/europe/serbia-kosovo-greece-express-hope-sustained-interest-investment-through-us-agency%3Famp.

头特权项目)。[①]

另外，欧盟在其“后院”采取对华反冲措施不可避免引起争议，让有些当地观点认为，2019 年欧盟委员会关于与中国“两面性关系”的报告是在含蓄表达欧洲国家对华关系的划分，即西欧、北欧可以与中国合作，但是东南欧应该以中国为“战略性竞争者”。对尚未入盟的东南欧候选国家，尤其强调这种态度。欧盟向西巴地区扩大政策近一年的进步虽不大，但其保有的规范力量的影响作用更为明显，对这些国家脱离共同对外政策向非西方国家做出的外交倾向已经出现“安全化”，欧盟批评其领导层与中国关系密切将具有不良后果，因而欧盟采取措施加强其对中国经济影响力的制衡。

2021 年 3 月中旬，黑山副总理向欧盟议会对外政策委员会提出中国的“负面”影响似乎是该地区“中国影响”政治化的首个案例。[②] 尽管如此，东南欧仍然不好充当对华态度变化的“试纸”作用。相对于波罗的海三国因安全上高度依赖美国，对俄持强硬态度，从而形成向美国一边倒对外政策，[③] 中美关系紧张以及中欧两面性关系尚没有渗入东南欧各国政坛，且尚未对其对华政策造成突破性的影响。东南欧国家官方拒绝或者勉强参与欧盟在其共同政策下的对华干涉行动。

① Josip Bohutinski，“Zbog pritiska EU i SAD-a Kinezi ne ulaze u rijecku luku”［由于来自欧美施压，中国人无法进入里耶卡港口］，*Vecernji list*，Jan 2，2021，https：//www. vecernji. hr/vijesti/zbog-pritiska-eu-i-sad-a-kinezi-ne-ulaze-u-rijecku-luku – 1458111.

② Zeljko Trkanjec，Montenegro asks EU for help against China”，*Euroactiv*，29 March 2021，https：//www. euractiv. com/section/politics/short_news/montenegro-asks-eu-for-help-against-china/.

③ 目前，波罗的海三国最接近于“试纸”的地位。三国对中国—中东欧国家合作影响一直不大，贸易和投资合作总量有限，而且立陶宛违背“一个中国”的原则，造成关系紧张。参见中华人民共和国外交部《外交部发言人就中方决定召回驻立陶宛大使发表谈话》，2021 年 8 月 10 日，https：//www. fmprc. gov. cn/web/fyrbt_673021/t1898567. shtml。

这样的态度源于该地区国家对华传统友好关系，愿意在中欧间紧张时处于中立地位，以及留在多边平台来为双边合作进行补充。以下三个原因似乎在当下仍然还有效。

首先，中国和任何东南欧国家之间都没有公开的双边问题，东南欧国家没有破坏“尊重一个中国、和平共处、互不干涉”等与对华交往重要原则。20 世纪 90 年代原南斯拉夫地区战争后，中国对新兴以及转型中的东南欧国家采取中立态度，国际上尊重其主权和发言权的“历史关系”也形成了目前各国与中国建立全面双边关系的基本认同。结果是东南欧国家对所谓“东方影响”有清晰认识。例如在新冠疫情暴发后，虽然各种阴谋论涌现，但是东南欧国家舆论一般不配合涉华安全化议题，媒体转引来自西方的反华疑华观点的作用有限。

其次，东南欧国家在国际多边框架上一般避免在涉华敏感问题上出头。鉴于中东欧国家对华双边合作政策与欧盟共同政策之间存在的差距，以及在参与规范上与“实际”问题政策上形成的区别，东南欧国家就对华共同政策的反应一般体现出“周期性”和“结构性”的特征。从结构性角度看，在欧盟对华共同政策形成上，欧洲国家的主要分化是“准核心”与“边缘”的重新划分。“准核心”（quasi-core）是指在“核心”鼓励下积极奉行与欧盟核心利益或观点的部分趋同政策。但是，维持“准核心”地位取决于核心的可持续支持和互惠政策，尤其当某国在涉华问题上没有直接利益的时候。正因这种支持不可持续，东南欧国家一般愿意处于中欧关系之间的“边缘”。“边缘”不仅是指地理位置，也意味着欧盟中综合实力或与中国双边贸易总量较小，而且在中欧关系敏感问题上，“边缘”还指围绕那些问题表现出对欧盟“向心力”不够均衡，宁愿不放弃其对华双边关系现状的国家。欧盟中“准核心”国家是周期性的，具有流动性地位，但是“边缘”国家一般较为确定，媒体和学界一般将东南欧国家视为“边缘”。这些国家不会主动推行欧盟共同对外以及对华的决策，它们采取“跟风大国”或者“规避问题”的立场。[①]新冠疫情暴发之前，在面临对华立场采取“跟风”与“规避”的选择中，东南欧国家宁愿倾向于后者。2016 年作为欧盟成员的斯洛文尼亚和克罗地亚“淡化”了欧盟关于南海的声明，[②] 之后一年希腊在联合国会议上反对欧盟关于中国人权状态的声明都是此类证明。[③] 大多数东南欧国家愿意处于事件的“边缘”，其对中欧关系的态度处于宁愿规避问题的状态，避免因力量不够而再跟风。

最后，从双边角度看，各国按自己对华双边关系现状与前景参与中国对外倡议下的合作。东南欧国家参加一个不受约束性、对新参与者开放的“迷你”多边平台（minilateralism）的成本仍然低于加强与中国合作的机会。无论中国—中东欧国家合作机制如何减少这些国家对华之间关系的不对称性，其“积极支持者”和“合作迟缓者”都可以通过多边机

---

① 英语为“buck-passing”和“bandwagoning”，参见 Snyder，Glenn H.，“Mearsheimer's World-Offensive Realism and the Struggle for Security：A Review Essay”，*International Security* 27，No. 1（2002）：149 – 173. doi：10. 1162/016228802320231253。

② Robin Emmott，“EU's statement on South China Sea reflects divisions”，*Reuters*，July 15，2016，https：//www. reuters. com/article/southchinasea-ruling-eu-idUSL8N1A130Y.

③ Emmott，Koutantou，“Greece blocks EU statement on China human rights at UN”，*Reuters*，June 18，2017，https：//www. reuters. com/article/us-eu-un-rights-idUSKBN1990FP.

制继续推动对华双边合作，这也是“迟缓者”宁愿不脱离参与这个唯一与中国合作的多边机制的理由。即使美国对冲中国的努力能够在东南欧积极发起一种“争议的多边主义”以及产生平台交换（forum shopping）的情况，[1]诱引一些不满国家退出参与中国对外倡议，或者让它们仅加入由美国主导的竞争性平台（如“三海倡议”），该结果实际上不会对华减少不对称性而仅对美加强不对称性。从大国角度看，说服某些小国集体退出竞争性大国外交平台既昂贵又复杂，在缺乏可靠的平台时不一定导致集体进行“平台交换”。而且，一个弱势国家单独退出一个不对称性平台必然陷入对另一大国更大的依赖状态。正因此，“宁愿不脱离”变成“宁愿脱离”的立场看似容易，但是实际上某个弱势国支付这种“转变”的代价常常远高于其一次性的收获。此外，对小国提供一套互惠措施对于大国也不一定划算。尽管如此，从目前大国之间局势看，似乎可以这样认为，只有相关力量开始重视中国—中东欧国家合作机制下的合作“迟缓者”，而非积极支持者，该地区才能在欧洲对华及其对外倡议态度和动向上成为一个“试纸”。

① 英语为 contested multilateralism，参见 Morse，J. C.，Keohane，R. O.，“Contested multilateralism”，*Rev Int Organ* 9，pp. 385 - 412，2014，https：//doi. org/10. 1007/s11558 - 014 - 9188 - 2。

中国与巴尔干国家投资合作现状、挑战及对策

鞠维伟[①]

内容摘要：在中国—中东欧国家合作机制下，巴尔干地区逐渐成为中国在中东欧地区重要的投资伙伴。总体来看，中国在巴尔干国家的投资额度较少，但是增幅显著，中方投资的基建项目集中在西巴尔干的未加入欧盟的国家，中方贷款、并购项目、绿地投资等多种投资方式并行，中国企业承建项目较多，同时第三方合作方兴未艾。中国发展在巴尔干地区投资合作，引起了欧盟等利益相关者的质疑与警惕，同时中国在该地区投资优势减弱。针对上述情况，本文提出了若干推进中国在巴尔干地区投资的政策建议。

关键词：中国；巴尔干国家；投资；中国—中东欧国家合作

---

① 鞠维伟，中国社会科学院欧洲研究所中东欧室副主任、副研究员。

巴尔干地区是中国在欧洲投资的重要区域，特别是在2012年中国—中东欧国家合作机制建立以来，中国对巴尔干地区，特别是西巴尔干地区国家的投资增长显著。作为共建"一带一路"的重要地区，中国在巴尔干地区的投资合作模式值得总结，同时在投资过程中遇到的问题和挑战需要深入思考。

一 中国在巴尔干国家投资总体情况及主要特点

从总体投资关系来看，中国与巴尔干国家的投资关系显现单向性特点，即中国在巴尔干国家的投资逐渐增长，巴尔干国家在华投资额极少。

（一）总体情况

总体上中国在巴尔干国家投资总额相对较少，从相关统计数据来看，2019 年中国在巴尔干 9 个国家的投资存量约为 11.68 亿美元，甚至低于该年中国在爱尔兰的投资存量①。但与此同时，中国在巴尔干地区国家投资额近十年来一直处于稳步增长的状态。至 2019 年中国在该地区的 9 个国家的投资存量是 2009 年的 9.1 倍，是 2012 年的 3.6 倍，特别是 2012 年以来，中国对巴尔干地区国家的投资额增幅明显。

① 2019 年中国对爱尔兰对外直接投资额度约为 12.46 亿美元。

表 1　　2009—2019 年中国对巴尔干国家直接投资存量（单位：万美元）

国家	2009 年	2010 年	2011 年	2012 年	2013 年	2014 年	2015 年	2016 年	2017 年	2018 年	2019 年
保加利亚	231	1860	7256	12674	14985	17027	23697	16607	25046	17109	15681
克罗地亚	810	813	818	863	831	1187	1182	1199	3908	6908	9840
罗马尼亚	9934	12495	12583	16109	14513	19137	36480	39150	31007	30642	42827
斯洛文尼亚	500	500	500	500	500	500	500	2686	2725	4009	18960
波黑	592	598	601	607	613	613	775	860	434	434	1670
塞尔维亚	268	484	505	647	1854	2971	4979	8268	17002	27141	16473
黑山	32	32	32	32	32	32	32	443	3945	6286	8509
阿尔巴尼亚	435	443	443	443	703	703	695	727	478	642	711
北马其顿	20	20	20	26	209	211	211	210	203	3630	2109
合计	12822	17245	22758	31901	34240	42381	68551	70150	84748	96801	116780

资料来源：根据《2019 年度中国直接对外投资统计公报》整理。

中国对巴尔干国家投资存量虽然并不高，从表 1 可以看出，在 2009 年时中国对巴尔干国家投资额存量较少，但是近年来中国对巴尔干国家投资的增长十分明显。以罗马尼亚、保加利亚、斯洛文尼亚和塞尔维亚四国为例，2019 年中国在罗马尼亚的投资存量是 2009 年的约 4.3 倍，保加利亚达到近 68 倍，斯洛文尼亚达到近 38 倍，塞尔维亚则有 61 倍以上（见图 1）。

就投资领域来看，中国在巴尔干国家的交通、能源等基础设施建设项目投资比较多。交通基础设施项目涉及铁路、公路、码头、机场等多个具体建设领域；能源涉及火电、风能、太阳能等多个领域。

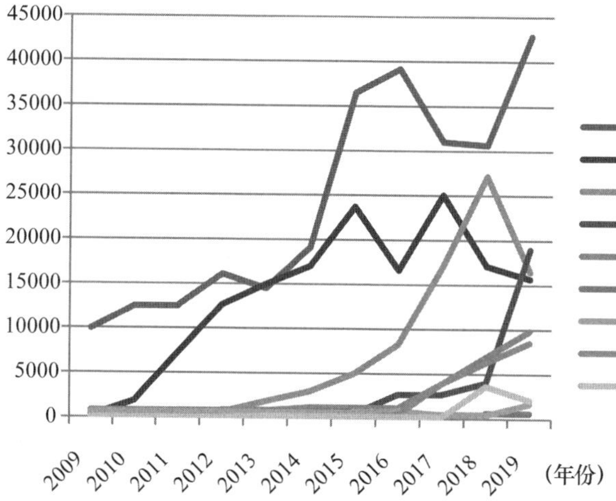

图1　2009—2019 年中国对巴尔干国家投资存量增长情况（单位：百万美元）

资料来源：根据《2019 年度中国直接对外投资统计公报》整理。

（二）主要特点

中国在巴尔干地区的投资合作项目主要有以下特点。

第一，基建项目集中在西巴尔干的未加入欧盟的国家。相比较中东欧其他其区域，在中国—中东欧国家合作下的基建投资项目几乎都集中在巴尔干地区。同时，中国在巴尔干地区国家的基建项目又多在西巴尔干的尚未加入欧盟的国家，如塞尔维亚、黑山、北马其顿。主要原因是：首先，欧盟成员国在基建项目方面的各类门槛较高，如投资项目的技术水平、劳工待遇、环保标准等，中国基建企业进入欧盟市场面临的准入条件较多，这对于海外“走出去”经验尚不丰富的中国企业来说是一项挑战。其次，欧盟成员国每年能从欧盟获得用于基建的资金，对于来自中方的基建投资兴趣不高。

罗马尼亚、保加利亚、斯洛文尼亚、克罗地亚等巴尔干地区的欧盟成员国每年可以获得上述资金用于本国基础设施建设。对于未入盟的西巴尔干国家来说，一方面本国对于基础设施建设的需求较大，同时来自外部的资金有限；另一方面作为非欧盟成员国，西巴尔干国家可以避免欧盟各种规则门槛，便利中国企业进入该地区，使中国在西巴尔干地区的基础设施投资项目较为集中。

第二，中方贷款、并购项目、绿地投资等多种投资方式并行。在基础设施建设领域，中国在巴尔干地区，特别是西巴尔干地区的投资项目多以国家主权信用担保的方式获得中方贷款。在并购和绿地投资方面，中国企业在汽车、钢铁、机械等多个制造业领域都有着成功投资合作案例。巴尔干国家制造业有着一定基础，由于多年来受困于发展资金有限，很多制造业企业，特别是国有企业境况不佳，亟须外部投资的帮助。中国在巴尔干国家的并购和绿地投资项目推动了当地制造业发展水平，带来了产业振兴，同时为当地提供了大量的工作岗位。因此这类投资，特别是绿地投资项目非常受有关国家的欢迎。

第三，中国企业承建项目较多，同时第三方合作方兴未艾。近年来，中国企业在巴尔干地区国家的承包项目增加明显。例如，2017—2018 年中国在中东欧地区承包工程的 70%—80% 完成额都在巴尔干国家，其中在塞尔维亚、波黑、黑山、北马其顿等西巴尔干国家的比重较高[①]。承包工程以铁

① 参见国家统计局网站数据，http：//dhttp：//data. stats. gov. cn/easyquery. htm? cn = C01&zb = A060H&sj = 2019ata. stats. gov. cn/easyquery. htm? cn = C01&zb = A060H&sj = 2019。

路电气化改造、高等级公路施工、特大桥梁建设等交通道路基础设施为重点，如塞尔维亚高速公路项目、中国路桥公司承建的佩列沙茨大桥项目等逐步成为中国企业在该地区国家践行“一带一路”倡议的亮点。中国企业与欧洲其他国家企业在巴尔干地区开展第三方合作，也出现了良好势头。例如2021年中国电建集团与法国阿尔斯通公司联合开展贝尔格莱德地铁建设工程。2015年由意大利水泥集团投资、中材建设有限公司总承包的保加利亚代夫尼亚水泥厂项目竣工。2012年中国与丹麦公司合资在塞尔维亚设立艾瑞斯特床垫厂等。开展第三方合作有利于引导欧洲发达国家参与项目建设，降低中国企业进入巴尔干地区国家的投资风险，消减欧盟少数成员国对中国投资项目透明度、资金来源、投资回报的疑虑。

二　中国在巴尔干地区投资合作面临的挑战

中国在该地区的投资力度并不强，投资合作基础相对薄弱，但即使这种情况下，中国发展在巴尔干地区投资合作，引起了欧盟等利益相关者的质疑与警惕。

（一）欧盟对中国在巴尔干地区活动的质疑和约束

欧盟作为巴尔干地区外部投资最大的来源地，对中国在该地区的投资活动提出了以下质疑。

首先，“破坏规则标准论”。随着中国的快速发展，欧盟日益将中国视为制定规则上的竞争对手，规锁的意图明显。欧盟及部分欧盟成员国（特别是德国）对中国通过相关合作机制增加对巴尔干地区投资表示不满，一直强调在欧盟成员国的投资活动要遵守欧盟的规则和标准。在西巴尔干地区，一些欧洲智库指责中国的投资活动破坏了欧盟长期以来在该地区的规则标准，不利于这些国家提升对欧盟价值观和规则的认同。

其次，“债务陷阱论”。这一观点集中体现在中国对黑山的投资合作项目上。南北高速公路是黑山第一条高速公路，由中国交通建设股份有限公司、中国路桥工程有限责任公司承建，全长约 180 公里，2015 年 5 月开工，共分 5 段建设。南北高速公路对黑山具有重要意义，这条高速公路将南部的巴尔港同中东欧主要交通走廊和市场相连，黑山也能成为欧洲与中国贸易道路上重要的交通和运输枢纽之一。中国进出口银行以优惠贷款的形式提供了该项目 85% 的资金，约 11.1 亿美元。对于该项目欧洲智库及相关机构认为，黑山作为巴尔干地区小国，中国的贷款使其政府债务水平明显提高，而黑山南北高速公路经济收益难以满足偿付中方贷款及利息要求。不论中国对黑山的目的如何，“欧盟都很难接受这样一个既被中国要挟又陷入债务的新成员国”①。

最后，“环境破坏论”。欧盟对中国在西巴尔干国家进行的能源投资项目的环保水平有一定疑虑，指责中国在能源领域的投资破坏了当地环境，这不符合欧盟相关规定，也让对象国偏离了欧洲发展价值导向。欧盟机构及部分智库认为包括塞尔维亚科斯托拉茨火电站（Kostolac）以及波黑图兹拉火

① “How China Challenges the EU in the Western Balkans”, https://thediplomat.com/2019/09/how-china-challenges-the-eu-in-the-western-balkans/, last accessed on 5 February 2020.

电站（Tuzla）、巴诺维契（Banovici）火电站等项目，增加了当地碳排放量，对中国在火电站中使用的环保设备质量和标准表示怀疑。实际上中国的能源投资项目完全符合欧盟的环保标准，以波黑图兹拉火电站为例，这一项目符合波黑的清洁火电战略需求，全厂采用欧标设计，排放指标满足最新欧盟排放标准，是波黑第一套采用欧盟最新环境排放标准的火力发电机组。此外，黑山南北高速公路的部分建设靠近塔拉河床。黑山非政府组织（MANS）一直质疑高速公路的建设会不会破坏塔拉的生态环境。

欧盟在提出上述怀疑和指责的同时，对于中国的投资项目也逐步采取了实际行动，加强了对于中国投资的安全评估与规则审查，强调成员国需要在债务水平、环保标准和劳动力使用等方面遵守欧盟规则。例如斯洛文尼亚的科佩尔—迪瓦卡铁路项目中，中国路桥集团等中方企业都表达了强烈的投资兴趣，但最终斯政府拒绝中方企业提案，其中的一个重要原因即担忧政府债务水平过高，超出欧盟对成员国财政状况的要求。

对于巴尔干地区的非欧盟成员国，欧盟通过各类投资工具和平台加强对该地区基础设施项目的投资。例如增加欧盟的“入盟前援助”（Instrument for Pre-Accession，IPA）项目资金，对西巴尔干未入盟国家专门制定了西巴尔干投资框架（WBIF），用来促进西巴尔干国家社会经济的发展。

（二）中国在巴尔干地区投资优势的减弱

在欧盟加强对巴尔干地区规则约束以及增加基建领域投

资的同时，中国在该地区投资优势减弱。

第一，中国在巴尔干地区投资项目的金融支持有限。在2012年提出的100亿美元中国—中东欧国家专项贷款额度已接近使用完毕。其他可以获得融资支持的工具，如股权类的中国—中东欧投资合作基金、商业性的中国—中东欧基金，以及开发性金融的中国—中东欧银行联合体基金，融资机制尚未健全，融资能力有限，不能满足在巴尔干国家的投资需求。

第二，在基金项目合作方式上难以实现突破。目前中国在巴尔干国家开展的重大基金项目投资，多是以主权担保贷款的形式进行，由于考虑到政府负债率，公私合营模式（PPP模式）是很多巴尔干国家所希望的一种融资模式。PPP模式是中东欧国家今后发展的趋势，但目前在中东欧地区发展PPP模式也伴随着风险，主要有以下几方面：各方对PPP模式经验很不足，根据2015年的统计，大部分中东欧国家PPP资产价值占GDP的比重低于1%，有很多国家甚至尚未有PPP资产[①]；巴尔干国家政府换届后对前任政府签订的PPP合作协议会有改变，从而具有政治风险；巴尔干国家政府对这一类项目审批过程较长，造成PPP合作的效率低下。

第三，中国企业投资项目的审批流程还须进一步优化。目前国有企业是中国在巴尔干地区投资主力，国家为了防止国有资产流失，在企业计划投资时，需要经过国家、省和市三个级别审核，并涉及经贸、外经贸与外汇三条线审批。这

① 姜建清编：《中东欧经济研究报告2017年——发展概况、愿景及风险》，中国金融出版社2018年版，第284页。

一系列审批流程从目前来看还应进一步优化。

三　推进中国在巴尔干地区投资的政策建议

第一，做好与欧盟及其重要成员国的合作。欧盟作为在巴尔干地区最重要的利益相关者，具有强大的影响力和感召力。中国对巴尔干地区没有地缘政治考虑，坚定支持欧洲一体化。欧盟是维护世界和平与稳定的重要力量，也是中国最大的经贸合作伙伴，一个团结、稳定、繁荣的欧盟和强大的欧盟符合中方根本利益。本着这一原则，中欧在巴尔干地区开展第三方合作，对于打消欧盟顾虑，促进各方互利共赢有着显著作用。

第二，关注巴尔干国家项目需求，寻找优势投资领域。2020 年暴发的全球新冠疫情，对巴尔干国家的社会经济冲击也极为严重。巴尔干国家在恢复经济过程中需要外部投资，根据笔者与巴尔干国家智库交流发现，他们对于和中方开展医疗卫生、数字经济、信息通信技术方面的合作较为积极，认为这是未来双边投资合作的重要机遇。中国在上述领域的技术先进，经验丰富，完全有能力开展相关合作，未来需要国家政策、资金方面对这些领域进行扶持，为中国与巴尔干国家合作带来新动力。

第三，确保已有项目的顺利开展和完工。中国近年来增加了对巴尔干地区的投资合作，很多项目仍在开展和施工中，这些项目的实施和完成对于有关国家发展经济有着积极意义。在新冠疫情的影响下，有关国家也担心中国是否继续保持对该地区的投资兴趣和投资能力。塞尔维亚国际政治与经济研究所所长乔尔杰维奇（Branislav Dordevic）曾表示，中国继续实施好在塞的投资项目，就是为塞经济提供重要支持①。匈牙利国际事务与贸易研究所所长乌格罗什迪（Ugrósdy Márton）也曾表示中国未来是否会提供足够资金影响“一带一路”的建设②。因此中方应采取相关措施提振巴尔干国家参与合作的信心和动力。例如鉴于最初向中东欧国家提供的双优贷款额度已经使用完，可推出新一轮的双优贷款；利用中国—中东欧投资合作基金等融资工具，引导资金向中东欧地区的医疗卫生、网络电信、数字经济等领域投资，等等。

第四，要对美国的干扰因素予以充分考虑和做好应对。当前美国在全球范围内针对中国的举措日益明显，就巴尔干地区来说，目前该地区除了塞尔维亚、波黑之外，都是北约成员国，他们在军事安全方面对美国的依靠程度依然很高。美国的企业、非政府组织在巴尔干地区有着较深的基础，美国也在利用其在巴尔干地区的影响力，阻挠中国在该地区投资项目合作。有鉴于此，中方要对这一势头做好预防准备，最主要的是做好与巴尔干国家的工作，争取他们对中方投资项目的支持。在具体投资合作中避免过多牵涉中美关系因素，要使他们不要感到与中国合作有顾虑，同时表达对其地缘安全考虑的理解。

第五，做好对巴尔干地区投资合作需要国内的央地互动

① 根据笔者2020年4月30日参加“新冠肺炎疫情下的中国与中东欧国家合作：经验与前景”线上国际学术研讨会整理所得。

② 根据笔者2020年6月12日参加“后疫情时代如何推进中国—中东欧国家合作”线上国际研讨会整理所得。

以及投资精细化和风险管控。地方政府合作是中国—中东欧国家合作中的一大特色，中国与巴尔干国家在地方层面的合作已有很多成功经验和案例，要发掘地方政府参与巴尔干地区交通基建合作的积极性，同时避免地方上利用中国—中东欧国家合作中国家优惠政策争项目、争资金，出现重复低效建设。风险管控历来是海外投资的重要考虑内容，特别是当前复杂多变的国际形势背景下，中方投资者需要完善风险预警机制，对可能发生的风险进行预测，及时掌握风险的来源以及影响，可以通过指标偿债比率、负债比率、债务出口比率等指标来对国家风险进行预警。在投资项目上要形成以企业为主体，包含国有银行及各类金融机构、中央或地方政府派出部门在内的多方出资的模式。

疫情下中国与中东欧医疗卫生合作发展分析

张希颖[①] 李 涵[②]

内容摘要：在新冠疫情全球蔓延形势下，中国与中东欧各国积极开展有效的医疗卫生合作，共克时艰，为全球疫情防控和全球治理发展提供新思路。中国—中东欧区域内医疗货物贸易规模大幅增长，中国跨境物流电商在其中起到了桥梁作用，中欧班列稳定运营为畅通国内与区域医疗物资运输提供了保障。中国—中东欧医疗合作发展在全球抗疫中成为亮点，积极纳入多元主体参与、大力推进区域化转型拓展了中国对外发展的新路径。在后疫情时期，继续推进中欧班列发展、疫苗区域化合作，积极复工复产，共同致力于地区稳定与发展。

关键词：中国；中东欧；疫情；医疗卫生

---

① 张希颖，河北经贸大学国际交流中心副主任，硕士生导师，教授。

② 李涵，君乐宝乳业集团有限公司。

新冠疫情暴发以来，中国与中东欧各国的公民健康安全受到严重威胁，构建人类卫生健康共同体凸显重要。医疗卫生合作事关人类共同的未来，其正外部性和溢出效应难以用经济收益衡量。[①] 中国作为世界上最早有效控制疫情蔓延形势并顺利复工复产的国家，发挥时间窗口优势、产能优势、技术优势助力中国—中东欧区域发展既是大国担当，又是参与区域价值链、全球价值链重构的重要铺垫。

一　中国与中东欧国家医疗卫生合作现状

（一）中国与中东欧医疗货物贸易

新冠疫情暴发后，中东欧各国出现了不同程度的医疗物资紧缺、透支的现象。中国作为最早有效控制住新冠疫情的国家，为中东欧地区扩大医疗产品的出口供给，既彰显了大国担当，又深化了中国—中东欧区域合作。与此次疫情有关的医疗卫生产品可分为药品、医疗耗材、医疗设备和个人防护用品四类。

新冠疫情暴发初期，中国国务院联防联控机制第一时间部署疫苗研发。2020 年 5 月 6 日，中国科研团队在《科学》杂志发表了全球首个新冠疫苗实验研究成果。目前全球大概有 31 个国家进行疫苗研发，根据工业和信息化部数据显示，中国目前进行疫苗产能建设的企业大概有 18 家，研发团队数

① 郎丽华、冯雪：《疫情下如何促进中国医疗贸易发展》，《开放导报》2020 年第 3 期。

量约占全球19%[①]。作为发展中国家研发代表，在涉及中国与中东欧国家疫苗合作中，习近平主席表示，中国愿继续在力所能及范围内向有关国家提供疫苗[②]。2021年以来，中国新冠疫苗开始供给中东欧各国。根据中国海关数据，截至7月份，中国已经向匈牙利出口疫苗83856千克，出口额约为8.53亿人民币；向塞尔维亚出口疫苗39249千克，出口额约为3.78亿人民币，中国向黑山、立陶宛也均有疫苗出口，并与波兰等中东欧各国积极达成疫苗合作意愿。

秉承中国—中东欧区域合作共识，新冠疫情暴发后，在多国禁止医疗紧缺物资出口的形势下，中国对N95一次性口罩、医用防护服等各类物资不限制出口，目前，中国已经向世界191个国家和地区出口防疫物资。2020—2021年7月中国向中东欧地区各国出口N95一次性口罩99.88亿件，出口金额高达121.79亿人民币；防护服出口718.45万件，出口额约为4691.22万元。在质量上，中国发布了《关于有序开展医疗物资出口的公告》等文件，加大医用物资出口质量监管，保质保量支持中东欧各国抗击疫情。

（二）跨境物流电商的作用

在与中东欧医疗物资贸易频繁往来过程中，中国跨境电商为区域防疫物资搭建起了业务联系、仓储、物流等桥梁。2018年在浙江省的参与下，“一带一路”捷克站初建，为进出

① 根据公开资料整理所得，该数据为作者估算。资料来源：《中国已有18家企业开展新冠疫苗产能建设》，2021年1月8日，光明网，https：//m. gmw. cn/baijia/2021－01/08/34527131. html；赵天宇、王小：《研发新冠疫苗，全球96个团队赛跑》，《科学大观园》2020年第7期。

② 习近平：《凝心聚力，继往开来携手共谱合作新篇章》，《人民日报》2021年2月10日。

口贸易企业提供商品、运输、仓储、配送等一站式服务。该物流园区作为中东欧地区的公共海外仓，发挥全球海外仓布局优势，2020 年为中东欧地区提供医疗防护物资近 28 吨，并为口罩、防护服等急缺物资提供免费作业和仓储空间。数据显示，捷克站调动全球资源，曾为捷克各医疗机构提供口罩 11 万只、检测试剂 50 万份、一次性防护手套 330 万只。在疫情各国实行封锁的情况下，中国跨境电商凭借海外仓分布优势、货物处理能力，为中东欧各国输送“中国力量”。①

（三）中欧班列助力区域医疗发展

新冠疫情的全球暴发切断了不少中东欧国家的对外联系，如波兰等国在“紧急状态”期间，航空客运、公路均被中断，仅铁路运输保持通行。同时受疫情影响，海运费急剧增加，集装箱租金上涨数倍，国际运输供应链严重受阻。而中欧班列实行分段运输，不涉及人员检疫，在疫情防控的紧张局势下可发挥特殊优势。中欧班列从 2020 年一季度开始，除武汉的汉欧班列外所有列次恢复正常运行，2020 年 3 月 28 日，中欧班列（武汉）正式恢复运营。5 月 9 日，国内首趟中欧班列防疫物资专列从武汉发出，搭运 3500 立方米、294.2 吨的防疫物资，包括口罩 2340 万只、防护服 23 万套等，抵达塞尔维亚首都贝尔格莱德。2020 年以来，开行匈牙利的中欧班列达到 46 列，同比增长高达 360%，2021 年 3 月，开行匈牙利的中欧班列主要以防疫物资和复工复产物资为主，包括 KN95 口

---

① 吴梦：《中欧班列向世界输送“中国力量”》，《中华工商时报》2021 年 2 月 8 日。

罩生产材料等。2020 年中欧班列开行 1.24 万列，增长 50%，首次突破“万列”。自疫情以来，中欧班列运营一直保持稳定，在畅通国际国内“双循环”以及向中东欧各国输送抗疫物资中起到了中坚作用。

二 中国与中东欧医疗卫生合作发展趋势

疫情下，在中国与中东欧地区开展医疗卫生合作中，中国充分发挥已有的外交资源，加快推进了同中东欧各国在医疗卫生领域的合作。这对中国未来进一步参与制定中国—中东欧区域发展政策、推进区域化转型发展具有重要意义。

（一）多元化主体参与

在此次新冠疫情医疗卫生合作中，中国与中东欧各国政府发挥引领作用，另外，参与抗疫合作的各主体日益增多。

首先，除政府、军队外，企业、民间组织也都积极参与，为疫情下区域经济发展注入市场活力。2021 年 1 月 21 日，国药集团中国国际医药卫生有限公司（国药国际）在波黑多博伊市向多博伊医院捐赠抗疫物资共计 36 箱，包括防护服、医用口罩等。2019 年 3 月 14 日开始，国药国际多博伊医院建设项目顺利推进，这是中东欧国家与中国企业合作开展的第一个医疗工程“交钥匙”项目，合同额约 5200 万欧元。2021 年 3 月 18 日，通过视频会议，塞尔维亚与中国医药集团公司（国药集团）签署新冠疫苗采购协议，塞尔维亚总统武契奇与中国驻塞尔维亚大使陈波出席。

其次，积极开展线上疫情防控专家经验分享交流。从2020年3月开始，中国—中东欧国家新冠肺炎防控专家视频会议多次开展，会议各方就冷链携带病毒、中国疫苗研发应用、国际旅行二维码互认等重大防疫问题进行充分交流。2020年5月14日，中国—中东欧国家应对新冠疫情卫生部长特别视频会议成功举行，会议上中方代表同17国卫生部门负责人进行充分交流，传达了中方愿同中东欧国家凝聚共识，努力将卫生领域合作打造成为中国—中东欧国家合作的新增长点和重要支柱，打造人类卫生健康共同体的意愿。

（二）区域化发展转型

自疫情暴发以来，以世界卫生组织为核心的全球公共卫生治理全球化的机制并不奏效，而中国—中东欧国家区域医疗卫生合作机制的灵活和有效性为全球疫情防控和全球治理发展提供了新思路。

事实上，在包括医疗卫生领域在内的各个方面，中国外循环发展可以按照先区域化发展，再全球化发展的路径，实现在全球价值链中向上攀升。此次疫情中，中国—中东欧区域的医疗卫生合作成为全球抗疫中的亮点，中国积极利用时间窗口，发挥物资产能优势和医疗技术优势，在物资援助、诊疗经验分享、卫生公共产品供给、国际运输等方面彰显了区域合作的灵活性和高效性。这大大优化了中国对外贸易结构、深化了中国贸易伙伴关系，并为世界经济复苏增添动力。

三 中国与中东欧医疗卫生区域合作发展建议

（一）中欧班列发挥中坚力量

疫情下，中欧班列显示出了强大的运输功能，展现出中国—中东欧区域连接物流供应链功能、区域公共卫生保障功能等。目前，中国及中东欧各国依然处于疫情防控阶段，中欧班列应该应对挑战。首先，加强中欧班列通关便利化。在开通中国—中东欧更多轨道线路的同时，更多纳入中欧安全智能贸易航线试点计划，利用数字技术，实现一次报关、一次通验，以及对医疗物资等货品运输的全程监控。[①] 其次，加强中欧班列品牌宣传力度。此次疫情中欧班列在畅通国内和区域物资运输中发挥了中坚力量，通过在运输货品上添加中欧班列标识，提升其在中东欧国家中的认可度。考虑在中东欧各国设立外事处，加强与各国政府、媒体的合作宣传，向世界传递中国声音。

（二）推进疫苗区域研发合作

中国已经多次承诺，要为推动疫苗作为全球公共产品、促进疫苗在全球公平分配和使用作出贡献，中国愿同中东欧国家开展疫苗合作。除保证向中东欧国家不断加大中国自主研发的疫苗供给外，面对新冠病毒在欧洲国家不断变异的情况，中国疫苗科研团队也要积极同中东欧国家中生物制药产

① 耿进昂：《“一带一路”倡议下中欧班列发展对策探讨》，《丝路时评》2020 年第 11 期。

业较强的国家，如匈牙利和斯洛文尼亚等国，进行疫苗研发合作。

（三）积极复工复产助力区域化发展

商务部数据显示，2020 年中国与中东欧国家贸易额达到 1034.5 亿美元，首次突破千亿美元，增长 8.4%。[①] 同时，截至 2020 年年底，中国累计对中东欧国家直接投资 31.4 亿美元。[②] 根据中国海关数据，2021 年以来，截至 7 月份，中国与中东欧 17 国贸易额达到 204.02 亿美元，同比增长 55.45%。2021 年 2 月 9 日中国—中东欧国家领导人峰会成功举行，各国领导人表达了继续深化疫情防控、医疗卫生、复工复产的合作意愿。中国应不断加强区域合作意识，利用此次疫情同中东欧各国医疗卫生合作的契机，拓展与各方交通、金融、投资、农业、电子商务等领域的全方位合作。加强互联互通，确保产业链供应链畅通，增强应对各类挑战的韧性，共同致力于地区稳定与发展。

---

① 《商务部：2020 年中国与中东欧 17 国贸易额首次突破千亿美元》，2021 年 5 月 12 日，人民网，https：//baijiahao. baidu. com/s？ id = 1699538006106949220&wfr = spider&for = pc。

② 《商务部：截至 2020 年底中国对中东欧 17 国累计直接投资 31.4 亿美元》，2021 年 2 月 4 日，新华社，https：//baijiahao. baidu. com/s？ id = 1690764262313478195&wfr = spider&for = pc。

中国—中东欧国家农业科技合作成效、问题及建议

于 敏[①] 龙 盾[②]

内容提要：中东欧国家在农业科技方面有较好的基础，中国从20世纪50年代开始就与中东欧国家开展农业科技合作，取得了良好的经济效益和社会效益。本文首先总结了中国与中东欧国家农业科技合作取得的成效，分别分析中国与中东欧各国农业科技合作重点领域，然后分四个领域，即种植业、养殖业、农产品加工和生物能源分别介绍具体合作项目、技术和合作成效；其次，分析当前中国—中东欧国家农业科技合作存在问题，包括农业科技合作国家不均衡，项目缺乏持续资金支持，产业链协同效应不显著等；最后建议启动和建设一批中国—中东欧国家农业科技合作中心平台，鼓励地方政府与中东欧国家开展农业科技合作，提升科技对贸易投资

① 于敏，农业农村部对外经济合作中心博士、副研究员。
② 龙盾，农业农村部对外经济合作中心博士、副研究员。

的支撑服务作用。

关键词： 中国—中东欧国家合作；农业科技合作；合作成果；科技合作平台

农业科技合作是农业合作的重点领域之一，也是产业合作的先行领域。中东欧国家农业科技基础较强，在浆果、乳制品、肉制品加工、动物疫病防控等方面有部分技术处于国际领先地位，新中国成立初期，中东欧国家就开展了多个对华农业技术援助项目，奠定了坚实的友谊。近年来，特别是中国—中东欧国家合作机制建立以来，中国与中东欧国家加强农业科技交流与合作，建立了中波、中匈等多个科技合作平台，在畜牧、育种、农产品加工、沼气等方面促进了技术交流，也推动了产业合作。随着共建“一带一路”倡议的落实，以及中国农业走出去企业实力增强，农业科技在服务产业转型升级、提升企业竞争力方面将发挥更大作用。本文梳理和分析了中国—中东欧国家农业科技合作成效和问题，以期为提升农业科技合作成效提供借鉴。

一　中国与中东欧国家农业科技合作重点领域及成效

中国与中东欧国家农业科技交流经费所占比重较低，近年来，支持中国与中东欧国家进行农业科研合作的资金约占科研经费的0.3%。中国与中东欧国家以各大高等院校和各国企业为主要载体开展农业科技合作。就合作项目而言，主要以共同创办联合实验室、科技促进中心等形式为主，合作项目有300余项，并逐年递增。截至2019年，中国与中东欧国家已成立3个科技中心、3个联合实验室以及多个合作项目。中东欧国家与中国省市级地区建立农业科技合作关系，共同促进中国与中东欧农业科技水平的提升。① 中国与中东欧国家重点在农业生产、育种技术、农产品加工技术、搭建共享农业信息平台、科技成果推广和人才交流与联合培养等领域开展了大量卓有成效的合作（见表1）。

表1　　中国与中东欧国家农业科技合作领域

合作国家	科技合作重点领域
波兰	植物保护；农药残留控制；蔬菜育种
罗马尼亚	油葵育种，引进油葵播种、受粉和制种阶段的优势技术
塞尔维亚	开展玉米、大豆杂交育种和种质基因库合作；引进亚氟石土壤改良技术，成功改良中国皖南地区酸性土壤
匈牙利	开展樱桃等果品育种；无病毒苗木繁殖栽培技术；核果类病毒研究等领域的合作；鹅育种和加工
保加利亚	开展种质交换和生物防治技术合作；建立果树联合实验室，开展果树育种栽培合作研究；在“Erasmus +”计划框架下加强人才交流与培养
捷克	开展超矮化果树品种引进合作；建立农业研发联合中心，在植物遗传育种、作物逆境抗性等方面开展深入合作
马其顿	开展葡萄栽培及酿酒合作；养殖技术；农业机械；小水电技术

① 基金项目：外交部课题“建设中国与中东欧国家农业经贸合作新平台—农产品批发市场的对策建议”（项目编号：KT202109）；中央农办、农业农村部乡村振兴专家咨询委员会软科学课题“利用国际市场增强国内重要农产品供给稳定性研究”（项目编号：rkx20210401）；2021年农业农村部国际交流与合作项目。申云、陈佳玉：《中国与中东欧国家农业科技合作国别比较与战略选择》，《国别和区域研究》2020年第5（04）期。

续表

合作国家	科技合作重点领域
阿尔巴尼亚	油橄榄育种
斯洛伐克	植物育种；动物繁育；盆景技术
克罗地亚	海水养殖技术；禽流感防控
斯洛文尼亚	葡萄酒酿造技术
波黑	农业科技信息交流

资料来源：作者整理。①、②

（一）种植业

中国与中东欧国家在种植业领域开展合作较多，在大田作业和经济作物，特别是浆果类作物种质资源交流、新品种培育等方面成果丰硕，并取得了较好的经济与社会效益。始于1956年的“中捷友谊农场”（现在的中捷斯友谊农场）是中国与捷克友好交流的标志，依托此基础，沧州每年举办中国—中东欧国家（沧州）中小企业合作论坛。20世纪70年代以来，中国曾向保加利亚派出果树、蔬菜、玫瑰花、养蜂、喷灌、小麦、土壤、农业教育、土地规划和管理、农业科研管理等团（组）。[3] 双方还签有番茄和青椒长期合作项目。中国与塞尔维亚以及塞尔维亚为主的南斯拉夫就“土壤改良技术”“玉米生产与加工”“玉米育种研究”“大豆基因库的建

① 韦倩青、黄英嫚：《“一带一路”倡议下中国与波兰农业投资合作探究》，《决策咨询》2020年第6期。

② 范丽萍：《中国与中东欧国家农业经贸合作探析》，《世界农业》2013年第2期。

③ 王代、苑鹏、王巍：《保加利亚农业发展近况》，《俄罗斯中亚东欧市场》2004年第8期。

立”“向日葵育种合作研究”“药用植物生产与加工”以及中国食用与药用真菌的种植与加工技术在南斯拉夫的推广应用、向日葵良种合作研究进行了多个项目合作与交流。[①] 罗马尼亚派专家指导中国油葵制种方法，培育樱桃品种，合作开展核果类病毒研究及无病毒木苗繁殖和栽培技术学科的发展。中国还与波兰在小麦、大豆、果树、蔬菜、甜菜、养蜂和畜牧等方面都开展了有效合作。中波农业科技中心项目执行以来，开展了3批次15项合作课题研究，领域涉及果蔬育种、畜牧养殖、微生物应用、猪蓝耳病防治、农产品质量安全风险评估与检测，内容涵盖猪和樱桃品种引进、食品安全检测、联合实验室构建、专利技术申请等。[②]

（二）养殖业

中东欧国家养殖技术先进，中国与中东欧国家在动物育种、疫病防控方面开展了产业化合作。2005年5月14日，中国和匈牙利签署总额达2.5亿美元的霍尔多巴吉鹅合作协议，该品种目前在国内广泛养殖。[③] 2017年，兰州兽医研究所申报的“一种鸭、鹅致病性支原体快速诊断试剂盒的研制”项目获中国与匈牙利科技合作委员会第七届例会项目支持。[④] 捷克向中国贵州省传授牛胚胎移植技术，为贵州省生态技术示范

---

① 辛岭：《塞尔维亚农业科技发展及其与中国的合作》，《俄罗斯中亚东欧市场》2008年第9期。

② 《中波农业科技中心再结硕果——中国农业科学院兰州兽医研究所—波兰国家兽医研究所动物疫病防控联合实验室在华沙成立》，《世界农业》2017年第11期。

③ 《霍尔多巴吉鹅》，《城乡致富》2007年第1期。

④ 《甘肃省又获科技部中国与匈牙利科技合作例会项目支持》，《甘肃科技》2017年第33（02）期。

基地和贵阳市奶牛基地提供了可靠的技术支持。[①] 在中波农业合作项目中，江苏农科院推广可移动猪舍和波兰福利养猪理念及做法，还开展了影响猪繁殖性状的基因筛选工作以及影响猪气喘病基因的筛选与鉴定工作。

（三）农产品加工

中东欧国家农产品加工技术先进。保定农垦总公司引进了保加利亚的酸奶生产技术，在国内建立了中保发酵乳制品实验室，定期邀请保著名专家携带菌种来实验室指导工作。用保加利亚的乳杆菌、嗜酸乳杆菌和双歧杆菌开展了乳酸菌饮料和发酵乳制品的试验研究，并由中国保定农垦农公司投资生产研制的新产品。北京食品总厂参照保加利亚果蔬半成品贮存方法，提高了番茄、梨和桃的保鲜技术；青岛葡萄酒厂借鉴保加利亚采用罐内发酵方法填补了中国罐式发酵法生产香槟酒的空白。[②] 2017 年，中国—中东欧国家首个农业合作示范区在保加利亚建立，示范农业科研、农机、种植、养殖、加工全产业链等领域，鼓励示范区与中国境内农业对外开放合作试验区建设积极对接与合作，鼓励中国与中东欧各国现存现代农业区（经济带）开展务实合作与交流。目前开展了人员培训、技术示范等活动。[③]

---

① Kateřina MATULOVÁ and Lukáš ČECHURA，“Technological heterogeneity，technical efficiency and subsidies in Czech agriculture”，*Journal of Central European Agriculture*，2016，17（2），pp. 447 – 466.

② 《打造中国—中东欧农业合作示范区——天津农垦积极践行“一带一路”倡议和农业“走出去”战略》，《中国农垦》2019 年第 1 期。

③ 《中国—中东欧国家农业合作示范区在保加利亚建立》，《时代金融》2017 年第 16 期。

（四）生物能源

生物能源领域，中国与中东欧国家将在未来碳减排方面有较大的合作空间。2013 年 9 月“中国与中东欧国家农业科技交流会”进行的生物能源科技情况的交流中，中方介绍了中国生物能源科技的现状以及应用案例和中国的沼气工程技术，罗马尼亚和克罗地亚分别介绍了环保创新科技和生物能源的高效利用、生物能源与生物燃料研究的状况，罗马尼亚还带来了小型生物燃料技术。

中东欧国家农业科技有一定基础，在食品加工、育种、养殖等领域掌握先进基础，开展与中东欧国家农业科技合作，对加快国内农业现代化水平有一定的作用。近年来，中国与中东欧国家农业科研交流更加频繁，但仍存在不少问题，例如中国与中东欧合作项目较其他国家少，农业科技合作形式单一，缺乏创新性，有待进一步在中国与中东欧合作过程中探索新的模式。

二 中国—中东欧国家农业科技合作存在问题

（一）中东欧国家科技水平不一，农业科技合作国家不均衡

中东欧国家科技水平参差不齐，加之欧盟对成员国提供农业科技指导和资金支持，中东欧国家之间的科技水平存在较大差异，给建立科研成果共享平台带来一定的困难。另外中国与中东欧国家在农业科技合作交流中存在国别间的不平

衡和差异性较大现象，国内科研机构重视与波兰、匈牙利等中东欧大国进行农业科技合作，与之开展较多的合作项目，但对小国合作兴趣不大，例如波罗的海地区、西巴尔干地区农业科技合作项目占比微乎其微，合作项目数量与中欧和东南欧存在较大的差距。

（二）科技合作缺乏资金支持，项目缺乏可持续性

现阶段，除了国家层面开展的农业科技合作与交流外，中国与中东欧企业和地方科研机构间合作甚少。中国与中东欧国家的农业农村部虽然签署了一些合作协议，但是落地实施的项目比较少，主要因为缺乏资金和项目支持。中国国家级农业科研机构更倾向与西欧、美国、澳新等农业大国、强国合作，对中东欧国家不感兴趣，地方农业科研机构难以获得与中东欧国家合作的信息。另外，中东欧国家的财政支持有限，导致有些项目缺乏可持续性，如中波农业科技项目合作实施 2 期，后来由于缺乏资金支持，项目中断。其他的中塞、中匈科技合作平台，也缺乏可持续项目支持。

（三）科技对产业链协同效应不显著，促进产业转型升级作用不显著

中国与中东欧国家虽然有科技成果转化为产业推向市场的成功案例，但是大部分成果仅限于实验室或试验田，产业带动力不强。企业赴中东欧国家投资虽然有一定的技术诱因，中东欧国家有较好的研发技术人才和产业技术工人，但中东欧国家的小规模市场又难以让一般企业短期内投资获利，中

东欧国家大型的、有突出技术优势的企业并不多，加上近几年欧盟对中国投资限制趋严，企业难以通过投资并购实现融入国际产业价值链进而推动产业转型升级，如新希望集团曾在匈牙利等国家进行深入考察，计划设置研发机构带动国内饲料加工技术升级，但限于当地环保、劳工等政策限制，后期放弃投资。[①]

三 下一步合作建议

（一）启动和建设一批中国—中东欧国家农业科技合作中心平台

重启中波农业合作中心、中匈农业示范中心、中塞农业科技示范网、中波（黑）农业科技示范中心等合作平台，在中国—欧洲联盟农业技术示范中心下设中国—中东欧农业合作研究院，强化与中东欧国家的农业人文、科技互动，加快拓展青年交流、农业技术引进等合作，整合智库资源提升研究深度，精准对接多双边合作需求，提升合作层次。

（二）鼓励地方政府与中东欧国家开展农业科技合作

中国地方政府可充分利用中欧班列开通的优势，加强地方政府与中东欧国家的农业科技合作。借“蓉欧+”“渝欧+”班列开通提供的便利，加强与中东欧国家农业科技合作，进一步推动贸易合作。同理，中东欧国家的地方政府也

① 于敏、龙盾、江立君、张玲玲：《推进“17+1”框架下的中国—中东欧国家农业多元合作》，《国际经济合作》2020年第5期。

可借助中欧班列与中国地方“并联”实现区域“串联”。另外，可充分发挥各省区市农业科技的优势，与中东欧国家开展有针对性的“一对一”农业科技合作，提高农业科技研发效率。

（三）提升科技对贸易投资的支撑服务作用

针对当前中国与中东欧农业合作的主要产品种类，建议重点在动物疫病防控、有机农业、食品加工技术、农业机械、果树育种栽培、葡萄酒加工等领域深化合作，通过技术合作带动兽药、疫苗等产能“走出去”，推动技术与产业有效结合。搭建更高层次、更广范围的农业科技合作平台，进一步加强科技的市场推广和应用，为扩大农业投资和农产品贸易提供技术支撑，提高科技对产业的服务推动作用。

中国—中东欧合作框架下的地方政府合作：寻求前进的道路

德拉甘·帕夫利切维奇[①] 边敏嘉[②]翻译

内容摘要：自2012年中国—中东欧国家合作框架成立以来，地方合作越来越成为重要的组成部分。其中，地方政府发挥重要的作用，也取得一定的成效。然而，中国与中东欧国家在地方合作中面临的规模差异与兼容性问题也逐渐成为不可忽视的问题。因此，中国与中东欧国家需要理解双方在“地方”层面以及各自地方政府能力和效率的差异，缩小认知差距，调整期望值，有效借鉴其他多边合作机制的合作方式，在维护现有合作机制的基础上积极探索新的交流渠道。

关键词：中国；中东欧；地方合作；挑战

---

① 德拉甘·帕夫利切维奇（Dragan Pavlićević），西交利物浦大学（苏州）副教授。

② 边敏嘉，外交学院博士生。

在中国—中东欧国家合作框架（以下简称框架）的合作领域中，地方合作一直占有一席之地。多年来，该框架一直引入正式机制以促进地方合作，如中国—中东欧国家地方领导人会议以及中国—中东欧国家首都市长论坛等。① 近年来，地方合作的重要性正逐渐上升，在2019年发布的《中国—中东欧国家合作杜布罗夫尼克纲要》中提到，将地方合作提升为合作的优先领域之一，并强调了其在框架下“促进深入发展”的潜力，② 并推动不同部门间的合作和各种政策间的交流。

在中国—中东欧国家合作框架下，地方合作的典型案例包括波兰奥德市和中国成都市的伙伴关系。这种地方合作不仅促进了欧亚铁路货运列车的连接，也有助于实现“一带一路”倡议，在对地方经济产生积极影响的同时产生外溢效应，促进了高等教育和研究等领域的合作，从而加强中波双边关系。③

“奥德市—成都市”的合作案例表明地方合作具有深化中国与中东欧国家关系的潜力。基于此，本文有以下三个目的。

---

① 参见《中国—中东欧国家合作五年成果清单》，2017年11月28日，中国政府网，http：//english. www. gov. cn/news/top_news/2017/11/28/content_281475957504762. htm；“The Sofia Guidelines for Cooperation between China and Central and Eastern European Countries”，2018年7月16日，新华网，http：//www. xinhuanet. com/english/2018 –07/16/c_137328408_2. htm。

② 《中国—中东欧国家合作杜布罗夫尼克纲要》，2019年4月13日，新华网，http：//www. xinhuanet. com/english/2019 –04/13/c_137973910. htm。

③ Kamiński，T. 2019. What are the factors behind the successful EU-China cooperation on the subnational level? Case study of the Lodzkie region in Poland. Asia Eur J 17，227 –242. https：//doi. org/10. 1007/s10308 –018 –00532 –0；Poland in. 2018. China-Poland freight trains boost economic development in Łódź，27 August 2018，Available at：https：//polandin. com/38677429/chinapoland-freight-trains-boost-economic-development-in-lodz.

第一，讨论当前发展地方合作的基础和动力；第二，简要讨论开展合作所面临的一些挑战；第三，在中国—中东欧国家合作框架下就可采取以应对挑战和促进合作的具体措施提出建议。

一 在当前形势下地方政府合作的关键作用

目前，无论在欧洲还是其成员国层面地方合作都非常重要。由于欧盟对中国的主要看法和定义发生了“地缘政治转向”，中欧关系正处于一个充满挑战、甚至是动荡的时期。由于欧盟现在由一个“地缘政治委员会”① 领导，并且越来越以地缘政治眼光来看待中国，中国与中东欧国家之间的互动也越来越被从地缘政治的角度来理解。在这种背景下，中东欧国家与中国的关系建构被理解为一种权力博弈，而欧盟将因中国与中东欧国家更密切的关系而失利。因此，这一地缘政治转向对中国—中东欧国家合作的可持续和长期发展提出了挑战。

此外，大多数中东欧国家在政府与社会层面都与欧盟和美国有着密切联系，尤其是中东欧国家中的北约成员国。中东欧国家现在被迫在中美竞争的背景下考虑与中国的关系，不可避免地使中国与中东欧国家双边关系的外部环境变得具有挑战性，限制了双方进一步建构关系的空间和机会。

---

① Borrell, J. 2020. Embracing Europe's Power. The Project Syndicate, February 2020, Available at: https://www.project-syndicate.org/commentary/embracing-europe-s-power-by-josep-borrell-2020-02.

然而，在中国—中东欧国家合作受地缘政治影响的背景下，加强地方层面的合作可以为双边关系提供一条原则上不从地缘战略和地缘政治角度解释的途径。因为地方层面的合作与“自下而上”的决策相关，更直接地反映社会利益，能体现合作中务实和有形的物质成果，并且其规模也不容易从地缘政治角度解释。

在这方面，地方政府处于有利地位，可以促进中国与中东欧国家合作重点领域，比如增加投资。近年来的经验表明，在中国对外投资方面，地方政府可以在促进外部直接投资方面发挥关键作用，包括设立工业园区、吸引企业和动员各种利益相关者。① 由于中国与中东欧国家的经济合作具有很大的发展空间，框架是否成功在很大程度上取决于经济成果，地方层面的合作可以为此做出重大贡献。

应当指出，双方地方政府最有能力在企业“走出去”之前、之中和之后向企业提供服务，这对于降低风险、提高投资成功率至关重要。此外，地方政府最有能力监督和实施环境、劳动力和质量标准，而这些对中国对外投资的长期前景和中国与中东欧关系至关重要，尤其是对中国在中东欧地区乃至国际上的投资声誉管理非常重要。此外，由于地方政府与实际的从业者、相关机构开展合作，因此地方政府既有权也有能力就合作的真实情况向上级决策者提供宝贵的反馈意见。

---

① Pavlićević, D., “Contesting China in Europe: Contextual Shift in China-EU relations and the role of ‘China Threat’”, *In The China Question: Contestations and Adaptations*, eds. Pavlićević, Dragan and Nicole Talmacs, Palgrave Macmillan, 2022.

二 评估和应对挑战

相互理解和营造合作的良好环境可以充分发挥地方合作的潜力。因此，为促进和深化中国与中东欧地方关系、营造良好环境，有必要梳理需要应对的相关挑战。

其中一个挑战是中国与中东欧国家地方政府间的规模和兼容性问题。中国的“地方”涵盖了省级以下的所有层面，“在世界的其他任何地方都很难找到对应”，[①] 并且中东欧国家语境中“地方”与中国的“地方”不成比例。[②] 例如根据官方数据和最近的人口普查：宁波市有 940 万人口，GDP 为 1600 亿欧元（1900 亿美元），这意味着宁波市比大多数中东欧国家拥有更多的人口和更高的 GDP。此外，浙江省人口为 4900 万，GDP 接近 1 万亿美元，几乎是中东欧地区最大经济体波兰的两倍。

鉴于规模如此悬殊，应考虑如何促进地方合作，即双方的地方政府和行为者在一个可行和有效的框架内共同努力。为克服对“地方”差异的理解以及中东欧和中国地方单位规模之间的差距，也许需要跳出思维框架，超越在正式相同级别的政府间建立联系与合作（例如在市一级、两个或多个城市之间）。相反，应该考虑诸如地方级单位的面积大小、人口

---

① Goodman, David S. G. , “Sixty years of the People’s Republic: local perspectives on the evolution of the state in China”, *The Pacific Review*, 22 (4), 2009, pp. 429 – 450.

② Pavlićević, D. and Yu, C. ,《中国开发区“走出去”：机遇、挑战与政策建议》,《 西普智库报告》2020 年 12 月刊。

和 GDP 等指标。

中国与非洲国家的多边论坛“中非合作论坛”在农业交流领域成为先例，中国的省份不是与非洲同等或类似行政级别的地方政府配对，而是与非洲国家的政府配对。中国与中东欧国家可以在合作机制中采取此方式配对，将中国的地方政府与一些中东欧国家的中央政府配对。此外，将中国的直辖市与中东欧国家的地区或国家级当局配对，或者将中国省会城市和二、三线城市与中东欧地区的较大直辖市配对，这样将发挥更大的潜力。

中国和中东欧国家可以联合开展地方合作相关调查，以确定中国—中东欧国家合作成员国中规模与能力相近、产业概况和发展计划相容的地区。这将是一项烦琐的工作，但可能为地方合作开辟新的前景和途径，为中国与中东欧国家的多边合作格局带来新气象。

此外，人们应考虑到在一些中东欧国家，地方一级的自治能力和企业的水平无法与中国相比，因为中国地方政府有很大的空间来塑造和管理地方发展，并有能力发挥自身作用。[①] 中东欧地方政府往往在很大程度上依赖和受制于国家一级的指导和政策，而且往往无法轻易获得促进地方发展所需的国家资源和资金。

中国和中东欧国家对政府发展促进作用的理解可能存在很大差异。中国的地方政府对自身的认识和发展与国家一致，即包括地方各级政府在促进经济发展方面发挥着至关重要和

---

① Oi, J., “The Role of the Local State in China’s Transitional Economy”, *The China Quarterly* 144, 1991, pp. 1132 – 1149. https://doi.org/10.1017/S0305741000004768.

积极的作用，而中东欧各国的政府认为政府权力有限，市场在经济表现和发展中占据决定性作用。[①]

此外，政治体制的差异也是相应的。在中东欧，不同政党在国家和地方层面执政，政党之间的竞争可能对其实现外交关系目标和政策的能力产生负面影响。在这种背景下，外交政策问题（比如与中国的关系）也可能成为国内分歧和争斗的焦点。

因此，尽管中国的地方政府习惯于谋大事，且高效完成，但这在中东欧地区不一定能实现。从这一点可以得出两个结论：第一，中国与中东欧国家需要理解上述差异以调整期望。第二，有必要建立和加强多样化的民众之间、企业之间与政府之间的交流机制以确保持续的对话和磋商机会，从而促进相互了解与学习，进一步深化合作。

三 结论

总之，即使处于当前的外部国际环境下，中国与中东欧国家深化地方合作的前景仍然乐观。然而，为有效实现双方合作的潜力，需要解决文中概述的挑战，需要采取措施缩小双方在关于“地方合作”领域的认知差距，增强相互理解，从而维持现有合作以及建立新的地方合作交流渠道。

---

① Oi, J., “The Role of the Local State in China's Transitional Economy”, *The China Quarterly*, 144, 1991, pp. 1132 - 1149, https://doi.org/10.1017/S0305741000004768.

发挥地方合作作用、推动中国—中东欧国家合作走深走实

张海燕[①]

内容摘要：伴随中国—中东欧国家合作步入走深走实的发展阶段，地方合作被认为是深化中国—中东欧国家合作的新兴重点领域。地方合作有望在缓解合作伙伴经济体量不匹配、国际政治因素干扰多、成果显现度与聚集度不显著等六方面发挥积极的作用。与此同时，地方政府作为“次国家行为体”开展国际合作也面临着国际合作主体、国际合作能力与国际合作理念等方面的制约。因此，要推动地方合作充分发挥建设性作用，要从坚持务实导向、激发市场力量、统筹本区域发展战略及构建多层合作架构四方面持续推进。

关键词：中国—中东欧国家合作；地方合作；次国家行为体

① 张海燕，浙江金融职业学院国际商学院院长，捷克研究中心常务副主任。

地方合作不是国际关系领域中的新命题。中国—中东欧国家合作机制建立后，多个地方政府积极参与到同中东欧国家合作中，激活更多合作主体，合作形式日益丰富，合作领域不断扩展。如2012年以来各地市高校共新设中东欧语种本科专业56个，建立中东欧区域和国别研究机构40余家。[①] 烟台万华集团、山东玲珑轮胎集团、浙江万向集团等一批民营企业在中东欧地区投资设厂，推动双向经贸往来。中欧班列发展迅速，覆盖波兰、捷克等中东欧多个国家。地方合作对国家间合作发挥了有益的补充作用。伴随着中国—中东欧国家合作逐步发展，地方合作对于国家间双边或多边合作可以发挥什么作用？地方合作又会面临着哪些新的问题？在推进中国—中东欧国家合作走深走实的过程中，应该如何深化地方合作？

一 地方合作或可缓解的问题

中国—中东欧国家合作历经9年取得了显著成果，但伴随着外部环境的日益复杂，中国—中东欧国家合作面临着一些待解的问题与困难。地方合作被认为是下阶段中国—中东欧国家合作走深走实的重点推进领域之一。通过推动地方合作或许能够在以下六方面缓解中国—中东欧国家合作面临的问题。

第一，合作伙伴经济体量不匹配。经济体量不匹配本身

① 吴白乙等：《中国—中东欧国家合作进展与评估报告（2012—2020）》，中国社会科学出版社2020年版，第13—23页。

并不是一个问题。目前，世界上能够跟中国体量相匹配的国家屈指可数。如果这是一个问题，中国在全球范围内所有区域、跨区域合作中都会面临相同的问题，但事实上并没有。如中国与新加坡的双边合作、中国与东盟的多边合作都取得了令人欣慰的成绩。所以经济体量不匹配本身并不是问题，地方合作能够发挥的积极作用是可以进一步缓解对冲度，降低合作难度。

第二，国际政治因素干扰。地方合作层面，国际政治因素的干扰作用会有所减弱。一方面，相比炒作涉华问题的政客，地方政府更关注地方发展、经济增长和民生问题，在一定程度上可以缓和因为意识形态或地缘政治引发的不必要争端。如在捷克6377个市镇区议会中近70%的议员来自“独立候选人协会”或“独立候选人”[①]，这些议员多为市、乡镇本地居民，长期服务当地民众，更加务实。

第三，成果的显现度与聚集度问题。面对中国整体市场时，中东欧国家倾向于认为中国拥有14亿人口的庞大市场，是世界第二大经济体，可以带来海量投资。但在面对具体地方省份时，类似的预期不占主导地位。地方合作会令合作区域、合作主体更为集中，如浙江省目前在中东欧国家投资项目的备案中方投资额超过5亿美元，其中万向集团、杭州新坐标科技股份有限公司、敏实集团、宁波继峰汽车零部件有限公司、均胜电子、三花汽车零部件股份有限公司等在中东欧地区的投资项目均集中在汽车及零部件行业，行业聚集度较

① 笔者根据捷克统计局公布的选举数据计算得出。

高。事实上，地方合作起到做小分母的效应，成果的显现度和聚集度就会更加凸显。

第四，预期偏差跟心理落差。中国是个大市场，但同时也是世界上竞争最激烈的市场。中国不断扩大开放，加大对中东欧国家产品的进口力度。但中东欧的牛肉、苹果、葡萄酒等进入中国后，尚需要合作双方共同努力实现商品从进入中国国门到消费者的餐桌这一市场“惊险的一跳”。显然，中东欧国家在打开中国市场的问题上决心不够、努力不足。

第五，政府与市场的传导机制。中东欧国家的党派政治会产生央地决策传导机制不畅的现象，国家意愿如何有效传达到地方政府？地方政府如何寻找合适的可执行主体？比如捷克，98%的企业都是中小企业，能够独立开发中国市场的企业少之又少。此外，除了企业、政府和民众的获得感怎么实现？这需要多层面的沟通合作，形成合作网络。地方合作在其中大有可为。

第六，中东欧国家层面的问题。主要是中东欧国家内部存在的政治、经济、社会结构等问题，我们在推进合作中需要客观认识到这些问题的存在，在这个基础上把工作做细做实。地方合作一方面可以规避问题较多的地区，寻求合作基础良好的省地市深化合作；另一方面，也更要求工作做细做实、有针对性，不能将认识仅停留在国家层面。

二 地方合作面临的新问题

地方政府作为“次国家行为体”在国际舞台日益活跃，

对国家间外交关系发挥了重要的补充作用，但不可避免地面临着一些新的问题。

第一，主体不对等问题。推进国家间地方合作也需要遵照外交对等原则。中国省级政府对接的合作主体应该是中东欧国家省、州政府，市、区政府则需与中东欧国家的市或镇合作才算是外交对等。在符合了外交对等原则的情况下，带来的将是实质合作层面的不对等，主要体现在中国的省、直辖市与中东欧国家的省州之间会面临经济体量、产业基础及发展战略等方面的不对等。如浙江省杭州市与捷克奥洛穆茨市是友好交流城市，两者均为所在国的重要城市，但以 2019 年为例，杭州的地区生产总值、人口规模分别是奥洛穆茨的 19 倍和 16 倍，双方重点产业也不匹配，实质合作层面的不对等现象明显。

第二，国际合作能力有限。地方推进国际合作相对起步晚，资源与人才还有待积累。如目前中国各省市与中东欧国家的友好城市的布局具有特别鲜明的特征，即华侨资源多的国家友好城市数量明显多于其他国家。这在某种程度上也说明地方省市在中东欧国家的当地合作资源有限，还有待扩展。此外，地方省市开展国际交往工作的人才也明显不足，国际交往能力有待提升，国际合作网络构建尚待加强。

第三，国际合作理念的问题。地方推进国际合作，需兼顾短期效应与长期效应、地方利益与国家整体利益，更需要高瞻远瞩的战略眼光与久久为功的战略定力，切忌功利思想作祟。在具体工作中，要改变单向思维，坚持双向思维，以互动交流、合作共赢为工作基调，要对合作方有深入地了解。

三 对策建议

发挥地方合作作用，可以实现合作主体、合作领域、合作方式多元化，更易于发挥已有合作基础优势，实现精准合作。具体推进过程中，应注意以下几点。

第一，坚持务实导向。地方省市在推进与中东欧国家、地区合作时，基于合作方的客观现实与主观诉求，挖掘合作空间，探索合作方式，因地施策、一地一策，各地根据各自的经济基础、产业特点、发展诉求、合作空间来确定合作重点。加强事中、事后管理，推动合作项目落地实施。

第二，激发市场力量。中国与中东欧国家市场合作确有空间有待挖掘。他山之石，可以攻玉。2015—2019 年，日本在中东欧国家的投资企业数量在 V4、波罗的海三国和西巴尔干国家全面增长，说明市场空间真实存在。贸易数据方面，日本与中东欧国家的贸易增速均高于欧盟同期增速[①]。从浙江经验看，目前浙江在中东欧国家的一些主要投资企业，如万向、敏实、继峰、均胜、东方日升、正泰等都集中在汽车零部件、新能源等领域，因此，应更有信心激发市场力量参与地方合作，助力地方合作。

第三，与本区域发展战略相结合。地方省市面对国内、国际两个大市场，有相对完善的发展规划与战略重点，推进国际合作的过程中，要将国际合作纳入地方整体发展规划，

① 李清如：《日本强化与中东欧经贸关系的动因、布局及影响》，《日本学刊》2021 年第 1 期。

将国际合作领域的开拓与本区域的发展战略有机结合。探索地方合作的机制建设，如浙江省与德国石荷州建立促进委员会制度，每两年举办一次联席会议，双方明确合作重点、项目载体、保障主体等，促使国际舞台上的地方合作与地方发展有机统一。

第四，构建多层合作架构。地方合作需构建政府、企业、高校和科研机构、社会团体等多层次、多领域合作架构，政府合作侧重增强互信、建立沟通渠道与机制保障；企业合作夯实项目基础，密切合作纽带，实现互利互赢；在此基础上，更要构建立体化、多层次的合作网络，加强商协会合作网络、高校和科研机构合作网络、文体等社会团体合作网络建设，久久为功，方能构筑民心相通之桥。

中国与中东欧国家关系场域的多元叙事竞争及其应对

汪圣钧[①]

内容摘要：中国与中东欧国家间的关系互动进程正进入多元叙事竞争的新常态。这一竞争具体表现为：博弈各方分别在安全、意识形态与经贸议题领域主动传播特定的中国与中东欧国家关系互动故事，以此争夺跨区域关系场域的舆论主导权。多元叙事竞争的成因主要有三点，包括疫情加速民意巨变、西方大国协调的回归以及欧盟内部的利益之争。应对这一多元叙事竞争的根本策略在于迎难而上，在敌对思维成为滥觞的安全叙事与意识形态叙事领域实现正本清源。

关键词：叙事竞争；跨区域合作；国际场域

当前的国际竞争不光是利益层次的博弈，还涉及未来话

① 汪圣钧，中国人民大学国际关系学院博士研究生。

语权与价值观的竞争，而中东欧地处不同文明与文化的交界处，已经成为中美欧“叙事之争”的前沿地带。在涉及中国与中东欧国家合作关系的国际舆论场中，各方力量正围绕着不同议题切入争论，并将“叙事之争”带向竞合或敌对的不同方向。我们理解这场“叙事之争”有必要使用合适的理论与逻辑框架，同时结合现实政治实践的已有成果来提出可行的政策建议，为中国已经参与其中的新型跨区域合作实践提供软实力支撑。

一 以场域思维理解多元叙事竞争

通过向国际社会传播自身对中国与中东欧国家合作机制的评价，政府、智库与媒体间爆发了激烈话语交锋，这也被理解为一个动态跨国场域的塑造过程。“场域”一语借用自法国学者布迪厄的社会学理论，是“由附着于某种权力（或资本）形式的各种位置间的一系列客观历史关系所构成”。[1] 当把场域视为一个静态的结构，那么其就是由能影响社会地位的“客观历史关系”所决定的，具体包括权力资源形态（资本）与权力资源分配规则，而如果当把场域视为一个动态的过程，那么“场域”的塑造过程就是行为体间争夺叙事主导权的过程。叙事是“通过言语行为再现一系列连续发生的非自然事件所组成的事实，为外部世界的动态变化赋予符合叙事主体意图的因果解释”，也就是以讲故事的方式争取与维护

---

① ［法］布尔迪厄、［美］华康德：《反思社会学引论》，李猛、李康译，商务印书馆 2015 年版，第 15 页。

特定权力资本及其分配规则的合法性，这也被布迪厄称为“符号权力”。[①] 因此，本文将中国与中东欧国家关系场域的多元叙事竞争理解为行为体从不同角度讲述中国与中东欧国家互动故事的过程，而每一方都意图在叙事中将自身占优势的权力资本的合法性凌驾于其他权力资本之上。

中国与中东欧国家合作的过程就是与多个行为体争夺新型跨区域场域主导叙事的过程。这一竞争关系在理论上通常具有两种状态，即竞合与敌对。竞合意味着行为体间的叙事竞争并未将合作完全排除在外，双方虽有分歧但一旦解决特定的利益问题，合作依旧可期。敌对则意味着行为体间的叙事竞争将己方叙事的压倒性胜利作为唯一结果，是一场零和博弈。这两种状态在中国与中东欧国家关系场域的三类议题中都有所体现。第一类是安全议题，其中部分智库与媒体叙事以敌对态度应对叙事竞争，渲染中国投资欧洲基础设施的地缘政治意图，但欧盟委员会的安全叙事多以竞合的态度理性认识对华关系的调整。第二类是意识形态议题，涉及价值观与治理模式的冲突，涉及这一议题类的叙事多以敌对的态度认识中东欧在中欧整体关系中的地位。第三是经贸议题，其中部分叙事以敌对的态度来看中国与中东欧国家的合作，将其阐释为中东欧国家争夺中国流动资本的过程，而以中国政府为代表，部分叙事以竞合态度将其阐释为发展战略的互联互通以及新型全球化进程中的协调问题。

---

① Marie-Laure Ryan, “ Toward a definition of narrative”, *The Cambridge Companion to Narrative*, Cambridge University Press, 2007, pp. 28 – 31.

二 跨区域关系场域多元叙事竞争的表现

当前，中国的官方叙事集中于经贸领域，并且以竞合的态度来看待西方的对华“叙事之争”。李克强总理在中国与中东欧国家领导人会晤的多次讲话中提出了“跨区域多边合作”的叙事，认为中国与中东欧国家合作是“全球化时代背景下跨区域多边合作的一个代表”，其主要由政府搭台且按市场化原则运行——“我们坚持相互尊重、平等相待原则，在重大问题上照顾彼此关切，从各国实际出发制定合作规划、确定合作项目，确保了合作务实管用，赢得各方广泛参与和大力支持”。[①] 习近平主席在2021年将其阐释为多边主义的生动实践叙事，认为中国与中东欧国家合作符合“多边主义”的重要特征，并将其合作原则归结为“一是有事大家商量着办；二是让合作方都有收获；三是在开放包容中共同发展；四是通过创新不断成长”。[②] 中国的官方叙事强调中国与中东欧国家的合作不仅符合时代潮流，还积极为多边主义注入新的价值内涵，包括相互尊重、不附带政治条件、大小国家一律平等以及共商共建共享。相较而言，欧盟委员会与中国政府在“叙事之争”如何进行方面存在默契，其总体上维持了竞合的态度。前贸易专员霍根在2020年4月16日的成员国贸易部长

---

① 李克强：《在第八次中国—中东欧国家领导人会晤上的讲话》，2019年4月13日，中国政府网，http：//www. gov. cn/guowuyuan/2019 -04/13/content_5382259. htm，访问日期：2021年9月15日。

② 习近平：《凝心聚力，继往开来 携手共谱合作新篇章——在中国—中东欧国家领导人峰会上的主旨讲话（2021年2月9日，北京）》，《人民日报》2021年2月10日。

非正式会议上提出，“开放的战略自主”是为了在开放自由的欧洲市场秩序与欧洲战略经济安全两大目标之间实现平衡，其手段包括促进供应链的多元化、建立投资审查机制等，并未将敌我对抗视为唯一手段。[①] 同年6月14日，欧盟外交与安全政策高级代表博雷利在与中国外交部长王毅的视频会面后，撰文认为“欧盟有必要在欧中关系中保持合理的平衡”，其既主张强化欧洲应对新地缘政治现实的能力，又希望双方在气候、多边贸易机制改革等领域开展积极合作。

相较而言，欧洲智库与部分媒体更关注敌对状态下的安全叙事，力图以“安全化”挤压竞合观点的生存空间。荷兰国际关系研究所的范德布登就提出了“中国投资港口将危害欧洲战略自主”的涉华叙事。[②] 新冠疫情期间，中国的对外交往活动，尤其是应中东欧伙伴国家请求而实施的物资、人员、技术等领域的援助活动被西方视为“慷慨政治”或“口罩外交”，而中国的对外积极传播活动被指责为“散布虚假信息”，西方用于攻击俄罗斯的战略叙事框架也被大量移植于对中国的“叙事战争”之中。大西洋理事会的斯佩兰萨认为中国与俄罗斯都是欧洲面临的“混合威胁”（hybrid threat），其污蔑中国企业在欧洲参与建设的5G网络设备、海底光缆、核电站等关键基础设施留有“后门”，断定中国将利用这些设施开展

---

① “Introductory statement by Commissioner Phil Hogan at Informal meeting of EU Trade Ministers”, Speech, 16 April 2020, https://ec.europa.eu/commission/commissioners/2019 – 2024/hogan/announcements/introductory-statement-commissioner-phil-hogan-informal-meeting-eu-trade-ministers_en, last accessed on 10 September 2021.

② Frans-Paul van der Putten, “European Seaports and Chinese Strategic Influence”, Clingendal Publication, 18 December 2019, https://www.clingendael.org/publication/european-seaports-and-chinese-strategic-influence-0, last accessed on 10 September 2021.

间谍活动与政治施压。[①] 同时，彭博社曾发表过一篇极具偏向性的报道，认为中国疫情治理模式是中国的“政治武器”，指责中国的目的是宣传中国政治体制的优越性。[②]

在欧洲智库与媒体向公众渲染中东欧地区面临的“中国威胁”的过程中，意识形态也是重要议题。尼奥纳德在澳大利亚战略家杂志发文讽刺欧洲的对华“接触”策略，认为欧洲以价值观为代价推动中国对欧开放市场与接受全球市场规则，但却得不偿失。[③] 为此，他在政治价值观与经济利益的“二元对立”关系基础上揉捏出一个意识形态叙事，即“中国以经济手段寻求政治影响力，而欧盟却在用价值观交换经济利益”。德国墨卡托中国研究重心的史戴克认为欧洲在争相对华开展经贸合作的进程中落入了自我分裂的困境——获益较大的西欧将中东欧视为中国的“特洛伊木马”，因而他认为欧洲应加速实现内部的利益妥协，使中东欧成员国在共同价值观的基础上协调彼此对华立场，在机制内部瓦解中国“分裂”欧洲的企图。[④]

最近，欧洲智库与媒体不仅继续围绕安全议题与意识形

---

① Lauren Speranza, “a Strategic Concept for Countering Hybrid Threats”, Atlantic Council Report, July 2020, https: //www. atlanticcouncil. org/wp-content/uploads/2020/07/Strategic-Concept-for-Countering-Russian-and-Chinese-Hybrid-Threats-Web. pdf, last accessed on 10 September 2021.

② Tobin Harshaw, “Coronavirus Response Is a Weapon in China's Brand of War”, *Bloomberg*, 28 March 2020, https: //www. bloomberg. com/opinion/articles/2020 - 03 - 28/coronavirus-response-is-a-weapon-in-china-s-brand-of-war, last accessed on 10 September 2021.

③ Mark Leonard, “The end of Europe's Chinese dream”, *the Strategist*, 27 May 2020 , https: //www. aspistrategist. org. au/the-end-of-europes-chinese-dream/, last accessed on 10 September 2021.

④ Grzegorz Stec, “Central and Eastern Europe and Joint European China Policy: Threat or Opportunity?”, Merics analysis, 1 October 2020, https: //merics. org/en/analysis/central-and-eastern-europe-and-joint-european-china-policy-threat-or-opportunity, last accessed on 15 September 2021.

态议题持续生产涉华叙事，还开始有针对性地从经贸议题切入，炮制“合作僵化论”“合作崩溃论”等。还有一类经贸议题领域的叙事影响更大，其借疫情对全球产业链、供应链与价值链的冲击炒作“中国经济衰落论”。此外，泛欧专家联络平台“China Observe in Centrol and Eastern Europe”刊文分析了中欧投资协定对中东欧企业的影响，其刻意夸大了中欧投资协定对德国产业转移的影响，并认为中国与中东欧国家的合作恶化而不是改善中东欧汽车产业配套厂商的生存环境。①

三 跨区域关系场域多元叙事竞争的成因与应对之道

多元叙事竞争的成因主要有三点，包括疫情加速民意巨变、西方大国协调的回归以及欧盟内部的利益之争。

首先，西方将疫情应对这一公共卫生治理问题纳入政治评轨道，加速了涉华民意从量变到质变的转化。中国的快速发展得益于全球化，但全球化不仅在中国对外开放的过程中带来了区域间发展速度的不平衡，也在西方内部制造了各种从全球化进程中被动“脱钩”的“锈带”，其是全球化的牺牲品，也成了反全球化政治动员的票仓。新冠疫情是压倒欧洲民意的最后一根稻草，经贸危机与就业问题的加剧使得欧洲

---

① Jakub Jakobowski, “CAI and the Fate of the China-Germany-CEE Industrial Triangle”, CHOICE, 2 June 2021, https://chinaobservers.eu/cai-and-the-fate-of-china-germany-cee-industrial-triangle/, last accessed on 15 September 2021.

各国政府需要找到“甩锅”的对象，而这种“甩锅”的效果也十分明显著：皮尤研究中心（Pew Research Center）2020年的一项调查显示，近年来，许多发达经济体对中国的看法越来越负面，在接受调查的14个国家中，有48%的人认为中国是世界领先的经济强国，而61%的人认为中国在应对疫情方面做得很差，而这一负面评价驱使其接受中国应对全球疫情暴发承担责任的言论。[①] 民意的变化使务实合作更难开展，传统务实合作的优势——使价值观分歧不阻碍经贸互利的实现——越来越难以发挥。

其次，西方大国协调正走向复苏，在意识形态与安全议题中协调对华舆论对抗成为利益分歧依旧巨大的西方内部的新合作爆点。疫情期间，美欧在涉及西方政治体制的对话意识形态叙事之争中也展现出有限的战略默契，其在拜登政府上台后也成为美欧大国间开展涉华立场协调的共识基础。同时，美国正回归以“少边主义”（Mini-lateralism）为特征的的大国协调路线，共同应对“中国挑战”与共同维护“基于规则的国际秩序”已经成为西方用于缓和利益矛盾的重要合作领域。

最后，部分中东欧国家选择用意识形态的语言攻击务实合作，而其首要目标却并非与中国对抗，而是反击其在欧盟内部遭受的“非公正待遇”。波兰前外交部长兼欧洲议会议员拉多斯瓦夫·西科尔斯基最近在墨卡托中国研究所举行的一

---

① Laura Silver, “Americans are critical of China’s handling of COVID – 19, distrust information about it from Beijing”, Pew Research Center, 26 May 2020, https://www.pewresearch.org/fact – tank/2020/05/26/americans-are-critical-of-chinas-handling-of-covid-19-distrust-information-about-it-from-beijing/, last accessed on 15 September 2021.

次会议上就抱怨道："西欧长期保持与中国的商业关系……但却不允许我们中欧人与中国开展商业往来……也许中东欧单独与中国开展的合作应该停止，但前提是——其他欧盟成员国也应遵守里斯本条约施加的约束并与我们协商（而非强加）共同的中国政策。"①

中国与中东欧关系场域中的多元叙事竞争已经成了全球地缘政治复苏的时代中跨区域多边合作实践的"新常态"，但中国作为重要的参与方，也应主动探讨应对之道。此外，一些中东欧国家将对务实合作的攻击当成欧盟内部的斗争工具，因而中国更需要探索阐释务实合作的新方式、新路径，以务实的态度应对叙事竞争。就西方占据优势的安全叙事与意识形态叙事领域而言，中国正以"人类命运共同体"为思想底色，已经在之前较少涉及的议题领域开展叙事竞争实践。一方面，中国在安全叙事上进行正本清源。如在数据安全方面，中国可持续推进"全球数据安全倡议"规范的全球拓展，以协商的态度积极制定真正通行全球的国际规则，以此应对西方对"基于规则的国际秩序"概念的滥用。另一方面，中国也有意在意识形态领域推动相关叙事正本清源。以"中国共产党与世界政党领导人峰会共同倡议"为铺垫，中国后续的对外意识形态叙事可突出政党执政目的议题，强调为人民谋幸福而不非进行利益斗争才是政党的真正责任所在，尤其是以探讨治理的本质为核心议题的叙事策略回应美西方对中国

① Grzegorz Stec, "Central and Eastern Europe and Joint European China Policy: Threat or Opportunity?", Merics analysis, 1 October 2020, https://merics.org/en/analysis/central-and-eastern-europe-and-joint-european-china-policy-threat-or-opportunity, last accessed on 15 September 2021.

意识形态的攻击。在此基础上，中国有希望超越西方以形式为核心的意识形态叙事，推动竞合导向的、以内容为核心的新型意识形态叙事。

美欧俄能源博弈对中国—中东欧国家能源合作的影响

龙　静①

内容摘要：近年来，美欧俄围绕能源的激烈博弈日益激烈，“北溪二号”项目成为这场三方博弈的集中体现。从特朗普政府到拜登政府，虽然美国在这场博弈中的政策出现较大调整，但防范俄罗斯借能源供应修复欧俄关系、扩大地区影响力的核心目标始终未变。而以德国为首的欧洲大国则试图借助能源合作打破俄欧关系的僵局。面对美欧俄三大力量展开的能源博弈，中东欧各国的立场和政策选择呈现出不同的类别，且很大程度地干扰了中国与中东欧国家开展能源合作的步伐。尽管在核能领域的合作屡屡受挫，但中国与中东欧国家利用清洁能源节能减排，推动可持续发展的理念和目标是一致的，也因此依然存在更大的合作空间和更多的合作机遇。

① 龙静，上海国际问题研究院欧洲研究中心副主任。

关键词： 能源博弈；“北溪二号”；中东欧国家；能源合作

在近年来国际格局加速变化、大国竞合关系错综复杂的国际背景下，“中国—中东欧国家合作”也无法避免地深受大国博弈的影响。其中一个突出体现就是美欧俄在能源领域的激烈博弈对合作框架下能源合作带来了诸多挑战。但同时，随着中欧双方都提出了雄心勃勃的节能减排目标，并将绿色经济作为未来发展的重点，中国与中东欧国家之间在清洁和可再生能源领域的合作前景中又蕴含了更多机遇。

一　美欧俄在中东欧地区的能源博弈

在中东欧地区的能源博弈中，欧俄这对在安全领域相互防范的对手却成了利益互补的合作伙伴，而美国则将俄欧合作视作对其全球利益的严重损害。美欧俄的能源博弈集中爆发在“北溪二号”项目上。“北溪二号”项目建造的天然气管道从俄罗斯海岸经波罗的海通往德国。建成后，俄罗斯将每年向欧盟供应550 亿立方米的天然气，由此获得巨大的经济收益。对法德等西欧国家而言，该项目有助于避免俄乌冲突可能引发的能源供应危机，增强西欧地区的能源安全。但在这场交易中，美国和中东欧国家都视自己为利益受损方。对于中东欧国家而言，西欧“跳过”中东欧地区成为俄罗斯能源的直接供应对象，不仅导致中东欧国家损失作为能源过境国的经济利益，更可能极大改善欧俄关系，导致中东欧的地缘政治地位进一步下降，域内各国的安全关切在欧俄互动中被忽视，甚至牺牲。因此，“北溪二号”项目被波兰和乌克兰视为俄罗斯的地缘政治武器，是个别“精英国家”将国家利益凌驾于欧洲集体利益之上的错误行径，是对欧洲凝聚、跨大西洋关系和西方世界团结的打击。①同时，美国也强烈反对这个项目，背后的原因之一是这种合作削弱了美国对俄罗斯实施经济制裁、打压俄罗斯的政治目的。另一原因则是欧俄能源合作大幅挤压了美国对欧开展能源外交的空间。尤其是在特朗普执政期间，美国意欲成为“全球最大液化天然气出口国”，对欧洲巨大的能源市场垂涎不已，难以避免地与欧盟最大的天然气供应方俄罗斯展开市场争夺。

在这场激烈的能源博弈中，美国在特朗普时期一度采取多种政策工具或外交手段来保障和巩固自己的能源利益，包括：借助“长臂管辖”搅局“北溪二号”项目上线；施压利益攸关方德国，要求其停止与俄罗斯的能源合作；借助对“三海倡议”的大力支持、打着实现“能源多元化”和“能源安全”的旗号，在中东欧拓展能源市场。美国不仅提出要向“三海倡议”提供10亿美元融资，②还先后与波兰、匈牙利等中东欧国家签署了从美国进口天然气的长期或中期协议，并试图将克罗地亚打造成为西巴尔干地区的能源枢纽。

---

① Zbigniew Rau & Dmytro Kuleba, “Nord Stream 2 has damaged the West enough. Time to put an end to it”, Politico, February 22, 2021, http://www.politico.eu/article/nord-stream-2-pipeline-has-damaged-the-west-enough-time-to-put-an-end-to-it/, last accessed on 3 August 2021.

② “Us commits 1 billion dollars to develop central European infrastructure”, Atlantic Council, https://www.atlanticcouncil.org/news/press-releases/us-commits-1-billion-dollars-to-develop-central-european-infrastructure/, last accessed on 3 August 2021.

2021 年 1 月拜登政府上台后，对特朗普时期的美国外交战略进行了重大调整，在“北溪二号”问题上，也展现出不同于特朗普时期的应对之策：第一，出于修复盟友关系的考量，拜登针对“北溪二号”项目采取了有选择性、低破坏力的制裁方式。在拜登政府于 2021 年 2 月向美国国会提交的有关“北溪二号”项目的最新报告中，不仅没有提出新的更严厉的制裁打算，还将大量参与项目的欧洲企业排除在报告之外。随后，拜登政府维持了对参与项目的船只和实体的制裁，但这些船只和实体清一色来自俄罗斯。2021 年 5 月，美国政府发布声明宣布，为了美国的国家利益，将豁免对“北溪二号”运营公司、其 CEO 马蒂亚斯·沃宁格及相关高官的制裁，并强调这一决策体现了美国政府对欧洲能源安全的承诺，也符合美国与欧洲盟友及合作伙伴重建关系的承诺。7 月 21 日，德国总理默克尔访美后，两国发布《美国和德国关于支持乌克兰、欧洲能源安全和气候目标的联合声明》，[①]进一步体现了美国以修复跨大西洋关系为重，对“北溪二号”项目适当妥协的政策立场。

第二，拜登政府继续将价值观外交和“北溪二号”项目的制裁联系起来。2021 年 8 月 23 日，美国借“纳瓦利内中毒事件”再次制裁“北溪二号”项目。尽管新制裁并不会影响项目的实施进程，但是却进一步在全球范围内树立和巩固了美国西方价值观维护者的形象。

① “Joint Statement of the United States and Germany on Support for Ukraine, European Energy security, and our Climate Goals”, https://www.state.gov/joint-statement-of-the-united-states-and-germany-on-support-for-ukraine-european-energy-security-and-our-climate-goals/.

第三，以更务实的手段消减“北溪二号”项目对美国的不利影响。由于拜登就任之时，北溪项目已经完成超过90%，制裁不仅难以起到阻止项目完工的作用，反而可能导致与德国之间的分歧不断升级。因此，拜登政府更趋务实，利用在这一问题上的妥协，以换取美德在疫情应对、对华关系、气候变化等其他议题上更为积极的相互配合，促使美国以遏华为核心的外交战略得到更有效推进。

尽管欧俄关系在克里米亚事件后陷入低谷，但俄德两国围绕“北溪二号”项目却互动频繁，合作密切。在某种程度上，“北溪二号”成为德俄关系的压舱石，被视为德国在美俄之间立场的风向标。2021年8月20日，默克尔在对俄罗斯的“告别访问”时表示“北溪二号”项目是两国关系中的积极因素。[①] 但同时，德国也承诺在可能的“俄罗斯威胁”面前“保护”乌克兰和欧洲，并帮助乌克兰的天然气过境协议在2024年到期后得到延续。[②] 从欧盟角度来看，尽管成员国的不同利益导致其内部对项目缺乏统一的声音，但是，欧盟作为这一地区重要的规制力量还是在制订相关规则和监管方面采取了积极行动。2017年11月，欧委会提出修改欧盟天然气指令，将欧盟天然气法规扩展至从第三国进入欧盟的海上管道。2019年2月，欧盟成员国就“北溪二号”项目达成一致，决定对欧盟的天然气法规进行修改，对项目制定更为严格的规

① 《默克尔对俄罗斯进行“告别访问”》，2021年8月22日，央视网，https：//news.cctv.com/2021/08/22/ARTI3L4Nh3uVWrxBGD1oJZpH210822.shtml，上网时间：2021年8月25日。

② “Germany and US reach truce over Nord Stream 2 pipeline”，https：//www.ft.com/content/49210a4e－17ed－4a2e－a986－4efcadc7f342，last accessed on 25 August 2021.

定，同时确保项目能继续完成。

二 中东欧国家面对美欧俄能源博弈的应对之策

面对美欧俄三大力量展开的能源博弈，中东欧各国的立场和政策选择呈现出不同的类别。第一类是明确反对欧俄能源合作，以及对这一项目的任何妥协。此类国家以波兰、波罗的海三国及乌克兰为典型代表。2019 年 2 月，立陶宛总统在访问波兰时，与波兰总统共同表示对“北溪二号”的坚决反对，认为其将恶化整个欧盟的能源安全形势。2021 年 7 月 22 日，波兰与乌克兰政府发布联合声明，批评美德两国达成的联合声明“极大地加深了欧洲安全、信任和政治危机”①。同时，这类国家也力图加强与美国的合作，减少对俄罗斯的能源依赖。例如，2018 年 10 月，波兰石油和天然气公司与美国签署为期 20 年的液化天然气订购协议。并且明确表示，与俄罗斯签署的每年订购 100 亿立方米天然气的长期供应协议于 2022 年到期后，将不再续签。第二类则是乐见欧俄强化能源合作，并希望能够借此契机，撬动目前陷入僵局的欧俄关系。此类国家以塞尔维亚和保加利亚为代表。两国希望“北溪二号”项目的顺利进行能为其他连接俄罗斯与欧洲，特别是巴尔干地区的管道——“土耳其溪”带来便利。“土耳其溪”和

---

① “Joint Statement by Minister of Foreign Affairs of Ukraine Dmytro Kuleba and Minister of Foreign Affairs of Poland Zbigniew Rau on Nord Stream 2”, 21 July 2021, Ministry of Foreign Affairs of Ukraine, https://mfa.gov.ua/en/news/spilna-zayava-ministra-zakordonnih-sprav-ukrayini-dmitra-kulebi-ta-ministra-zakordonnih-sprav-polshchi-zbignyeva-rau-shchodo-pivnichnogo-potoku-2, last accessed on 25 August 2021.

“北溪二号”一样遭到美国制裁。保加利亚作为其支线“巴尔干溪”项目的主要投资国，也一直承受着美国压力。[①]第三类中东欧国家则是努力希望在俄美之间找到平衡。这类国家以匈牙利为典型代表。匈牙利是俄罗斯天然气的重要客户和交通枢纽，但与此同时，也保持着与美国的能源合作。2020 年 9 月，匈牙利与壳牌公司签署天然气供应合同，6 年内每年从美国购买 2.5 亿立方米天然气。

三 “中国—中东欧国家合作”能源合作的前景展望

中国从“中国—中东欧国家合作”机制起步时起，就将能源合作聚焦于核能、风电、水电、太阳能等清洁和可再生能源领域。关于此类能源合作的倡议最早出现在《布加勒斯特纲要》中，中国表达了合作意愿，而中东欧国家对此表示欢迎。随后，在《贝尔格莱德纲要》中，专门提到了“鼓励中国与中东欧国家遵循透明、负责的原则发展核能项目，认可各国有发展核能的权利、应妥善履行核安全国际义务”。同时，罗马尼亚还设立了有关能源项目对话与合作中心，鼓励各国学术机构、法律机构、企业和政府共享经验和信息，促进各方在该领域的进一步发展。

然而，在美欧俄愈演愈烈的能源博弈中，中国非但没有

① “Balkan Stream Or TurkStream: Bulgaria Is Under U. S. Pressure”, Warsaw Institute, 27 October 2020, https://warsawinstitute.org/balkan-stream-turkstream-bulgaria-u-s-pressure/, last accessed on 15 August 2021.

成为中东欧国家避开博弈而选择的第三方，反而在中东欧一些国家的选择中被边缘化，甚至放弃。例如，2019 年 1 月，塞尔维亚与俄罗斯签订《核能合作政府间协议》和《关于和科学技术创新中心建设的战略伙伴关系联合声明》，基本明确了未来在核能领域与俄罗斯强化合作的选择。罗马尼亚与美国签署政府间民用核能合作协议，也意味着中广核在罗核能市场开发彻底失败。中国与捷克之间曾有合作开展核电站建设项目的意愿，当前也基本搁置。

以核能为主的中国—中东欧国家能源合作屡屡受挫，充分体现出大国博弈对“中国—中东欧国家合作”机制造成了以下不利影响。首先，克里米亚事件发生后，中东欧各国对国家安全的重视度不断提升，国家安全观逐渐走向泛化与绝对化。合作是否会产生供求依赖或相关技术依赖，合作对象是否是传统盟友，经济往来是否会转化成政治渗透，这些问题成为不少中东欧国家对外合作时的考量因素。其次，中美关系的急速恶化对中东欧对华态度的影响日益显现。出于地缘政治考虑，中东欧地区各国高度重视同美国的盟友关系，在外交上对美追随度高。能源合作成为体现中东欧各国在中美博弈中所持政治立场的阵地之一。

尽管如此，中国与中东欧各国在能源领域的合作依然存在着以下有利因素。

第一，中欧在节能减排、利用清洁能源来应对全球气变问题的战略方向是一致的。本届欧委会提出了“绿色新政”，具体的减排目标包括：到 2050 年实现温室气体净零排放、经济增长与资源使用脱钩。中国也向世界郑重承诺，到 2030 年前实现碳达峰，2060 年前实现碳中和。在共同的理念和紧迫的目标面前，中欧已经开始相向而行：在 2020 年 9 月 14 日的视频会晤中双方决定建立环境与气候高层对话，打造中欧绿色合作伙伴关系。

第二，绿色经济将成为包括中欧在内的世界经济战胜疫情，实现复苏和可持续发展的关键路径。2020 年联合国可持续发展高级别政治论坛发布政策建议报告，呼吁各国将推动清洁能源发展和电力互联互通纳入经济复苏计划。在欧洲，在疫情下推出的复苏计划、未来 7 年的财政预算以及“下一代”欧盟倡议都强调与“绿色新政”挂钩。具体包括，将 30% 以上的欧盟资金投入到气候变化的应对中，这也是有史以来欧盟预算中在这一领域达到的最高比例；各个成员国政府必须将他们获得的欧盟资金中的 37% 用于绿色转型；欧盟将采用从税收到法规等多种更为严格的手段来监管各成员国对欧盟资金的运用情况，确保真正投入到能源结构转型之上。换句话说，欧委会鼓励的产业发展必须以绿色环保节能作为前提条件。在欧盟“绿色欧洲”为核心导向的各类政策工具下，中东欧国家能源转型压力大，任务紧。因此，除了天然气、核能之外，风电、水电、太阳能等清洁和可再生能源亦是中东欧国家积极考虑的能源形式。中国完全可以考虑避开核能等与美俄竞争激烈的领域，在风能、太阳能等领域拓展合作机遇。

第三，在风能、太阳能等清洁及可再生能源领域，中国具有明显优势。一方面，中国在上述领域有着丰富的开发经验和世界领先的技术。近年来，中国的可再生能源，特别是风电、光伏的发电成本快速下降，即将实现平价上网，摆脱对国家补贴的依赖。这些发展趋势也为上述产业参与到全球范围的充分市场竞争中做好了积极准备。另一方面，中国从事可再生能源的龙头企业大多为民营企业。这些企业从近十年间产能过剩、产业洗牌等冲击中逐步成长起来，对行业前景和自身水平都有理性的认知，逐步形成了较高的成熟度和抗风险能力。这些民营企业在走向欧洲市场的过程中，既能免遭欧盟关于投资企业是否是国企性质的质疑、是否享受国家补贴的指责，又能凭借丰富的经验和强劲的创新能力快速适应海外市场的特定需求。

第四，中国与中东欧国家在能源合作方面已经具备了较好的基础。除了上述年度性的官方文件中各方达成共识的合作意向表达之外，中国与一些中东欧国家也已经开展了切切实实的清洁能源领域的合作。例如，中国能建葛洲坝集团与波黑塞族共和国电力公司下属达巴尔电力公司签署了达巴尔水电站项目工程总承包合同，总金额达到2.2亿欧元。项目完成后产生的水头落差年发电量可达2518亿千瓦时。达巴尔水电站是中资企业在中东欧地区承建的最大水电项目，能够有效缓解区域电力紧缺问题，创造绿色生态效益，同时更能够对其他中东欧国家和地区产生辐射效应和示范效应，推动更多此类高标准高质量的绿色低碳合作项目在中东欧地区落地。

总之，中国与中东欧国家共同开展清洁能源建设，将有助于实现优势互补，促进清洁能源发展和能源转型，助推中东欧地区更快更好地融入欧洲一体化进程之中。

中希合作：务实合作与人文交流相得益彰

尹亚利[1]

内容摘要：中华文明和希腊文明在历史上曾深刻地影响到了东方和西方文明的发展。现今的中国和希腊作为两大文明的传承者，在世界处于百年未有之大变局的时代，在务实合作和人文交流方面都取得了积极成果。在务实合作方面，中希两国政治互信不断深化，以比雷埃夫斯港口项目为龙头的“一带一路”合作效益显著，经贸合作不断深化。两国人文交流呈现水平高、范围广、层次多的特点，不断出现新的亮点。中希两国在务实合作与人文交流的各个领域相互促进、相得益彰，既是不同文化相互借鉴、和平共处的样板，更是加强互利合作、推动构建人类命运共同体的典范。

关键词：希腊；务实合作；人文交流；文明互鉴

---

① 尹亚利，北京外国语大学希腊研究中心客座教授，前驻希腊外交官。

中国和希腊在历史上都对人类文明的发展做出了重要的贡献，今天，两国同样都在致力于本民族的复兴。在民族复兴的道路上，“一带一路”成为两国合作的新契机和最大平台，正如习近平主席所说：“希腊是欧洲国家同中国开展互利合作和共建‘一带一路’的典范。”①

中希两国互利合作和共建“一带一路”的显著特点是务实合作与人文交流同步发展，相互促进，相得益彰。中希两国务实合作与人文交流的实践为“一带一路”推进实现合作共赢、高质量发展提供了有益的借鉴。

一　中希务实合作成果显著

2013 年中国提出“一带一路”倡议，当时正深陷主权债务危机的希腊，在艰难之中，看到了“一带一路”可以为希腊带来的希望和机遇。2018 年，希腊刚刚走出债务危机的阴影，便与中国签署了共建“一带一路”合作谅解备忘录，在欧洲发达国家中率先表达了对“一带一路”的积极参与态度。从地缘政治和地缘经济的角度看，希腊在“一带一路”中的重要性毋庸置疑。希腊的参与为“一带一路”的推进发挥了积极的作用。

希腊的积极态度不仅仅是口头上，而且扎扎实实地落实在了行动上。中希两国务实合作以比雷埃夫斯港和中欧陆海快线建设为龙头得以快速推进，在让两国得到实实在在的商业利益的同时，为“一带一路”国际合作实现“双赢”提供

① 《习近平会见希腊总理齐普拉斯》，2019 年 4 月 26 日，人民网，http：//cpc. people. com. cn/n1/2019/0426/c64094 -31053107. html。

了宝贵的经验。

中希务实合作具有如下特点。

一是政治互信不断深化。双方在关系到对方核心利益的重大问题上，能够坚定地支持对方的立场。双方在促进多边主义、推动自由贸易发展、构建开放型世界经济等方面有着共同的理念；在重大的国际问题上，能够采取共同的立场，积极协调行动。在中国共产党成立一百年之际，希腊总理米佐塔基斯表示了热烈祝贺，称中国共产党不仅改变了中国的前途命运，也改变了世界发展的轨迹。习近平主席表示，中国和希腊对人类文明进步和国际秩序变革有着相似理念。当前形势下，传承好、发展好中希关系，不仅有助于促进疫后经济复苏，也将为完善全球治理体系贡献古老文明应有的智慧。双方要继续相互理解和支持彼此核心利益和重大关切，为国际社会树立友好互信典范。[①]两国领导人的表态深刻表明，政治互信是两国合作不断发展的根本保证。

二是龙头项目效益显著。比雷埃夫斯港口合作项目是两国共建“一带一路”的龙头项目。双方克服种种障碍，项目终于实现共同获益，达到双赢效果，其示范性和引领性在中希务实合作中正发挥越来越大的作用。2019 年希腊比雷埃夫斯港完成集装箱吞吐量 565 万标准集装箱，成为地中海第一大港口。2019 年营业额同比增长 12.3%，达到 1.49 亿欧元，税前营业利润增长 12.5%，达到 4760 万欧元，净利润增长 27%，达到 3540 万欧元。2020 年新冠疫情暴发，国际贸易量

---

① 《习近平同希腊总理米佐塔基斯通电话》，《人民日报》2021 年 7 月 8 日。

萎缩，欧洲各国港口业务受到极大冲击。在双方共同努力下，比雷埃夫斯港口实现正常运营。当年1月至4月，港口3个码头的集装箱吞吐量同比增长2%。比港现在已经成为地中海最大、欧洲第四大集装箱码头。中方继续积极落实比港总体投资规划，2020年2月25日，比港邮轮码头深水新泊位项目顺利开工。这一项目包括新建两个可以停靠全球最大邮轮的新泊位，对提升比港地中海邮轮母港地位、带动希腊旅游经济具有深远意义。比港管理局还启动了数百万欧元的希腊主要港口投资计划，以进一步扩大港口容量。[①]

三是经贸合作不断深化。2016年时任希腊总理齐普拉斯就表示："希腊愿在稳定和振兴国家经济过程中，将自身发展战略同中方'一带一路'倡议对接合作。"[②] 据华经产业研究院的数据，2018年中希双边货物进出口额为70.6亿美元，2019年为84.63亿美元，2020年，在新冠疫情冲击下，依然达到78.9亿美元。[③] 2019年4月，中国国家发展和改革委员会与希腊经济发展部签署了中希两国《关于重点领域2020—2022年合作框架计划》，其中明确除了以往交通、能源、信息通信等合作的重点领域外，还确定两国将进一步拓展新的合作领域，如制造业和研发、金融等。[④]中国一些大型银行正在

① 《比雷埃夫斯港为中国与希腊合作注入新活力》，2020年6月9日，新华丝路网，https：//www.imsilkroad.com/news/p/415250.html。

② 《习近平：中希两个古老文明国家应该携手同心》，2016年7月5日，央视网，http：//news.cnr.cn/native/gd/20160705/t20160705_522594876.shtml。

③ 《2015—2020年中国与希腊双边贸易额与贸易差额统计》，2021年4月18日，搜狐网，https：//www.sohu.com/a/460933669_121024745。

④ 《国家发展改革委与希腊经济发展部签署中希〈关于重点领域2020—2022年合作框架计划〉》，2019年4月30日，新浪网，http：//news.sina.com.cn/o/2019-04-30/doc-ihvhiewr9081877.shtml。

加快与希腊金融合作的步伐，积极考虑在希腊设立代表处。以交通运输和物流集散为代表的基础设施建设、以清洁能源为代表的能源合作以及电信方面的合作正在迈向新的阶段。2019 年 10 月 17 日，中希重点领域 2020—2022 年合作框架计划指导委员会第三次会议在京召开，希腊发展和投资部部长乔治亚季斯与中方共同主持会议，商定了第二轮备选合作清单和下一步重点工作。[①]数字经济、绿色和可持续发展正在成为中希合作的新的重要领域，中希务实合作正沿着正常轨道继续发展。

四是合作平台更加扩大。希腊加入中国—中东欧国家合作机制后，中希两国的合作获得了更加广阔的平台。中希两国的互补优势可以进一步扩大到中国—中东欧国家合作框架，中欧陆海快线可以得到更大程度的协调发展，中东欧地区作为中国与欧洲之间互联互通的枢纽地位更加巩固，希腊在“一带一路”中将发挥更加重要的作用。近段时间来中美关系的不确定性给中欧关系带来一些消极影响，希腊在欧盟中发挥重要作用，努力推动欧盟与中国的关系正常发展。

二 中希人文交流稳固扎实

中希两国远隔千山万水，社会制度不同，文化传统不同，国家规模不同，经济体量不同。两国之所以能够跨越巨大差异，在务实合作方面不断取得积极成果，人文交流发挥了重

① 《中希重点领域 2020—2022 年合作框架计划指导委员会第三次会议在京召开》，2019 年 10 月 17 日，中国一带一路网，https：//www. yidaiyilu. gov. cn/xwzx/roll/106503. htm。

要的促进作用。人文交流与务实合作同步发展、相得益彰，促进了中希两国人民之间的相互了解和友谊，为务实合作提供了无限动力。

希腊之所以能够成为首个同中国签署政府间共建“一带一路”合作谅解备忘录的欧洲发达国家，从文化的角度看，与希腊具有的深厚的文化传统分不开。希腊前总理齐普拉斯说：“共建‘一带一路’是个伟大的倡议，及包含中国古代哲学的智慧，有充满对世界前途的思考。它是链接东西方的桥梁，是各国发展的机遇。希腊作为和中国一样的文明古国，能够从历史长河的角度理解‘一带一路’，从一开始就积极支持和参与。”[①] 中希两个文明古国都有着充满哲学智慧的传统文化基因，对如何在国际关系发展中找到合作共赢的契合点有着更深层次的默契。

中希两国对文化共享、文明互鉴有着深刻理解，共商共建共享是“一带一路”灵魂所在，也是中希合作的根基所在。在深厚的文化底蕴的影响下，中希共建“一带一路”稳步发展的同时，两国人文交流也达到了前所未有的高度。

近年来中希人文交流的特点之一是水平高。两国领导人对中希人文交流和文化合作给予了极大的重视，为人文交流与合作做出了重要引领。习近平主席指出：中希“双方要加强文明互鉴，使人文交流成为沟通两国人民心灵的桥梁和纽带”[②]。希腊时任总统帕夫洛普洛斯指出：“希腊与中国同为

① 《习近平会见希腊总理齐普拉斯》，2019 年 4 月 26 日，新华网，http：//www.xinhuanet.com/politics/leaders/2019－04/26/c_1124422389.htm。

② 《习近平：中希两个古老文明国家应该携手同心》，2016 年 7 月 5 日，央视网，http：//news.cnr.cn/native/gd/20160705/t20160705_522594876.shtml。

文明古国，在促进文明间对话上能够发挥重要作用，两国可以共同向世界展示文明间对话的重要意义。”[①] 近年来，两国人文交流高层次发展势头强劲。2014 年年初，习近平主席与希腊时任总统帕普利亚斯就中希互设文化中心达成共识。同年6 月，李克强总理访问希腊，两国正式签署互设文化中心协议。2016 年 10 月 3 日，中共中央政治局常委、中央书记处书记刘云山与希腊议长武齐斯共同为雅典中国文化中心揭牌。2017 年中希两国共同发起成立“文明古国论坛”，当年中希文化交流和文化产业合作年启动。2019 年 11 月，在习近平主席同希腊总理米佐塔基斯见证下，中国社会科学院与希腊拉斯卡瑞德斯基金会主席双方领导签署共建“中国社会科学院希腊中国研究中心”的合作协议。2021 年两国启动文化和旅游年，举办一系列文化和旅游交流活动。高水平的官方人文交流活动充分表现了政府对人文交流合作的重视。

特点之二是范围广。两国在人文领域的交流从文化、艺术、教育、科技、文学、遗产、文物保护、广播影视、旅游到体育、卫生等，几乎涉及人文交流的各个方面。每年都有不同项目的文化交流活动在两国分别举行。在 2019 年 10 月前后，有一系列介绍中国文化的活动在希腊举办，如中国动漫展、中国主题图书文化创意展、设计中国 · 魅力汉字展、甘肃歌舞剧院以丝绸之路为主题的歌舞演出等。介绍希腊文化的活动不断在中国亮相。在第二届中国国际进口博览会上，

---

① 《高端访谈：希腊和中国在促进文明间对话上能够发挥重要作用——访希腊总统帕夫洛普洛斯》，2019 年5 月11 日，新华网，https：//baijiahao. baidu. com/s? id = 1633205087601583797&wfr = spider&for = pc。

作为主宾国之一的希腊不仅仅带来了希腊的外贸产品，还带来了希腊文化的影响。《希腊文明 5000 年》展览引起了中国观众的极大兴趣。2019 年 9 月，中国音乐剧《诗经·采薇》在希腊上演，12 月 31 日新年前夕，希腊雅典爱乐乐团为北京的观众上演了精彩的新年音乐会。中希两国政府间“经典和现代图书互译出版项目”正在积极推进之中。两国教育交流持续发展。中国正式开设希腊语言教育的高校已经有多所，还有一些高等院校将希腊语或古希腊语作为第二外语或公共课进行教学。在希腊，已有雅典商务孔子学院、塞萨洛尼基亚里士多德大学孔子学院和爱琴海大学孔子课堂在运营。雅典大学、亚里士多德大学、比雷埃夫斯大学、约阿尼那大学等希腊高等院校一直在为中国培养希腊语言、历史、海事、港口管理方面的人才。2019 年 5 月，首届中国—希腊高等教育论坛在雅典大学举行，来自中希两国数十位高校校长和学者参与论坛，纵论两国进一步发展高等教育合作的前景。

特点之三是层次多。从中央到地方，从官方到民间，人文交流活动丰富多彩。以希腊古典文化的代表之一古希腊戏剧在中国的传播为例。1989 年中国著名戏剧导演罗锦鳞先生导演了河北梆子《美狄亚》，用中国戏曲形式演绎了著名的古希腊悲剧。2014 年，根据古希腊北京改编的中国评剧《城邦恩仇》在北京参加了第四节全国地方戏优秀剧目展演，又一次以中国地方戏曲形式演绎了古希腊悲剧。2018 年 11 月，上海话剧艺术中心在上海上演了古希腊悲剧《厄勒克特拉》，山东省话剧院也在山东上演了这一剧目。2018 年年底和 2019 年年初，中希两国艺术家联袂在雅典上演中国戏剧《赵氏孤儿》，在北京上演希腊悲剧《阿伽门农》，两国演员以双语形式同台表演，开创了两国戏剧交流的新形式。2021 年 4 月，古希腊悲剧诵读活动在北京举办，并在互联网平台实况播出。这一系列活动不是官方组织的，却是两国文化交流多层次发展的真实写照。新冠疫情暴发后，中希两国人文交流的热情并没有降低，而是充分利用现代科技，开创了线上交流的新局面。仅在最近几个月就有多起民间和地方的交流活动在线上举行，如 2021 年 5 月 7 日，河北经贸大学与雅典经商大学校际合作备忘录在线上签字；7 月 2 日，山东潍坊医学院与希腊哈罗科皮奥大学校级合作备忘录在线签署；7 月 15 日，中国希腊文明互鉴线上对话会成功举办。两国地方和民间机构之间的文化交流活动日益繁荣，成为两国人文交流的新的亮点。

中希人文交流与务实合作同步发展，共同达到历史上最好的水平，反映出了务实合作与人文交流之间相互影响、相互促进的关系。双方通过人文交流找到了双方文化中价值观念的契合点，这就是相互尊重、平等互利、包容并蓄、共享成果的理念。

如果从更高的角度看待中希两国间在人文领域的合作，可以发现更加深刻的意义。中希两国不仅仅是不同文明背景、不同社会制度、不同发展水平国家之间互利合作的典范和不同文明相互理解、相互借鉴、共同发展的典范，更是共同推动构建人类命运共同体的典范。希腊前驻华大使罗卡纳斯说："希腊非常认可'一带一路'倡议所带来的发展价值和文化价值，希腊将与中国一起致力于打造人类命运共同体。”①

三 小结

一段时间以来，“文明冲突论”的沉渣在国际关系中再次泛起，认为一种文明的繁荣将以其他文明的衰落为代价，崛起的文明与衰落的文明间将会发生不可调和的冲突。中希务实合作和人文交流的实践证明，不同文化之间存在差异甚至某种冲突是难免的，但在共同的利益面前完全可以通过交流找到共同点，文明多样发展、多元共存、共同繁荣是完全可以实现的。正如中国国务委员兼外长王毅所说：文化是最持久的力量，文明交流对话能使人们沉静下来，从历史长河中吸取教训，从交流互鉴中启迪未来，超越各种纷争和矛盾，寻找解决当今各种挑战的钥匙，夯实共建人类命运共同体的人文基础。②

中华文明和希腊文明分别处于世界的东方和西方，深刻地影响到了东方和西方文明的发展，中国和希腊作为两大文明的传承者，正在成为不同文化相互借鉴、和平共处的典范。

---

① 《希腊驻华大使：希腊将与中国一起致力于打造人类命运共同体》，2017 年 3 月 23 日，国际在线，http：//www. myzaker. com/article/58d393011bc8e0695d000026/。

② 《王毅主持文明古国论坛外长会》，2019 年 9 月 26 日，国际在线，https：//baijiahao. baidu. com/s？id = 1645704483806284138&wfr = spider&for = pc。

2012 年以来波兰对华认知探究

蔡奕栋①

内容提要：2012 年中国—中东欧国家领导人会晤开启了中国—中东欧国家关系的新局面。作为最具影响力的中东欧国家，波兰积极推动对华关系深入发展。在此过程中，波兰政府、媒体与民众对中国了解加深，对中国国家形象的认知逐渐稳定。在经济上，波兰将中国视为重要的经济合作伙伴，而在政治上则将中国视为其对外关系中的次要合作对象。然而，随着近年来中波合作中的问题与挑战逐渐显露，波兰对中国在国家经济发展重要性的认知上有所改变。

关键词：波兰；对华认知；中国—中东欧国家合作

2012 年 4 月，在波兰首都华沙召开的首届中国—中东欧国家领导人会晤见证了中国—中东欧国家合作的新起点。中国—中东欧国家合作是中欧全面战略伙伴关系的重要组成部

---

① 蔡奕栋，广东外语外贸大学欧洲研究中心“2020—2030 年：中欧关系新阶段”课题研究助理。

分，发展与中东欧国家关系是中国当前重要的外交政策。波兰作为中东欧地区面积最大、人口最多、经济最发达的区域大国，以及中国在该地区最大的贸易伙伴，在中国与中东欧国家的交流、合作事务中发挥着促进和协调的作用。因此，发展好中波关系对于促进中国—中东欧国家合作具有较为重要的意义，而把握好波兰对华的认知是发展双边关系的基础。本文通过对波兰政府、媒体、民众三个不同社会身份对华认知的综合分析，对波兰对华的整体认知进行总结。

一　中国是重要的经济合作伙伴

（一）中国是新的出口市场和投资来源

在中东欧研究中存在一个观点，即中东欧国家近年来对华态度的积极转变一定程度上是由于这些国家希望扩大对中国的出口以及吸引来自中国的投资以减少对西欧国家的依赖。[①] 这一转变与当时的时代背景有较强的关联性。2008 年欧债危机爆发，西欧经济遭受打击，出现发展缓慢甚至倒退的情况。这一事件使中东欧国家意识到，一方面其国家经济过于依赖欧洲市场，当西欧经济出现问题时，中东欧国家的经济也会陷入被动。另一方面，西欧国家经济危机的爆发意味着市场需求和对外投资的减少，同时欧盟所能提供的结构性基金也将减少。中东欧国家亟须进行经济政策调整，寻找欧洲地区以外的新的出口市场和投资来源。2010 年成为世界第

---

① 刘作奎：《波兰的外交政策走向与中波关系》，《当代世界》2016 年第 7 期。

二大经济体的中国自然成了波兰在内的中东欧国家理想的合作对象。在这一需求的驱动下，中波双边关系日益提升，中波间的交流互动逐渐密切。2011 年波兰总统科莫罗夫斯基访华，签署《中波关于建立战略伙伴关系的联合声明》。2012 年，在波兰的积极协调下，首届中国—中东欧国家领导人会晤在首都华沙举行。温家宝提出促进中国—中东欧合作的“十二项举措”。2015 年波兰政党更迭，法律与公正党上台，其在亚洲政策方面有承袭公民纲领党的迹象，重视中国的国际影响力和发展潜力。[①] 波兰总统安杰伊·杜达上任 3 个月后便率领来自波兰化工、制药、基建等行业的知名公司组成的商业代表团访问中国。从经贸数据来看，2012 年中波货物进出口额为 120.0 亿美元，而 2019 年达到了 259.5 亿美元，增长 139.5 亿美元，7 年间贸易额增长超过 1 倍，平均年增长率为 11.8% 且增幅相对稳定，意味着中波贸易成长空间较大。2012 年中国对波兰直接投资存量为 20811 万美元，而 2019 年达到了 55559 万美元，增长 34748 万美元，7 年间投资额增长超过 1 倍，平均年增长为 15.9%。[②] 投资额增长也较为稳定，表明随着中波合作的深入，波兰可能会吸引更多来自中国的资本。

波兰媒体也将中国视作国家经济发展的机遇。波兰国际关系中心（Centrum Stosunków Międzynarodowych）收集整理了 2010—2017 年波兰媒体发布的关于中国政治或经济问题的报

① 刘作奎：《2015 年波兰宪法危机根源、前景及对中波关系影响分析》，《欧洲研究》2016 年第 2 期。

② 参见中国商务部发布的 2011—2019 年度贸易国别报告，https：//countryreport. mofcom. gov. cn/europe110209. asp？p_coun = % B2% A8% C0% BC。

道，选取了波兰国内最广泛传播的日报、周报以及新闻网站共计 20 个媒体渠道，总共收集 2089 份相关报道。① 基于该数据分析（见表 1），波兰媒体对中波经济合作高度关注：一带一路、罗兹和成都（中欧班列）、亚投行、“16 +1” 合作、中国海外工程队合作都属于中波之间的经济合作项目；波兰对中国的出口、贸易任务、贸易交换、贸易不平衡、中国对波兰的进口则是贸易领域的话题。对中国的国事访问、战略伙伴关系则是属于政治方面的内容，但正如上文所述，波兰政府积极发展同中国的政治关系主要是出于发展经济关系的目的，而媒体报道的具体内容也重点围绕双边经济合作。同时，波兰媒体对于中国的态度较为积极，正面报道达到 39% 而负面报道仅为 3%，是中欧国家媒体中最为正面的。总的来说，2010—2017 年波兰媒体对华报道聚焦于双边经济合作项目，且报道较为正面，将中国视作波兰发展的重要机遇。

表 1　　波兰媒体涉华报道的 15 个关键词

1	一带一路	9	罗兹和成都
2	波兰对中国的出口	10	亚投行
3	对中国的国事访问	11	人权
4	贸易任务	12	“16 +1” 合作
5	贸易交换	13	中国海外工程队合作
6	战略伙伴关系	14	中国对波兰的进口
7	对波兰的国事访问	15	中央通信端口
8	贸易不平衡		

资料来源：波兰国际关系中心，表由作者自制。

① 参见 Chinfluence 网站，https：//www. chinfluence. eu/polish-media-analysis/。

（二）中国是重要的国际经济行为体

皮尤研究中心（Pew Research Center）在波兰进行了关于中美之间经济领导力的民调。[①] 民调显示（见图1），认为中国具有世界经济领导力的受访人数普遍低于认为美国具有世界经济领导力的人数。两者最大差值为32%，最小差值为15%。这一数据表明多数波兰民众仍然认为美国才是国际经济的领导者。然而，2012—2018 年两者的差值总体缩小，说明波兰民众越来越认可中国在国际经济中的影响力。

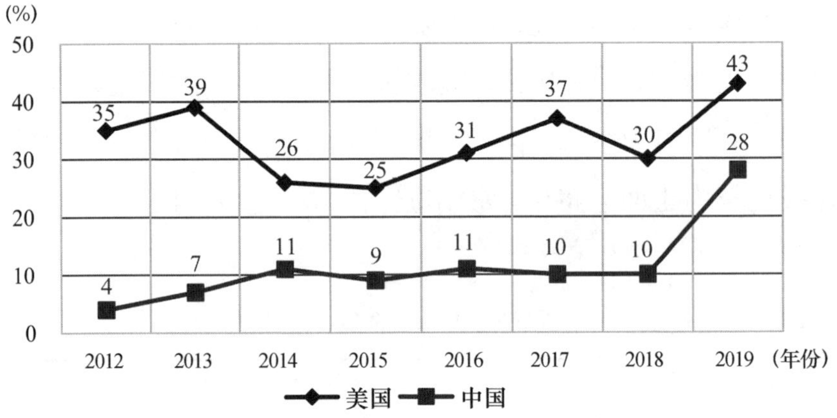

图1 波兰民众眼中的世界经济领导力量

资料来源：皮尤研究中心，表由作者自制。

欧洲晴雨表也做了经济方面的调查，调查问题为“欧洲

① 参见 Pew Research Center，Global Indicators Database，https：//www. pewresearch. org/global/database/。

经济目前比中国更好，更差或者相同?”① 该民调表明，多数波兰民众对于欧洲经济表现感到失望，普遍认为中国经济表现比欧洲更好。尽管至 2017 年，认为中国经济比欧洲好的占比从 2012 年的 46% 下降至 38%，认为欧洲经济表现比中国“更好”与“更差”的占比之间的差值也从 2011 年的 24% 缩小至 17%。这似乎表明波兰民众对中国经济表现认可度下降，对中国经济表现的积极态度也一定程度上有所减弱。但总体而言，波兰民众对中国在国际经济上的影响力和经济表现较为认可。

表 2　　波兰民众对欧盟和中国当前经济表现的比较　　（单位：%）

欧洲经济目前表现的比中国更好，更差或者相同?				
年份	更好	更差	相同	不知道
2011	24	48	11	17
2012	25	46	11	18
2017	21	38	16	25

资料来源：欧洲晴雨表，表由作者自制。

二　中国是次要的政治合作对象

（一）中国不是对外政策的优先项

中国是当前国际社会中崛起的全球性力量，波兰积极发展与中国的政治关系。然而，在波兰政府发布的对外政策指

① 参见 Eurobarometer Special Eurobarometer 379 “Future of Europe”; 2011, p. 17; Eurobarometer Special Eurobarometer 394 “Future of Europe”, 2012, p. 27; Eurobarometer Special Eurobarometer 467 “Future of Europe”, 2017, p. 52。

导文件中，中国并不是波兰对外政策的优先项。《波兰对外政策优先方向（2012—2016）》阐述了科莫罗夫斯基政府的主要对外政策。文件着重于波兰—欧盟的安全与政治问题，强调建设强大的政治联盟中强大的波兰。除了欧盟之外，北约、美国、俄罗斯以及中欧国家等都被重点提及，然而亚洲和中国在波兰的对外政策优先项中没有着重体现。[①] 在杜达政府公布的《波兰对外政策战略（2017—2021）》中，中国的政治重要性同样没有体现。从两份文件所列举的对外政策优先项可以看出：安全问题是波兰关心的首要问题。发展与欧盟及美国的关系才是波兰最重要的政治任务，发展与中国的政治关系并不是优先事项。

（二）波中关系要让步于波美与波欧关系

安全问题是波兰的首要问题，所以与美国及欧盟的关系才是波兰的核心关系。作为次要关系的波中关系会受到核心关系的影响。有着多次亡国惨痛记忆的波兰对于国家安全高度重视。在面对邻国俄罗斯的威胁以及自身国防实力有限的情况下，美国成为波兰所依赖的对象。波兰明确提出，“无论是在北约内部还是在双边关系上，波兰都将寻求加强与美国的国防伙伴关系，特别是美国在波兰的军事存在方面”。[②] 乌克兰危机爆发后，波兰对俄罗斯的担忧显著提升，也因此采取更加迎合美国的政策。

---

① 刘作奎：《波兰的外交政策走向与中波关系》，《当代世界》2016 年第 7 期。

② Ministry of Foreign Affairs Republic of Poland, “Polish Foreign Policy Strategy 2017 – 2021”, pp. 6 – 7.

欧洲晴雨表有一个关于中国和欧盟政治影响力强弱的系列民意调查（见表 3）。[①] 2011、2012、2017、2018 年的民调是对当前政治影响力强弱的调查，而 2020 年和 2030 年的民调分别是在 2014 年和 2016 年进行的预测性民调。除了 2017 年，波兰民众认为欧盟政治影响力比中国更强的比例都高于认为中国更强的。这一民调表明多数民众仍认为当前欧盟的政治影响力更强且具有持续性。总的来说，在波兰的认知中，中国对于波兰的国家安全作用有限。波兰与美国和欧盟的关系才是波兰对外关系的关键。当美国和欧盟与中国在政治上存在冲突与摩擦时，波兰可能会牺牲部分对华利益以巩固与前者的关系。

表 3　　波兰民众对欧盟和中国政治影响力强弱的比较　　（单位：%）

年份	更强	更弱	相同	不知道
2011	39	34	5	22
2012	45	33	2	20
2017	40	42	8	10
2018	38	36	4	22
2020	42	39	4	15
2030	34	30	14	22

资料来源：欧洲晴雨表，表由作者自制。

① 参见 Eurobarometer Special Eurobarometer 413 “Future of Europe”, 2014, p. 19; Eurobarometer Special Eurobarometer 451 “Future of Europe”, 2016, pp. 46 – 47; Eurobarometer (2018) Special Eurobarometer 479 “Future of Europe”, 2018, p. 58。

三 中国的经济合作伙伴意义逐渐弱化

尽管中波贸易额和投资额呈现出良好发展态势，但对波兰对外贸易和投资情况进行综合分析，情况会有所不同。贸易方面，2012 年中波货物进出口额仅占波兰货物进出口额的 3.2%，相比于 2019 年的 4.9%，7 年间仅提升了 1.7%。首先，无论是 3.2% 还是 4.9% 都是相对较低的占比，短期来看无法对在波兰对外贸易中占据主导地位的德国市场构成冲击。这意味着波兰通过发展中波经贸合作减少对欧洲市场依赖的期待目前来看难以实现。其次，相较于中波两国的经济体量而言，双边贸易额增长基本保持在 1%，幅度较小。对于波兰来说，影响与中国经济合作积极性的除了贸易额问题，更重要的是贸易不平衡问题。波兰向中国进口的贸易额远大于出口贸易额，差值达 5 倍以上，而这一贸易逆差仍在不断扩大。2015 年开始，中国取代俄罗斯成为波兰最大的贸易逆差来源国。波兰外长每年在议会进行的“波兰对外政策任务”演讲是波兰对外政策的权威文件。2018 年波外长在演讲中便提出贸易逆差是中波关系中的挑战，而在 2019 年也再次重申解决贸易逆差问题的重要性。同时，对比 2016—2019 年外长演讲的涉华内容，2016 年波兰提及了“一带一路”“中国—中东欧国家合作”等涉及多领域、多层面的合作项目；2017 年仅重点提及了中国—中东欧国家合作；2018 年只提及了贸易、投资和人文交流问题；2019 年更是只剩下贸易问题。可见波兰对中国在经济方面合作的积极性不断下降。贸易是中波之间重点合作领域，而贸易不平衡问题自然成为横亘在中波之间的一大难题。

此外，在投资方面，首先是在“一带一路”建设背景下，中国在波兰的投资规模显得偏小。中国政府为中东欧国家设立了 100 亿美元的专项贷款用于基础设施建设。然而，波兰等中东欧国家对贷款的理解却被这些国家认为有不同。其次是中国投资的偏好是外资并购，而波兰希望的形式是绿地投资，即在波兰本土创建新企业，双边的投资意愿出现冲突。

四　结论

通过对波兰政府发布的外交政策官方文件及官方经贸数据，波兰媒体报道的数据以及在波兰地区进行的关于中国问题的民意调查数据的综合分析，本文从波兰政府、媒体和民众三个角度探析了 2012 年中波深化双边合作以来，波兰对华的整体认知。在经济方面，波兰将中国视作重要的经济合作伙伴；在政治上，波兰将中国视作次要的政治合作对象。随着中波双边互动的深入发展，一些合作中的问题与挑战尤其是贸易不平衡问题逐渐突出。波兰对于双边合作的预期和产出存在不小的心理落差，对与中国发展“互利共赢”的经济合作伙伴关系的积极性有所下降。客观而言，波兰仍将中国视为重要的经济伙伴，但由于中国在安全与政治问题上对于波兰的作用有限，加上经济合作问题逐渐暴露，波兰对中国的积极性相比起 2012 年合作之初相对下降。

“黑山债务陷阱”刍议

任炜辰[①]　姬文刚[②]

内容摘要：中国在黑山共和国（以下简称“黑山”）投资建设了一条连接黑山和塞尔维亚的高速公路。这条高速公路工程量大，耗资超过黑山全年GDP的一半。尽管欧盟和黑山内部有反对意见，但是黑山政府仍旧向中国贷款修建该条公路。由于贷款数额巨大，且主要工程承包方为中国路桥集团，加之新冠疫情影响黑山经济，黑山还款能力有限，由此引发西方媒体对中国的猜疑和抹黑。西方媒体认为黑山陷入了中国设计的“债务陷阱”。本文就此提出反驳意见，阐明“中国影响论”和“黑山债务陷阱”伪命题的本质。

关键词：黑山；债务陷阱；中国；欧盟

巴尔—博尔亚雷高速公路（Bar-Boljare Highway）是黑山

① 任炜辰，西安外国语大学国际关系学院国际关系与区域研究硕士研究生。
② 姬文刚，西安外国语大学波兰研究中心主任、教授。

共和国2006年独立以来规模最大、投资最多的基础设施项目。该高速公路建成后将连接黑山的巴尔港和塞尔维亚的博尔亚雷，成为亚得里亚海沿岸通往贝尔格莱德的公路连接线的一部分，对于促进黑山的经济发展和巴尔干地区的互联互通极为重要。鉴于此条公路的经济战略重要性，黑山政府曾经于2009年和2012年先后两次向欧洲投资银行申请融资，欧盟在2009年和2012年分别请法国公司Louis Berger和美国公司URS进行了可行性研究，得出的结论均是：该高速公路的交通量小且投资成本大①。欧盟以此为由断然拒绝。在对内筹资能力有限、渠道单一、市场狭小，对外融资受挫、遇阻甚至被拒的情况下，黑山政府转而寻求欧洲以外的跨国金融企业的资金支持。经过风险研判，黑山政府最终选择了中国进出口银行，后者以2%的较低利率中标。承包建设单位由中国路桥集团负责统筹。2014年2月26日，中国路桥工程有限责任公司与黑山交通与海事部签订了总额为8.09亿欧元的《黑山高速公路Smokovac-Matesevo段设计与建造合同》，合同规定项目于2015年5月11日正式开工，竣工日期为2019年5月10日。其中，中国进出口银行将提供贷款总额的85%，宽限期为6年，还款期为20年（此部分用美元支付）；15%资金由黑山政府自筹（此部分用欧元支付）。

按照合同约定，2021年7月，为期6年的贷款优惠期即将结束，黑山将偿还第一期贷款（6750万美元）。但是由于疫

① Noah Barkin, Aleksandar Vasovic, "Chinese 'highway to nowhere' haunts Montenegro", Reuters, 16 July 2018, https://www.reuters.com/article/cnews-us-china-silkroad-europe-montenegr-id-CAKBN1K60QX-OCATP.

情，黑山的支柱产业——旅游业和服务业遭受重创，经济和财政形势趋于恶化，偿还这笔贷款的可能性受到一定影响。为此，黑山副总理德里坦·阿巴佐维奇在 2021 年 3 月表示，欧盟应当帮助黑山对这笔前政府借入的贷款进行再融资，以避免这个欧盟候选成员国过分依赖中国。[①] 欧盟发言人明确拒绝了黑山政府的要求，并表示欧盟不会为黑山偿还第三国的贷款。合同到期所引发的债务偿还问题，将中国、黑山、欧盟三方尽皆裹挟其中。特别是自中国开始参与该条公路项目起，西方媒体和智库就开始大肆宣扬“黑山债务陷阱”和“中国影响论”，此次黑山政府也在与欧洲的对话中提出中国对黑山乃至西巴尔干的影响力问题。这使“中国影响论”一下子又成为热议的话题。

“债务陷阱”是指政府或个人以高于其收入增长速度的利率借款，导致其目前除偿债以外的支出日益减少的后果。[②]随着经济全球化趋势的日益加深，从 20 世纪 70—90 年代，关于第三世界债务危机的各种讨论就与日俱增，主权债务不再仅仅被视为一个技术和经济问题，而是一个涉及政治和权力博弈的国际政治经济问题。[③]所以本文讨论的“债务陷阱”实际上是指“债务陷阱外交”，发达国家借此指责中国“有意”为具有债务风险的发展中国家提供贷款，目的是谋取该国的资

---

① Zeljko Trkanjec, “Montenegro asks EU for help against China”, Euractiv, 29 March 2021, https://www.euractiv.com/section/politics/short_news/montenegro-asks-eu-for-help-against-china/.

② Donald Rutherford, *Routledge Dictionary of Economics* (*2nd Edition*), London: Routledge, 2002.

③ Xu Shaomin & Li Jiang, “The Emergence and Fallacy of ‘China’s Debt-Trap Diplomacy’ Narrative,” *China International Studies*, No. 2, 2020, pp. 69—84.

源和权利，以实现自身的战略目标。[1]

黑山南北高速公路建设是基于历史与现实综合考量的结果，而不是仓促之举。作为2006年黑山独立前的政治竞选承诺，修建黑山南北高速公路是黑山政府政治计划中的一部分，也是历届政府施政的重点规划之一。显然，该公路的修建是黑山国家独立以来政府长期关切的重大项目之一。事实上，在欧洲进出口银行两次拒绝黑山融资后，时任总理米洛·久卡诺维奇在2013年宣称：“（该条高速公路是）黑山未来经济发展最重要的基础设施项目。”[2] 黑山议会议长兰科·克里沃卡普奇也在2016年反复申明公路对于国家的统一至关重要。黑山交通与海事部也曾表示巴尔—博尔亚雷公路对促进黑山南北平等发展、旅游业的发展、自然资源的合理利用有非常重要的意义。修建高速公路无疑可以加速黑山的现代化进程，对于缩小南北地方经济差距、增强国家认同感有着积极的作用和意义。但由于缺乏资金以及国内建筑公司的破产、撤资，黑山政府在高速工路建设问题上逐渐陷入了僵局，并且金融危机加剧，国家直接投资的能力明显不足，西方金融机构提供资金支持的意愿显著下降。在这样的背景下，黑山政府开始与中国进出口银行接触，并最终以较低的利率获得了贷款支持。

政策转向发生在2020年8月底的议会大选及年底的地方

① Xu Shaomin & Li Jiang, “The Emergence and Fallacy of ‘China's Debt-Trap Diplomacy’ Narrative,” *China International Studies*, No. 2, 2020, p. 70.

② Dhimolea, Antonela, “Chinese Economic Cooperation in the Balkans: Challenges and Future Expectations”, Balkanalysis. com, May 11, 2017, http://www. balkanalysis. com/blog/2017/05/11/chinese-economic-cooperation-in-the-balkans-challenges-and-future-expectations/.

选举结束后，黑山总统久卡诺维奇所领导的社民党长达30多年的执政被终结了，反对党联合组建了新政府内阁。新政府批评了包括黑山公路项目在内的一系列施政方案，这些方案和政策都是久卡诺维奇任内制定的。

在环境问题上，对黑山公路项目“破坏环境”的指控就是新政府出于上述目的所实施的一种举措。根据MANS[①]与可持续发展和旅游部的往来函件，自2016年以来，其代表已经定期就该项目可能造成的环境破坏后果发出警告[②]，但可持续发展和旅游部、交通运输部均未对此事采取任何行动。罗兹大学的马格达莱纳·雷克希奇（Magdalena Rekcs）指出，多年来，黑山在保护自然环境方面的态度一直模棱两可。尽管1991年地方议会通过了《黑山生态状况宣言》，并且在2007年《宪法》第1条中明确了自然保护的相关条例，但历届政府均未执行这些政策。显然，黑山政府在生态环境保护方面的作为还仅仅停留在纸上谈兵的阶段，新政府通过指责中国企业无非是为了做出姿态，显示其在生态环境问题上的重视。另一方面，生态环境也是黑山加入欧盟的重要门槛，黑山政府打“环境牌”来向欧盟示好。

在腐败问题的指控上，其焦点来自前社民党政府和中国东方集团为首的联合企业于2020年6月所签署的一份对Pljevlja燃煤电厂进行升级的合同。该合同的目的是改造上述燃煤

---

① MANS是受欧盟资助，以反腐败和打击有组织犯罪为宗旨的黑山非政府组织。详见https://www.rcmediafreedom.eu/Tools/Stakeholders/MANS-Network-for-Affirmation-of-the-NGO-Sector#。

② Samir Kajosevic, “Montenegro Probes Chinese Highway Builder’s Damage to Protected River”, Balkaninsight, 3 March 2021, https://balkaninsight.com/2021/03/03/montenegro-probes-chinese-highway-builders-damage-to-protected-river/.

电厂，使之符合欧盟的环境标准（2017 LCP BREF），但是黑山反对党和部分媒体认为该招标条款“并不透明”，进而引发了黑山国内的广泛质疑。事实上，这并不是中国企业在黑山进行的唯一一笔投资。早在2010年，黑山就已经基于中国的融资实施了项目。在社民党执政前，中国企业也并没有因“腐败问题”受到指控。但是自久卡诺维奇出任总统以来，他和他的家族就饱受腐败问题的指控。所以，对中国企业的指控可以理解为反对党政府试图结束社民党政府长期执政而采取的舆论攻击手段。

在工期延长问题上，新政府也无视高速公路建设中客观因素引起的工期延长，只是一味指责中国路桥集团拖延工期导致公路建设的整体费用增加[①]。但事实上，新冠疫情造成中国工人集中返华，加之工程第一阶段中40多公里的山路使施工难度大大增加，这都严重影响了施工进度。

通过上述分析发现，中国使黑山政府故意陷入“债务陷阱”的指控显然是一种污蔑和抹黑。黑山南北高速公路的修建是黑山上任政府和地区经济社会发展的迫切需要。在此现实面前，任何对涉及中方和中方企业的指控都是毫无道理的。新政府对于中方的指控一方面是为了拉近和西方的距离，尤其是为了赢得布鲁塞尔的好感，增加自身的政治砝码；另一方面新政府试图通过抹黑中国来规避巨额债务。

在可预见的未来，中国无意也无力对黑山产生所谓的重

---

① Hans von der Brelie, “The Montenegrin Deputy Prime Minister battling for transparency”, euronews, 5 August 2021, https://www.euronews.com/2021/05/07/the-montenegrin-deputy-prime-minister-battling-for-transparency.

大影响力。黑山几乎所有政党都在为欧洲一体化努力，在这个问题上近乎一致的意见使黑山加入欧盟的进程非常之快。作为最接近欧盟的候选成员国，黑山向西方接近的趋势不可逆转，布鲁塞尔的影响力显然是突出的。一方面，在欧洲持续的金融危机以及西方金融机构不愿意在巴尔干地区进行大规模投资的背景下，黑山为了国内的政治承诺，选择中资企业参与本国基础设施建设。另一方面，为了迎合欧洲而抹黑中国、宣扬中国在西巴尔干的影响力将超过欧盟。这两方面都说明债务问题不仅仅是金融风险的经济问题，而是被欧洲部分国家、欧洲部分媒体、黑山部分政客有意嵌入地缘政治思维的一种表现而已。所谓的“中国影响论”还是“黑山债务陷阱”，无非是经不住事实和时间考验的伪命题。